Analítica de datos con Python para marketing digital

Desarrollo de KPIs en negocios *online*

Analítica de datos con Python para marketing digital

Desarrollo de KPIs en negocios *online*

Joseba Ruiz Díez
Ubaldo Hervás Olvera

ANAYA MULTIMEDIA

TÍTULO ESPECIAL

Responsable editorial:
Víctor Manuel Ruiz Calderón

Composición de cubierta:
Celia Antón Santos

Diseño de cubierta:
© Juan Sampedro

Valentín Beato, 21. 28037 Madrid
Depósito legal: M. 3.033-2024
ISBN: 978-84-415-4994-4
Impreso en España

PAPEL DE FIBRA
CERTIFICADA

A mi hija Marta, estoy deseando tenerte en mis brazos;
A María, mi apoyo incondicional; a mis padres, a mi hermana
y mis sobrinos y a todos aquellos que siempre estáis a mi lado.

Joseba Ruiz

Dedico este libro a mi madre, hermanos y a mi mujer, Anna,
por vuestro cariño, apoyo y comprensión durante la creación de este libro.

Ubaldo Hervás

Agradecimientos

A todos los profesionales que han intervenido directamente en este libro (por orden alfabético): Álex Rayón, Francisco Ramírez, Iñaki Gorostiza, Iñaki Huerta, Kiko Llaneras, MJ Cachón, Ramon Ferri y Ricardo Tayar en el capítulo sobre el futuro de la analítica de datos y el sentido de aprender Python en un momento de cambio de paradigma provocado por el auge de la inteligencia artificial generativa.

A Víctor Ruiz, editor que ha confiado en nosotros y que, junto al equipo, ha trabajado desde bambalinas con una paciencia digna de admirar en el transcurso de esta pequeña locura. A Juan Sampedro por crear una portada digna de los mejores ilustradores.

A toda persona que ha contribuido a nuestra formación, ya sea a través de un libro, un curso o una mera conversación informal. Este libro es producto de lo que somos.

Sobre los autores

Joseba Ruiz es *Head of Data Analytics* en Tellmewow & Sandbox Group, empresa líder en educación y videojuegos, y profesor de Analítica de datos en ESDEN Business School. Ha escrito anteriormente el libro *Marketing digital 360º, implementación práctica*. Formado como ingeniero informático por la UPV-EHU, tiene a su vez varias certificaciones: programa Applied Data Science (MIT, Massachusetts Institute of Technology), máster Big Data & Business Intelligence (Universidad de Deusto) y máster Marketing digital y *e-commerce* (EAE Business School), entre otras. También es formador ocasional en escuelas como Product Hackers School o universidades como Mondragon Unibertsitatea. Además, ha trabajado para empresas, *startups* y agencias digitales de renombre como Lookiero, Woorank, Lin3s, Improving Metrics o el grupo tecnológico Flexitron.

@RuizMKT

/in/ruizjoseba

josebaruiz.com

Ubaldo Hervás es *Head of CRO* en la consultora digital LIN3S, donde lidera proyectos que buscan optimizar y generar crecimiento en negocios digitales en industrias como Food & Beverage, banca, seguros, automoción, turismo o entretenimiento. Publicidad y relaciones públicas (UAB), Executive MBA (ESIC Business & Marketing School) y máster universitario de Ciencia de datos aplicada (UOC). Es profesor asociado de Big Data Analytics (IE Business School), director del máster de Growth Hacking & Marketing Automation (IEBS Business School) y profesor en escuelas de negocio y digitales como EUNCET, Webposter y Marketing&Web.

@UbaldoHervas

/in/ubaldo-hervas-cro-data-analytics

ubaldohervas.substack.com

Índice de contenidos

IA

1. Introducción

"Queremos que las personas que se dedican al ámbito del marketing digital aprendan lo que se están perdiendo por no saber Python". Esta fue la premisa principal que los autores, Ubaldo Hervás y Joseba Ruiz, dibujaron en un restaurante de Bilbao y que ha representado la principal guía de ruta para la obra que tienes delante de ti.

Ya seas especialista en marketing o analítica digital, CRO, SEO, *performance*, *email marketing* o *social media*, te interesa conocer lo que se cuece detrás de la tecnología que soporta el negocio digital. Detrás de la web, la *app* o la base de datos hay varios lenguajes o programas integrados que generan el tablero de juego sobre el que jugar: **Python** y sus librerías de tratamiento de datos (**Pandas**), álgebra (**NumPy, SciPy)** o *machine learning* (**scikit-learn, statsmodels**), lenguajes de consulta para base de datos (**SQL**), así como herramientas como **Google BigQuery, Microsoft PowerBI** y **estadística descriptiva e inferencial**.

En este libro, aprenderás de forma práctica, a través del lenguaje de programación Python y otras herramientas, analítica de datos avanzada: manipulación y tratamiento de datos, exploración y visualización de datos, desarrollo de modelos con *machine learning*, *deep learning* y Gen-AI, desde los fundamentos e introducción a estas técnicas y lenguajes hasta la práctica con casos reales paso a paso.

¿Por qué un libro sobre Python y marketing digital?

Los retos actuales de las organizaciones requieren de especialistas en marketing que dispongan de un abanico de posibilidades más amplio que el que las herramientas estándar de marketing digital ofrecen. La persona que trabaja en marketing digital debe ser conocedora no únicamente de las tendencias de consumo o las actualizaciones de las distintas herramientas que utilice, sino que también debe conocer las posibilidades que la ciencia de datos ofrece para llevar la toma de decisiones al siguiente nivel, mejorar el rendimiento de campañas o establecer mejores procesos alineando a diferentes departamentos: *data*, marketing, ventas, entre otros.

Además, el número de interacciones o peticiones entre marketing digital y los departamentos de datos o tecnología aumentan semana a semana. La colaboración entre ambos equipos es condición indispensable para que el negocio funcione correctamente. Sin embargo, ambos mundos rara vez conectan, ya que nacen de un modelo mental y de una manera de trabajar harto distintas. Esto genera fricciones, malentendidos y, sobre todo, ineficiencia, cosa que afecta negativamente al negocio.

Este libro busca que los especialistas en marketing digital aprendan lo que sucede al otro lado y plantar una semilla que lleve tu trabajo a un nivel mucho más avanzado y te permita crecer profesionalmente. Por otro lado, bien es posible que especialistas en analítica o ciencia de datos se sientan interesados en este libro; por eso, en la siguiente sección, se muestra cómo recomendamos que leas este libro según tu *background*.

Cómo leer este libro

Este libro está especialmente escrito para aquellos especialistas en marketing que desean aprender un lenguaje de programación y su utilidad dentro del contexto del negocio digital.

Convertirse en un "profesional 2.0" es una cuestión que requiere tiempo y que no consiste únicamente en leer un libro o cursar una formación; sin embargo, siempre debe haber un primer paso y creemos que un libro como este puede ser la primera piedra en este camino hacia la tecnificación de tu actividad.

A continuación, presentamos una tabla que muestra, en función de tu perfil, una recomendación sobre qué capítulo deberías empezar a leer:

PERFIL	RECOMENDACIÓN SOBRE CÓMO LEER EL LIBRO
Especialista en marketing con poco o ningún conocimiento en Python.	Recomendamos empezar el libro desde el primer capítulo hasta el final por orden.
Especialista en marketing con algo de experiencia en Python, pero sin conocimiento sobre sus librerías básicas.	Recomendamos leer desde el capítulo de Pandas y NumPy.

PERFIL	RECOMENDACIÓN SOBRE CÓMO LEER EL LIBRO
Especialista en analítica web con conocimientos en JS.	Recomendamos empezar desde el capítulo de introducción a Python, aunque algunas partes introductorias pueden ser simples según la profundidad en tu conocimiento de JS.
Especialista en analítica o ciencia de datos.	Recomendamos directamente leer los capítulos de marketing digital y, ya entonces, ir directamente a los dedicados a ML, DL y GenAI, así como el capítulo de SQL (que pone el foco en Google BigQuery), el de estadística y el de visualización de datos (con foco en Power BI).

Por supuesto, esta tabla no representa una guía obligatoria para el lector. Es únicamente una guía generalista que intenta dibujar una ruta para hacer que la experiencia de lectura sea lo más adaptable y satisfactoria posible. Animamos a todo el mundo a leer cada palabra de este libro.

¿Por qué Python?

Existen muchos lenguajes de programación en el mundo, y todos y cada uno de ellos cumplen una función específica dentro de un área de negocio u organización; sin embargo, muchos lenguajes se escogen en función del problema, por practicidad, funcionalidad específica, por la propia idiosincrasia tecnológica de la compañía o, incluso (aunque esto nunca se reconocerá), por puro gusto personal.

Ahora bien, hemos escogido Python como lenguaje de programación troncal del libro debido a:

- Su sencilla curva de aprendizaje.
- Es un lenguaje muy intuitivo en cuanto a lectura se refiere.
- Es uno de los lenguajes más utilizados en el mundo.
- Es el lenguaje estrella en el análisis de datos.
- Cuenta con una gran comunidad alrededor del mundo.

Zen de Python

Aunque es difícil datar cuándo comienza Python, la mayoría de miembros de la comunidad está de acuerdo en que el 20 de febrero de 1991 sería su día de fundación cuando Guido Van Rossum subió en alt.sources la versión 0.9.0 del lenguaje, aunque es cierto que el creador del lenguaje trabajó en él desde diciembre de 1989.

Este lenguaje cuenta con una filosofía propia que pone el foco en la belleza del código, su inteligibilidad y simplicidad necesarias para que cualquier profesional no-técnico en el mundo pueda hacer uso de él y poder desatar todo su potencial. El libro trata sobre todo lo que puedes hacer con Python en el mundo digital, pero es positivo saber que especialistas en biología, medicina o estadísticas utilizan Python para sus proyectos profesionales.

El Zen de Python original:

> *Beautiful is better than ugly.*
> *Explicit is better than implicit.*
> *Simple is better than complex.*
> *Complex is better than complicated.*
> *Flat is better than nested.*
> *Sparse is better than dense.*
> *Readability counts.*
> *Special cases aren't special enough to break the rules.*
> *Although practicality beats purity.*
> *Errors should never pass silently.*
> *Unless explicitly silenced.*
> *In the face of ambiguity, refuse the temptation to guess.*
> *There should be one-- and preferably only one --obvious way to do it.*
> *Although that way may not be obvious at first unless you're Dutch.*
> *Now is better than never.*
> *Although never is often better than *right* now.*
> *If the implementation is hard to explain, it's a bad idea.*
> *If the implementation is easy to explain, it may be a good idea.*
> *Namespaces are one honking great idea -- let's do more of those!*

Como puedes ver, el mantra de Python va más allá de toda la parte técnica que puedas imaginar: consiste en hacer que el código sea legible, explícito, directo y práctico. Todo esto lo convierte en uno de esos lenguajes de programación ideales para comenzar a picar código e introducirte en el mundo técnico.

Mucho más que un libro sobre Python

Este no es un libro de introducción a Python para análisis de datos o para especialistas en marketing digital (aunque haya un capítulo dedicado a entender el funcionamiento de este lenguaje, lógicamente). En este libro se hace hincapié en mucho más debido a la complejidad del trabajo diario del análisis de datos como, por ejemplo:

- SQL con Google BigQuery para datos de Google Analytics 4.
- Visualización de datos con Power BI.
- Tratamiento y manipulación del dato con Pandas.
- Técnicas y casos reales de *machine learning* con scikit-learn y otras librerías habituales.
- Explicaciones y ejemplos detallados de *machine learning*, *deep learning* y Gen-AI.
- Principios de estadística descriptiva e inferencial para análisis de datos.
- Principios de marketing digital para profesionales de la ciencia de datos.
- GenAI aplicada a la analítica de datos.

Así, se consigue que el lector tenga una visión general y realista de los diferentes elementos tecnológicos y herramientas que intervienen en el tratamiento del dato y su uso en el negocio digital.

Códigos de ejemplo

Algunos casos prácticos descritos en el libro se encuentran en la página web de Anaya Multimedia en `http://www.anayamultimedia.es`. Haciendo clic en el botón Selecciona Complemento de la ficha del libro, se pueden descargar el código fuente de estos ejemplos para que el lector no tenga que escribir el código manualmente.

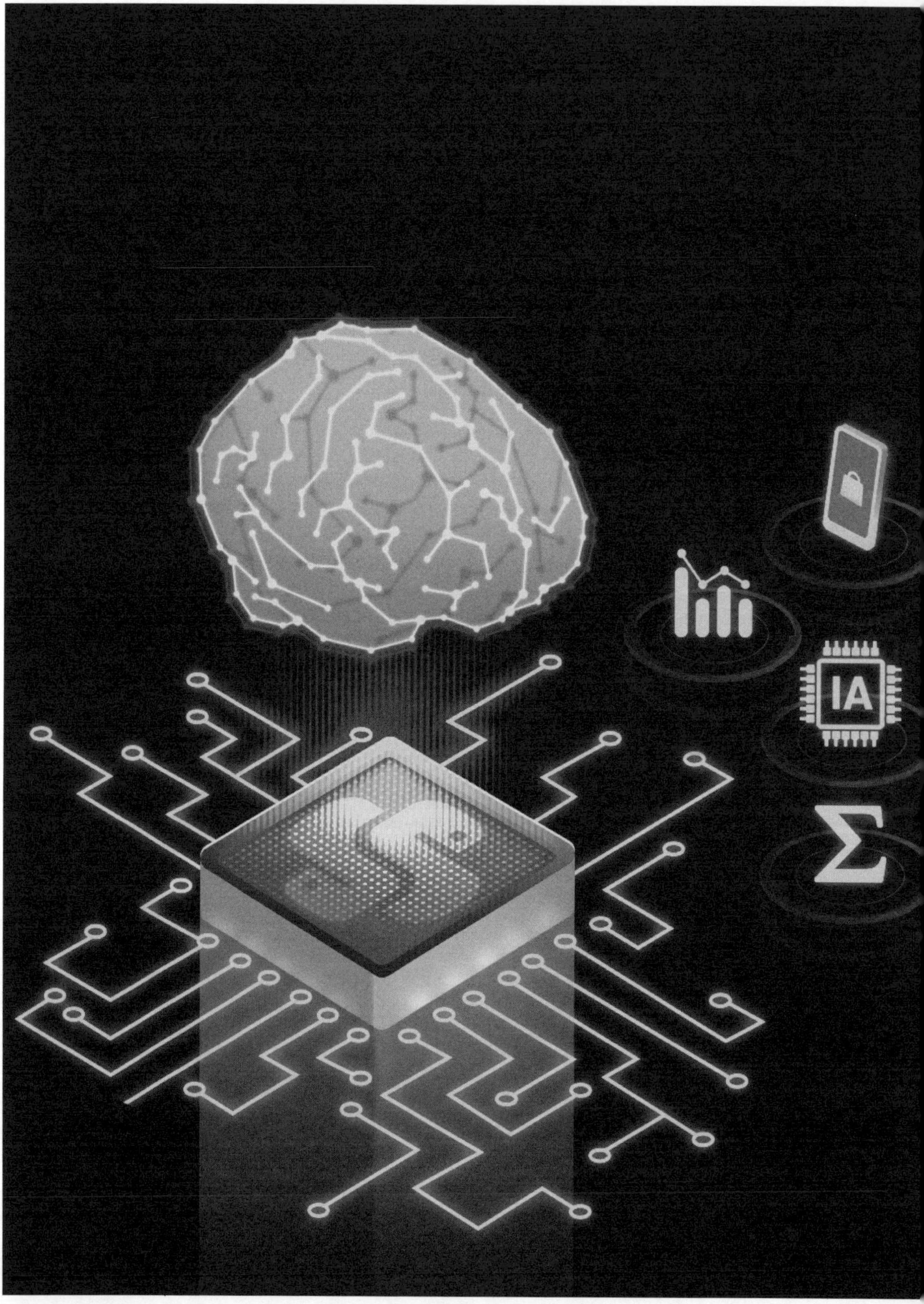
IA
Σ

2. Introducción a Python

¿Qué es Python?

Python es el vehículo de este libro para aprender esa parte técnica que todo especialista en marketing digital necesita. El motivo por el que se escoge este y no otro lenguaje como podría ser JavaScript es porque es un lenguaje en auge, además de por su simplicidad, inteligibilidad, su leve curva de aprendizaje y que es uno de los más populares del mundo según una encuesta realizada por Stackoverflow en el pasado año.

Si 2023 ha sido una película, Python ha sido el protagonista:

- En julio aparece Code Interpreter, *feature* de ChatGPT Premium que trabaja sobre este lenguaje.
- En agosto se anuncia la integración de Microsoft Excel en Python.
- Pocas semanas después, Google anuncia Google Big Query Studio, que incorporará Python, SQL y Spark.
- Y un largo etcétera.

Se trata de un lenguaje de programación que, como se puede ver, no solamente es un estándar en todo lo relacionado con extracción de datos (como, por ejemplo, a través de *web scraping* con librerías como Beautiful Soup), limpieza y tratamiento del dato (*data wrangling* con librerías como Pandas o NumPy), visualización y exploración de datos (con librerías como seaborn, Matplotlib o statsmodel) o aprendizaje automático (más conocido como *machine learning*, a través de librerías como scikit-learn), también se está convirtiendo en una obligación para todo aquel que esté involucrado en el negocio digital debido a que muchísimas herramientas están integrándose con Python.

En esta industria tan cambiante es muy arriesgado (e incluso insensato) intentar predecir el futuro de cualquier tecnología; no obstante, el auge de disciplinas como la analítica de datos, ciencia de datos y la inteligencia artificial invita a pensar que invertir tiempo en aprender las dinámicas inherentes a este lenguaje es una fructífera práctica.

Python es un lenguaje de alto nivel, pero ¿qué significa eso exactamente? Pues bien, un lenguaje de alto nivel no es nada más y nada menos que un lenguaje que se expresa de una manera que es razonablemente sencilla de entender para cualquier persona que entienda los códigos comunicativos del lenguaje. Un ejemplo de lenguaje de alto nivel es Python, JavaScript o PHP.

Por otro lado, un lenguaje de bajo nivel es un lenguaje que, entre otras muchas características, no es tan intuitivo como los de alto nivel en su lectura y no se asemejan tanto al lenguaje humano. Un ejemplo de lenguaje de bajo nivel podría ser Assembler.

Para los puristas que estén leyendo estas líneas, no se desea especificar de forma más precisa si un lenguaje es de alto, bajo o medio nivel (y sus diferencias) y se ha optado por la simplificación debido a que, probablemente, no aportaría un gran valor a los lectores que, *a priori*, son noveles en materia técnica. Con conocer esta sutil diferencia y las que a continuación se indican, puede bastar a la mayoría de lectores no-técnicos, aunque os animo a profundizar en cualquier tema que os interese.

Una manera más sencilla de entender la diferencia entre lenguajes de alto y bajo nivel es usando el símil del coche: imagina que una persona desea girar su vehículo a la derecha. Lo normal es que reduzca la velocidad y mueva el volante hacia la derecha para que el coche gire. Este movimiento inteligible que, a través de mecanismos simples, permite que podamos manipular el vehículo sería un lenguaje de alto nivel.

Sin embargo, si se sigue con el mismo símil, cuando el conductor desea girar a la derecha suceden muchas más cosas por debajo que hacen posible que el coche gire: el pistón comprime la mezcla de aire y combustible, el motor realiza un proceso de admisión, compresión, explosión y escape y todo un complejo amasijo de metal se moviliza para permitir el movimiento. Este movimiento, mucho menos inteligible por cualquier persona, serviría como símil de un lenguaje de bajo nivel.

Puedes programar las mismas tareas (que un vehículo gire hacia la derecha) desde una perspectiva de alto nivel (girar el volante) o de bajo nivel (la más técnica), es decir, desde una perspectiva más cercana a la persona o más cercana a la máquina. Puede resultar una pérdida de tiempo aprender un lenguaje de bajo nivel por la curva de aprendizaje que requiere; sin embargo, entre otras ventajas, un lenguaje de bajo o medio nivel suele trabajar a mucha más velocidad y con un uso inferior de memoria que uno de alto nivel, por lo que suelen ser usados en proyectos en los que se necesita un gran foco en el rendimiento, como, por ejemplo, el desarrollo de un sistema operativo.

Esta primera diferencia entre lenguajes de alto y bajo nivel permite intuir que existen una serie de cuestiones relacionadas con rendimiento, velocidad, memoria e inteligibilidad que son fundamentales para entender por qué se puede preferir un lenguaje antes que otro.

Entorno tecnológico

Seguramente estarás familiarizado con la idea de que es necesario utilizar herramientas para ejecutar tareas. Por ejemplo, para implementar eventos en un comercio electrónico puede ser necesario instalar una serie de *dataLayers* y con Google Tag Manager implementar una serie de etiquetas, activadores y variables. Con el manejo de un lenguaje de programación no es diferente: se pueden utilizar una serie de herramientas y entornos que, en el marco de un proyecto de ciencia de datos con Python, suelen estar bastante estandarizadas y globalmente aceptadas en la mayoría de proyectos.

¿Qué es un IDE?

¿Qué es esa extraña pantalla que usan los equipos de IT o ciencia de datos, de fondo negro, que arroja un gran número de letras de diversos colores? No es otra cosa que la herramienta principal que utilizan para escribir el código y construir las soluciones que el negocio requiere, es decir, un IDE, un entorno de desarrollo integrado.

Un IDE es una aplicación que ayuda a programadores, científicos de datos, analistas de datos, entre otros, a desarrollar código de manera eficiente. La utilidad principal es que permite crear, editar y ordenar en un único espacio los diferentes códigos que el especialista necesita. Además, un punto elemental es que, ante errores semánticos y sintácticos en la escritura de código (ahondaremos más sobre tipos de errores en el código en las siguientes páginas), el IDE puede alertar sobre estos, aportando un grandísimo valor en términos de eficiencia.

En el marco de Python y el análisis de datos, existen IDE específicos para esta tarea, así como entornos completos para esta disciplina que son un tanto diferentes a los que se utilizan en desarrollo de software.

Entornos de trabajo con Python

En la fecha en la que se escriben estas líneas, se puede trabajar con Python en múltiples entornos como se ha explicado en anteriores páginas: Microsoft Excel ha permitido el uso de Python dentro de su herramienta y Google ha lanzado Big Query Studio, solución con la que se puede trabajar con Python, SQL y Spark. Sin embargo, existen otras soluciones más habituales en el entorno de los datos y que cuentan con una integración con el ecosistema técnico global más madura que lo que actualmente (en la fecha en la que se escribe estas líneas) pueden aportar las herramientas mencionadas en este párrafo. Algunos de los entornos típicos en el área de datos son los siguientes.

Anaconda

Anaconda es un ecosistema disponible en macOS, Windows, Linux, entre otros, que engloba toda una serie de herramientas que permiten la práctica del análisis y la ciencia de datos. Esto último es especialmente relevante, ya que se integra en un único espacio toda una *suite* de herramientas específicas para la extracción y tratamiento del dato y hace muy sencilla la instalación de librerías específicas para ciencia de datos.

Anaconda funciona como un programa corriente que se descarga desde un sitio web. Puede instalarse en la siguiente página oficial del sitio web `docs.anaconda.com`:

- Si es necesario instalar Anaconda en macOS, se debe visitar: `docs.anaconda.com/free/anaconda/install/mac-os/`.
- Si es necesario instalar Anaconda en Windows, se debe visitar: `docs.anaconda.com/free/anaconda/install/windows/`.
- Si es necesario instalar Anaconda en Linux, se debe visitar: `docs.anaconda.com/free/anaconda/install/linux/`.

Anaconda contiene muchas herramientas muy funcionales para la captura, tratamiento, visualización de datos y aprendizaje automático. Algunas de las más destacables son las siguientes:

- **Jupyter Notebook:** Es una aplicación web que se puede encontrar dentro de Anaconda. Es especialmente utilizado en el ámbito académico porque puede soportar la edición de código y también la edición de texto con estilos, lo cual permite poder crear documentos que, además de dar una explicación, permite ejecutar ese código escrito. Jupyter Notebook se utiliza también en entorno laboral y es una herramienta muy adecuada para aquellos lectores que quieran dar sus primeros pasos.
- **Spyder:** Se trata de un IDE específico para Python ubicado dentro de Anaconda que tiene integradas algunas librerías habituales en ciencia de datos, como NumPy, SciPy o Matplootlib, entre otras. Este editor de código construido bajo la licencia de MIT en 2009 es una interesante primera aproximación a los editores de código junto a otras soluciones como Visual Studio (aunque esta no está disponible en Anaconda).

- **Rstudio:** Es un entorno de desarrollo integrado (es decir, un IDE) para R, una famosa herramienta especialmente utilizada en estadística descriptiva e inferencial. Incluye una consola, un editor que resalta la sintaxis que admite la ejecución directa de código, así como herramientas para trazado, historial, depuración y gestión del espacio de trabajo. Aunque Rstudio no guarda relación con Python, es muy común que en proyectos de ciencia o análisis de datos se pueda incluir el uso de esta herramienta con otras soluciones anteriormente mencionadas y es importante conocer de su existencia, aunque en este libro no se dedicará espacio a R.
- **Pycharm:** Disponible también en Anaconda, Pycharm es otro IDE creado por JetBrains en 2010, que permite, igual que Spyder, operar con Python. Sin embargo, es un IDE un tanto más avanzado y poco recomendable para usuarios noveles, aunque, desde luego, es un entorno muy recomendable, adaptable y funcional. Es de recibo mencionar que tiene una versión gratuita y otra de pago, llamadas Community y Professional, respectivamente.

Como habrás advertido, Pycharm es lanzado en 2010, en 2009 Spyder y Anaconda se funda en 2012. Se desea recalcar estas fechas porque son entornos específicos de ciencia de datos que nacen para dar respuesta a un aumento en la demanda de proyectos de este tipo, lo que, de forma colateral, genera tecnología nueva relativa a esta disciplina. Esto debe animarte, ya que es un indicador claro de que esta industria no es en absoluto madura, sino que está en fase de crecimiento y que las herramientas que se utilizan son todas razonablemente nuevas (más aún con las continuas actualizaciones que se realizan). Por este motivo se desarrolla este libro: porque las necesidades técnicas que llegan a perfiles menos técnicos son también necesidades nuevas.

Si estás interesado en conocer los IDE más utilizados, es recomendable visitar la página `https://pypl.github.io/IDE.html` que presenta el informe de GitHub año a año y que, en la fecha en la que se escribe este libro, muestra el siguiente listado de la tabla 2.1 con los diez IDE más utilizados en el mundo:

Tabla 2.1. Tabla procedente de `https://pypl.github.io/IDE.html`, listado actualizado periódicamente sobre los IDE más utilizados. Esto es indiferente al tipo de lenguaje que se utilice y se recomienda no guiarse por este listado para escoger un IDE, sino guiarse por la comodidad y el tipo de tarea que se debe realizar.

POSICIÓN	IDE	SHARE	TENDENCIA
1	Visual Studio	27,94 %	-1,14 %
2	Visual Studio Code	13,59 %	+1,5 %
3	Eclipse	11,73 %	-1,3 %

POSICIÓN	IDE	SHARE	TENDENCIA
4	pyCharm	8,92 %	+0,6 %
5	Android Studio	8,91 %	+0,6 %
6	IntelliJ	6,83 %	+0,6 %
7	NetBeans	4,43 %	-0,7 %
8	RStudio	3,53 %	+0,9 %
9	Atom	3,31 %	+0,5 %
10	Sublime Text	3,23 %	-0,4 %

Tipos de datos y estructuras con Python

Una vez se ha aprendido que Python se implementa sobre una serie de entornos y de herramientas concretas, a continuación, se van a mostrar algunos elementos introductorios de Python. El objetivo es que seas capaz de leer, entender e interpretar aquello que el código ejecuta para una mejor comprensión de cómo Python puede resolver cuestiones de negocio y puedas dar tus primeros pasos en el camino del aprendizaje que todo lenguaje, también los de programación, merece.

Cuando se programa en Python, se debe entender antes que existen varios tipos de datos. Esto es fundamental, ya que, por ejemplo, como también sucede en Microsoft Excel o Google Sheets, hay ciertas funciones que puedes aplicar o no en función (en el caso de Excel o Google Sheets) del formato. Un ejemplo: la función `Month`, que te devuelve el mes correspondiente a una o varias celdas, solo puede ser usada en conjuntos de datos cuyo formato es "fecha". Ese formato del dato es lo que determina qué se puede hacer o no con el mismo y eso también sucede con Python.

Por ello, una de las primeras cosas que debe aprenderse son los diferentes tipos de datos y estructuras. Es necesario añadir que, en muchos otros lenguajes de programación de alto nivel, es razonablemente similar. Sin ir más lejos, otro lenguaje de programación como es JavaScript también tiene unos tipos de datos y estructuras de datos que guardan ciertas similitudes con lo que a continuación se va a mostrar; por ello, esta parte, además de introductoria a Python, es una introducción a la programación en general.

Integer

Int o *integer*, en esencia, es un número positivo o negativo sin decimales. Este es uno de los tipos de datos más elementales de Python y, como se ha mencionado anteriormente, permite ejecutar una serie de funciones, métodos y atributos concretos que deben conocerse. Por otro lado, también es relevante entender qué características fundamentales conlleva el uso de este tipo de dato.

```
In [1]: #Esto sería un integer
2+2
Out[1]: 4
```

Aquí hay muchos elementos a tener en cuenta. En primer lugar se puede ver un *hashtag* (#), en el que se puede leer `Esto sería un integer`. Todo aquello que se escriba después de este símbolo es lo que se conoce como un comentario y sirve para ayudar a la persona que lee el código a entender qué está sucediendo y, a veces, qué se espera obtener.

Ante un código tan simple nunca se utiliza un comentario; sin embargo, ante códigos más complejos (como se profundizará a lo largo del libro), es buena práctica no solamente documentar, sino también comentar de forma adecuada para que cualquier profesional nuevo que se incorpore al proyecto pueda entender cómo funcionan los códigos más grandes y complicados.

Por otro lado, se puede ver un símbolo `In`, que muestra el código que opera (comentario y la operación), y un símbolo `Out`, que muestra el resultado de la operación. Para esta parte inicial se está utilizando Jupyter Notebook; a diferencia de otros IDE, este lenguaje tiene esta característica particular: opera directamente el código solamente haciendo clic en Run, sin necesidad de ejecutar la función `print()`, función que sí que es necesaria en otros IDE como, por ejemplo, Visual Studio.

De igual forma, se puede utilizar la función `print()` en Jupyter Notebook con apenas algunas diferencias técnicas muy concretas que no es necesario cubrir en una sección de introducción a Python (por ejemplo, al ejecutar esta función, no aparece el símbolo `Out[ ]` en Jupyter Notebook). Como se puede ver a continuación, el resultado es el mismo. Lo que hace esta función, en esencia, es ejecutar el código previamente escrito:

```
In [2]: #Esto sería un integer que se ejecuta con la función print(), una
función cuyo principal objetivo es ejecutar el código previamente escrito
print(2+2)
4
```

Como se puede ver, Python "entiende" que esos objetos son números y que pueden ser sumados. Que no devuelva, por ejemplo, 22, no es casual: en función de la manera que escribes el código atribuyes el tipo de dato que se trata.

Float

Float es número, positivo o negativo, que contiene decimales. Este es otro de los tipos de datos básicos que todo practicante de Python debe conocer. A continuación, se puede ver un ejemplo en Jupyter Notebook:

```
In [3]: #Esto sería un float
3.2+1.8
Out[3]: 5.0
```

¿Qué ha cambiado? Como se puede ver en `Out[3]`, el resultado de la operación, la suma de dos valores decimales (es decir, dos *floats*), devuelve otro *float*: `(5.0)`. Esta es una de las características elementales de Python y otros lenguajes de programación: si no se modifica, el tipo de dato del objeto se mantiene a lo largo de la operación.

Podemos inferir que es un *float* porque vemos que devuelve un `5.0`; sin embargo, hay una función específica que indica el tipo de dato de un objeto. Se trata de la función `type()` y, habitualmente, se ejecuta de la siguiente manera:

```
In [4]: a = 3.2 #Aquí, se introduce el uso de variables, que se explica
brevemente en el siguiente párrafo
b = 1.8
c = a + b
type(c) #Esta función devuelve el tipo de dato. Como c es el resultado de dos
floats, devolverá otro float.
Out[4]: float
```

Como se puede ver en el anterior código, se ha utilizado una serie de variables (`a`, `b` y `c`) que "encapsulan" el valor que se le indica (`3.2`, `1.8` y el valor resultante de la suma de `3.2` y `1.8`, respectivamente). Estas variables son cruciales para ejecutar código, ya que permiten trabajar, habitualmente, valores potencialmente complejos a través de una simple variable. Como se puede ver en el siguiente código, al pedirle a Python que entregue el valor de la variable `a`, devuelve el `3.2` que se le ha asignado:

```
In [5]: a = 3.2
a
Out[5]: 3.2
```

Así, en el código en el que anteriormente se ha ejecutado la función `type()`, se puede ver cómo devuelve algo diferente al sumatorio de `a+b`, sino que devuelve el tipo de dato que se está trabajando: en este caso *float*, ya que, como se ha dicho antes, salvo que se modifique el tipo de dato, la suma de dos *floats* o dos *integer*, devuelve un *float* o un *integer*, respectivamente.

String

Una *string* representa una cadena de texto formada por caracteres. Es uno de los tipos de datos más comunes en el entorno digital, ya que valores como nombres, apellidos, direcciones, respuestas cualitativas a encuestas y demás, suelen ser *strings*. A continuación, se presenta un ejemplo con Jupyter Notebook:

```
In [6]: a = '2'
b = '5'
c = a + b
c
Out[6]: 25
```

¿Por qué devuelve 25? Un objeto es una *string*, no puede ser sumado; sin embargo, cuando se ejecuta el símbolo de suma sobre dos objetos cuyo tipo es *string*, los une. Sucede algo similar a cuando se aplica una concatenación de Google Sheets o Microsoft Excel.

Otra diferencia visible es el uso de las comillas (''). Esta es la manera elemental de definir con Python que está trabajando con *strings*. De hecho, si trabajas con Jupyter Notebook, las *strings* son visibles en un color rojo y los objetos numéricos son verdes.

Si no se está seguro sobre qué tipo de dato se está trabajando, recuerda que siempre se puede utilizar la función `type()` sobre la variable. En el siguiente código se puede ver el código para pedir el tipo de dato en tres variables diferentes:

```
In [7]: a = '5' #esto es string
b = 5.5 #esto es float
c = 5 #esto es integer
print(type(a), type(b), type(c)) #se usa la función print() para que muestre el
valor resultante de las tres peticiones y no solamente la última. Esta es una
característica particular de Jupyter Notebook que en otros IDE no sucede.
<class 'str'> <class 'int'> <class 'float'>
```

¿Por qué puede resultar útil unir dos cadenas de texto? ¿Por qué un número debería ser una *string*? Un ejemplo muy clásico puede ser el de los DNI: prácticamente nunca se harán cálculos como sumas, restas o multiplicaciones con el número; sin embargo, es muy común que en ciertos momentos pueda interesar al ingeniero de datos concatenar el número del DNI (que idealmente sería una *string*) con la letra que le toque. Un código así de sencillo podría solucionar esta típica situación:

```
In [8]: dni_num = '555666777'
dni_word = 'Z'
dni_num = dni_num + dni_word
dni_num
Out[8]: 555666777Z
```

Es un buen momento para aprovechar y hacer un par de recomendaciones, especialmente para el lector novel en programación: primero de todo, como buena praxis, las variables en Python se escriben siempre en minúscula, a diferencia de otros lenguajes como JavaScript que utilizan el estilo de escritura CamelCase (como habrás visto alguna vez en algún blog o email, es común escribir, por ejemplo, "*dataLayer*" con la segunda letra inicial en mayúsculas porque se trata de entorno JavaScript). El motivo es que Python es *case sensitive*, es decir, distingue entre minúsculas y mayúsculas. Como se puede ver en el siguiente código, es el motivo principal por el que, por convención y facilidad de lectura (debe recordarse el Zen de Python), se utiliza minúscula:

```
In [9]: a = 5 #esta variable es en minúsculas y se declara un integer
A = "5" #esta variable es en mayúsculas y se declara una string
print(type(a)) #se ejecuta el código para ver el tipo de dato de la variable "a"
print(type(A)) #se ejecuta el código para ver el tipo de dato de la variable "A"
Out[9]: <class 'int'>
<class 'str'>
```

La segunda recomendación que se hace desde la comunidad de Python es que todas las variables, funciones y métodos, en la medida de lo posible y siempre que contribuya a la inteligibilidad y legibilidad del código, sea en inglés. No hace falta decir que el mundo de la programación en general es eminentemente en inglés.

Boolean

Este tipo de dato tiene la función de representar si el valor de una expresión es cierta o falsa. Se utiliza muchísimo cuando se crean funciones o cuando se desean crear condicionales (cosa que se verá más adelante en el libro). A continuación, un ejemplo de un *boolean*:

```
In [10]: a = True
type(a)
Out[10]: bool
```

Tanto la palabra `True` como `False` son palabras reservadas de Python. En todos los IDE, cuando se trabaja con Python, debe escribirse `True` y `False` con la primera en mayúscula y, así, se hace referencia a este objeto reservado para establecer si algo es verdad o no. Un ejemplo de uso para booleanos es definir si dos variables son iguales, como se puede ver en el siguiente código:

```
In [11]: 5 = 5
Input In [28]
    5 = 5
    ^
SyntaxError: cannot assign to literal
```

¿Qué ha pasado? ¿Por qué marca `SyntaxError`? Al leer el código podría parecer que se intenta establecer si cinco es igual a cinco (lo cual es cierto); sin embargo, si se intenta realizar con cualquier entorno de desarrollo, debería devolver algo similar a este error de sintaxis:

```
In [12]: 5 == 5 #para establecer comparación, se utilizan dos símbolos y no uno
Out[12]: True
```

Como puede verse en el anterior código, se utilizan dos símbolos de igualdad (==) en lugar de uno cuando se quiere establecer igualdad o desigualdad, es decir, cuando se busca trabajar con *booleans*. Cuando se utiliza únicamente un símbolo (=) es cuando se desea declarar que una variable (`citizen_id`, por ejemplo) corresponde a un valor determinado (por ejemplo, 555666777Z).

Esta es una espléndida oportunidad para explicar dos tipos de errores: los errores sintácticos y los errores semánticos. Un error sintáctico es, por ejemplo, cuando el programador escribe código que no va acorde a las reglas de escritura del lenguaje. Un ejemplo podría ser omitir una coma, escribir mal una variable o, por ejemplo, poner un símbolo igual en lugar de dos en este caso concreto. Como se puede ver en la línea `In [11]`, ante errores sintácticos es común que aparezca un tipo de error concreto: `SyntaxError`.

Por otro lado, los errores semánticos son por regla general errores de lógica: no saltará ningún tipo de error en el IDE como sí pasó en la línea `In [11]` y la herramienta devolverá un valor de forma exitosa pero no satisfactoria, puesto que, al ver el código, el programador verá que este no tiene sentido:

```
In [13]: a = 5
a = 5.5
a == b
Out[13]: False
In [14]: a = 5
a = 5.5
a != b
Out[14]: True
```

Como se puede ver en los anteriores códigos, se puede establecer igualdad con el símbolo == y desigualdad con el símbolo `!=` y, en función del caso, Python puede devolver `True` o `False` en función de si la condición que se establece es cierta o no. En el primer caso, 5 no es igual a `5.5`, por lo que, si se trata de escribir con código que sí es cierto, Python devolverá que el resultado es falso. Por el contrario, como se puede ver en `In [14]`, si se especifica que 5 no es igual a `5.5`, Python devolverá el valor `True`.

Operadores binarios y comparaciones

Algo muy relacionado con los *booleans* son los operadores. Además del uso de == o de !=, es importante conocer muchos más que llegarás a ver a lo largo del libro, que aparecen en la tabla 2.2.

Tabla 2.2. Tabla con operaciones más simples y que se pueden aplicar tanto en *integers*, *floats* e incluso *strings*, aunque se debe tener en cuenta el tipo de *output* que se va a generar en función del tipo de dato y el tipo de operación que se va a ejecutar.

OPERACIÓN	DESCRIPCIÓN	EJEMPLO; RESULTADO
`a - b`	Resta a y b	`5 - 3; 2`
`a * b`	Multiplica a y b	`5 * 3; 15`
`a/b`	Divide a y b	`5/3; 1,67`
`a//b`	Divide a y b y solo se queda con el resultado del número entero	`5/3; 1`
`a ** b`	Eleva a a la potencia de b	`5 ** 3; 125`
`a & b`	Para *booleans*, devuelve `True` si a y b son `True`	`True & False; False`
`a | b`	Para *booleans*, por defecto, devuelve `True` si a o b son `True`	`True | False; True`
`a % b`	Para *floats* o *integers*, devuelve el resto de dividir a por b	`10 % 2; 0`
`a <= b`	Devuelve `True` si a es menor o igual a b	`a (5) <= b (6); True`
`a >= b`	Devuelve `True` si a es mayor o igual a b	`a (5) >= b (6); False`
`a is b`	Devuelve `True` si a y b hacen referencia al mismo objeto de Python, que no específicamente al valor	`a is b; False`
`a is not b`	Devuelve `True` si a y b hacen referencia al mismo objeto de Python, que no específicamente al valor	`a is b; True`

Para entender este último punto de `is` e `is not`, suele ser recomendable poner un ejemplo (aunque más adelante, en el libro, se explicará qué son los objetos en Python):

```
In [15]: a = [1, 2, 3, 4, 5] #esto hace referencia a un objeto de tipo lista
que está dentro de la variable 'a'
b = a #aquí asignamos la variable 'a' a una segunda variable llamada 'b'
a is b
Out[15]: True
```

Como se puede ver, devuelve `True`, lo mismo que devolvería si usáramos el símbolo ==; sin embargo, si ejecutamos el siguiente código:

```
In [16]: c - list(a) #ejecutamos la función list() que, por su naturaleza,
siempre crea una lista nueva de Python. Cambia el objeto sin cambiar los
valores que hay dentro.
a is not c Out
Out[16]: True
```

Aún albergando los mismos valores, si se ejecuta el código anterior que estipula que `a` y `c` no son lo mismo, devuelve `True`. De hecho, si a continuación ejecutamos el siguiente código, se podrá ver que si se aplica ==, también devuelve `True`, puesto que el símbolo de == hace referencia al valor y los operadores `is` e `is not` hacen referencia a la igualdad del objeto:

```
In [17]: c == a
Out[17]: True
```

Listas

Además de *strings*, *booleans*, *floats* y demás, también existen otros tipos de datos fundamentales, como, por ejemplo, las listas (que ya se han mostrado previamente en la línea `In [16]`). Las listas son un tipo de objeto en sí mismo que puede albergar todo tipo de objetos como, por ejemplo, otros *strings*, *integers*, *floats*, *booleans* e, incluso, otras listas. Las listas, como se ve a continuación, se declaran con el símbolo `[ ]`:

```
In [18]: product_revenue = [15000, 15832.90, 22830, 11098, 9870.12]
product_revenue
Out[18]:  [15000, 15832.90, 22830, 11098, 9870.12]
```

En esta lista, tenemos tanto *integers* como *floats* y hay que tener presente que la variable `product_revenue` es una variable de tipo `list`, la cual, como el resto de objetos, tiene sus propias normas, en las cuales se profundizará en las siguientes páginas cuando se ahonde en los siguientes tipos de datos.

Tuplas

```
In [19]: service_revenue = (9000, 2000, 12000, 989.90, 1501)
service_revenue
type(service_revenue)
Out[19]:  tuple
```

Como se puede ver en el código anterior, las tuplas son objetos que también pueden albergar objetos de distinta índole. Aparte de que el símbolo para declarar una tupla es el paréntesis, `()`, y no el corchete, `[ ]`, como sucede con las listas, ¿qué diferencia puede llegar a haber entre ambas para que haya la necesidad de que coexistan?

Una de las principales diferencias entre tuplas y listas es que las tuplas son inmutables, mientras que las listas son mutables. Es decir, una vez se declara una nueva lista, esta puede ser modificada de varias maneras: añadiendo o eliminando elementos dentro de la lista, ordenándolos, entre otros, mientras que la tupla, no:

```
In [20]: product_revenue.append(7898.90)
product_revenue
Out[20]:  [15000, 15832.90, 22830, 11098, 9870.12, 7898.90]
```

`product_revenue` es una variable que contiene una lista. En esta hemos aplicado el método `append()` que sirve para añadir nuevos elementos dentro de una lista. Como se puede ver en el código anterior, el elemento se sitúa por defecto en la última posición de la lista:

```
service_revenue.append(2098.45)
---------------------------------------------------------------------------
AttributeError                            Traceback (most recent call last)
Input In [84], in <cell line: 1>()
----> 1 service_revenue.append(2098.45)
AttributeError: 'tuple' object has no attribute 'append'
```

Como se puede ver en el código anterior, ante una tupla como `service_revenue` no se pueden añadir nuevos elementos, ya sean *strings*, *floats*, *integers*, *booleans*, listas o incluso otras tuplas. Esta es la razón por la que se conoce a las tuplas como un tipo de datos inmutable: una vez se declara, no se puede modificar.

Sin embargo, si se necesitara modificar una tupla, siempre se podría crear una nueva variable cuyo formato sea lista a partir de la tupla original y, ya entonces, empezar a operar con la lista. Se trataría de un objeto diferente que contendría el mismo contenido, pero con los beneficios del formato de las listas:

```
In [21]: service_revenue_list = list(service_revenue)
service_revenue_list.append(2098.45)
service_revenue_list
Out[21]:  [9000, 2000, 12000, 989.90, 1501, 2098.45]
```

Ahora se dispone de una lista llamada `service_revenue_list`, que permite operar de una forma un poco más flexible. No obstante, ¿ha desaparecido la tupla original? No, en absoluto, sigue existiendo y puede seguir siendo útil. El uso de tuplas no es tan común como el uso de listas; sin embargo, estas pueden ser muy útiles para datos que sabemos que no deberían cambiar y, por otro lado, en materia de rendimiento son más rápidas. Este libro no se enfocará en temas tan técnicos, pero también vale la pena tener en cuenta el aspecto de rendimiento y velocidad.

¿Qué más se puede hacer con las tuplas? Además de lo dicho, existen dos métodos que sí pueden utilizarse en tuplas: `count()` e `index()`, además de que no hay que olvidar que son datos iterables, como las listas u otros objetos y podemos recorrerlos para, por ejemplo, evaluar si hay datos presentes en una lista o tupla:

```
In [22]: service_revenue.count(9000)
Out[22]:  1
In [22]: service_revenue.index(9000)
Out[22]:  0
```

El método `count()` en una tupla cuenta el número de veces que está presente el valor que hayas puesto dentro del paréntesis. En este caso, el número `9000` estaba una vez. En cambio, el método `index()` especifica la posición en la que está ubicado un objeto determinado. Como es el primero de la tupla, el valor que devuelve este método es cero.

Pero ¿por qué cero? Python tiene una particularidad que también tienen otros lenguajes como, por ejemplo, JavaScript: la indexación, es decir, la ubicación y orden de los elementos en listas y tuplas en Python, empieza a contar desde cero. Como también sucede en las listas, al ejecutar el método `index()` y poner el número 4, el valor que se devuelve es 3:

```
In [23]: list_one = ['hola', True, 3, 4, False, 6.5, [7, 8, 9] ]
list_one.index(4)
Out[23]:  3
```

Sin embargo, habitualmente se necesitará ejecutar la operación inversa: a partir de un índice concreto, saber el valor que toca en esa posición. Esta operación se ejecuta con el siguiente código: al solicitar el valor de la posición 4, devuelve el valor `False`:

```
In [24]: list_one = ['hola', True, 3, 4, False, 6.5, [7, 8, 9] ]
list_one[4]
Out[24]:  False
```

Hay muchas más combinaciones que se pueden realizar: Si en lugar de poner un 4, se pone `-1`, se estará pidiendo siempre el último valor de la lista que, como se puede ver, es una lista completa:

```
In [25]: list_one = ['hola', True, 3, 4, False, 6.5, [7, 8, 9] ]
list_one[-1]
Out[25]:  [7, 8, 9]
```

Si se necesitara el primer valor de la lista que está dentro de la lista `list_one`, debería ejecutarse el siguiente código:

```
In [26]: list_one = ['hola', True, 3, 4, False, 6.5, [7, 8, 9] ]
list_one[-1][0]
Out[26]:  7
```

Como puede verse en el siguiente código, también pueden capturarse rangos concretos. Por ejemplo, si se deseara capturar todos los valores menos el último, el código podría ser el siguiente:

```
In [27]: list_one = ['hola', True, 3, 4, False, 6.5, [7, 8, 9] ]
list_one[0:-1]
Out[27]: ['hola', True, 3, 4, False, 6.5]
```

No solo las listas o las tuplas son iterables. Las *strings* también lo son al tratarse de cadenas de texto y es algo muy utilizado en ciertos momentos en los proyectos de ciencia de datos, especialmente en los momentos de *data wrangling* o limpieza de datos. A continuación, algunos ejemplos con una cadena texto:

```
In [28]: text = "hello, world"
text[0] #se busca el primer elemento de la cadena de texto
Out[28]: 'h'
In [29]: text = "hello, world"
text[0::2] #desde el primer valor y después que salte y recoja el valor uno sí
y otro no
Out[29]: 'hlo ol'
In [30]: text = "hello, world"
text[0:5] #desde el primer valor hasta la posición quinta no incluida
Out[30]: 'hello'
```

El concepto de iterador en Python es crítico: objetos como las tuplas, listas e incluso las cadenas de texto (*strings*) son objetos que más tarde o más temprano pasarán por una iteración, ya sea por una solicitud de datos o por un proceso de limpieza *ad hoc*. En este punto se profundizará en siguientes páginas del libro.

Conversión de tipos

¿Es posible convertir un *integer* en un *float*? ¿Y una *string* en un *integer*? ¿Qué reglas hay que seguir para hacerlo? A continuación, se va a explicar cómo hacerlo y algunas consideraciones al respecto.

En primer lugar, se deben distinguir los objetos mutables y los objetos inmutables. Como se ha explicado en anteriores páginas, las tuplas son inmutables, son objetos cuyo contenido no puede ser modificado, es decir, no se le puede, por ejemplo, añadir o modificar otros elementos. Sin embargo, hay tipos de datos que se podría pensar que son mutables pero no lo son, como, por ejemplo, las cadenas de texto (*strings*). Las cadenas de texto son inmutables como se puede observar en el siguiente código:

```
In [31]: text = "hello, world"
text[4] = 'u'  #queremos sustituir la 4ª posición, es decir, la letra 'o' por
la letra 'u'
---------------------------------------------------------------------------
TypeError                                 Traceback (most recent call last)
Input In [3], in <cell line: 2>()
      1 text = 'hello, world'
----> 2 text[4] = 'u'

TypeError: 'str' object does not support item assignment
```

Como se puede ver en el tipo de error `TypeError`, el propio código de Python alerta de que un objeto *string* (es decir, cadena de texto) no soporta este tipo de acciones y el motivo es que es un tipo de objeto inmutable.

Si se deseara modificar algún elemento de una cadena de texto lo que habría que hacer, por ejemplo, es utilizar el método `.replace()` y entonces crear una nueva cadena:

```
In [32]: new_text = text.replace('world', 'guys') #se indica la palabra a
sustituir por la palabra que la sustituye
new_text
Out[32]: 'hello, guys'
```

Obviamente, esto puede hacerse también con solo una letra:

```
In [33]: newest_text = text.replace('o', 'u') #se indica la palabra a sustituir
por la palabra que la sustituye
newest_text
Out[33]: 'hello, wurld'
```

Debido a esto, habrá ocasiones en las que interesará convertir un objeto en *string* o cadena de texto y el motivo principal no es otro que aprovechar las capacidades que tiene este objeto por encima de otros. Por ejemplo, para convertir un *integer* en una *string* se utiliza la función `str()`:

```
In [34]: a = 5
b = str(a)
C
```

Como puede verse, se ha escogido una variable que contiene un objeto de tipo *integer* y se ha creado una nueva con el mismo valor (5) con el fin de trabajarlo con una *string*. A continuación, en la tabla 2.3, se van a mostrar algunos métodos muy conocidos y utilizados de tipo *string* para ayudarte a ver la finalidad que tiene convertir un tipo de dato en otro (utilizar un tipo de métodos u otro es uno de los motivos principales, especialmente cuando se limpian datos).

Tabla 2.3. Esta es solo una selección de algunos métodos utilizados comúnmente con *strings*; sin embargo, hay muchísimos más y se recomienda investigar en la documentación oficial de Python: `https://docs.python.org/3/library/stdtypes.html#string-methods`.

NOMBRE MÉTODO	DESCRIPCIÓN
`str.replace()`	Sustituye una parte de la cadena por otro.
`str.upper()`	Devuelve una copia de la cadena con todos los caracteres en mayúscula.

NOMBRE MÉTODO	DESCRIPCIÓN
`str.lower()`	Devuelve una copia de la cadena con todos los caracteres en minúscula.
`str.strip()`	Elimina los espacios en blanco de una cadena de texto y, si se especifica mediante el parámetro `chars`, se pueden eliminar caracteres concretos.
`str.split()`	Divide la cadena de texto en función de un criterio: espacios, comas, entre otros.
`str.find()`	Busca un o una serie de caracteres específicos y devuelve el índice más bajo en el que se encuentra.
`str.startswith`	Devuelve `True` o `False` si la cadena de texto empieza con un valor u otro.
`str.isnumeric`	Devuelve `True` o `False` si toda la cadena de texto es numérica (0-9) o no.
`str.capitalize`	Convierte el primer carácter de la cadena a mayúscula y el resto a minúsculas.

Por supuesto, habrá momentos en los que será interesante convertir una *string* a un *integer*. Esto suele pasar cuando deseamos realizar operaciones lógicas o aplicar fórmulas matemáticas concretas. El proceso es sumamente sencillo y similar al de convertir un *integer* en una cadena de texto:

```
In [35]: a = '5'
b = int(a) #utilizamos la función int() que permite convertir a integer
print(type(a)) #pedimos el tipo del dato de la variable a con la función type()
print(type(b)) #pedimos el tipo del dato de la variable b con la función type()
Out[35]: <class 'str'>
<class 'int'>
```

Como puede observarse, el proceso es similar al anteriormente mostrado y permite pasar datos de un lado a otro con el fin habitual de manipularlo en función de nuestros objetivos. A continuación, en la tabla 2.4, se presenta una lista básica de funciones para *integers* (que también serviría para *floats*) que puede servir para ejemplificar esto. A diferencia de las cadenas de texto, los *integers* suelen funcionar con funciones y no tanto con métodos. Como se trata de un capítulo introductorio de Python no se va a ahondar en cuestión de clase y de este tipo de distinción.

Tabla 2.4. Esta es solo una selección de algunas funciones básicas con *integers* y *floats* que, como se puede ver, guardan relación con operaciones matemáticas.

NOMBRE FUNCIÓN	DESCRIPCIÓN
`abs(x)`	Devuelve el valor absoluto de un número entero.
`pow(x, y)`	Eleva *x* a la potencia de *y*.
`round(x)`	Redondea un número *x*.
`math.sqrt(x)`	Dentro del módulo `math`, es posible calcular la raíz cuadrada de un valor *x*.
`math.factorial(x)`	Dentro del módulo `math`, es posible calcular el factorial de *x*.
`math.gcd(x, y)`	Dentro del módulo `math`, es posible calcular el máximo común divisor de *x* e *y*.

Para finalizar esta sección de conversión de tipos, es necesario mencionar que también se pueden convertir *strings*, *floats* o *integers* en, por ejemplo, listas o tuplas. Es un fenómeno poco común porque rara vez será interesante tener una lista con un único elemento, pero puede haber situaciones concretas en las que pueda interesar que una larga cadena de texto esté dentro de una lista para aprovechar el potencial de las listas:

```
In [36]: a = 'hello, world'
b = list(a) #utilizamos la función list() que permite convertir a lista
b
Out[36]: ['h', 'e', 'l', 'l', 'o', ',', ' ', 'w', 'o', 'r', 'l', 'd']
```

Como ves, ha dividido cada una de las partes (incluso espacios o la coma) al convertirlo en lista. A continuación, en la tabla 2.5, tienes un listado de métodos comúnmente aplicados cuando se trabaja con listas.

Tabla 2.5. Esta es solo una selección de algunos métodos utilizados comúnmente con listas; sin embargo, hay muchísimos más y se recomienda investigar en la documentación oficial de Python: `https://docs.python.org/3/tutorial/datastructures.html#`.

NOMBRE MÉTODO	DESCRIPCIÓN
`list.append(x)`	Añade *x* al final de la lista.
`list.pop()`	Elimina el último elemento de la lista.
`list.count(x)`	Devuelve el número de veces que dentro de la lista está el elemento *x*.

NOMBRE MÉTODO	DESCRIPCIÓN
`list.sort()`	Ordena los elementos de una lista.
`list.reverse()`	Invierte el orden de los elementos de una lista.
`list.clear()`	Elimina todos los elementos de una lista.
`list.index(x)`	Devuelve el índice del primer elemento de un valor específico *x*.
`list.remove(x)`	Elimina el primer elemento que coincide con *x*.
`list.copy()`	Devuelve la copia de una lista.

Diccionarios

Un diccionario es una estructura de datos distinta a las tuplas o las listas. Mientras que estas aglutinan una serie de objetos uno detrás de otro, un diccionario almacena cualquier tipo de información como pares de claves, teniendo el diccionario así una representación de clave-valor. Esta estructura de datos es una de las más utilizadas en el tratamiento de datos y cuenta con las siguientes características:

- Los diccionarios pueden contener cualquier tipo de elemento, así como listas, tuplas u otros diccionarios.
- Son mutables.
- El índice se realiza en función de la clave y puedes acceder al valor a través de esta.
- Cada clave de un diccionario debe ser única. Si una clave se repite durante la creación de un diccionario, la última asignación sobrescribirá el valor de las asignaciones anteriores:

```
In [37]: dictionary = {
#utilizamos el símbolo {} para crear los diccionarios

    'Spain':'Madrid',
    'Portugal':'Lisbon',
    'France':'Paris',
    'Italy':'Rome'
}
dictionary
Out[37]: {'Spain': 'Madrid', 'Portugal': 'Lisbon', 'France': 'Paris', 'Italy':
'Rome'}
```

Si se utiliza la función type() encima de esta variable se podrá ver que esta estructura es de tipo diccionario. Se utiliza el símbolo : en lugar del de igualdad para declarar que un valor dentro de un diccionario corresponde a una clave determinada. No hay que confundir estas claves con las variables mostradas hasta ahora, ya que estas claves son dependientes del propio diccionario:

```
In [38]: Spain #como se puede ver a continuación, el output da error.
Out[38]: ---------------------------------------------------------------------------
------
NameError                                 Traceback (most recent call last)
Input In [18], in <cell line: 1>()
----> 1 Spain

NameError: name 'Spain' is not defined
```

Si se deseara ver el valor dentro de la clave Spain, habría que ejecutar el siguiente código:

```
In [39]: dictionary['Spain'] #se hace una llamada de forma similar a las listas
pero se busca el nombre de la clave concreta.
Out[39]: 'Madrid'
```

Si por otro lado se deseara ver el valor de todas las claves del diccionario, entonces habría que utilizar el método values:

```
In [40]: dictionary.values()
Out[40]: dict_values(['Madrid', 'Lisbon', 'Paris', 'Rome'])
```

Algunos métodos y funciones interesantes relacionados con los diccionarios aparecen en la tabla 2.6.

Tabla 2.6. Ejemplos de métodos básicos en diccionarios. Esta es solo una selección de algunos métodos utilizados comúnmente con diccionarios; sin embargo, hay muchísimos más y se recomienda investigar en la documentación oficial de Python: https://docs.python.org/3/tutorial/datastructures.html#dictionaries.

NOMBRE MÉTODO O FUNCIÓN	DESCRIPCIÓN
dict()	Es una función que permite la creación de diccionarios de forma similar a list().
dict.values()	Muestra todos los valores de un diccionario concreto.
dict.keys()	Muestra todas las claves de un diccionario concreto.
dict.items()	Muestra todos los elementos (clave y valor) de un diccionario.
dict.popitem()	Elimina la última clave y valor de un diccionario.

NOMBRE MÉTODO O FUNCIÓN	DESCRIPCIÓN
`dict.clear()`	Elimina todos los elementos de un diccionario.
`dict.get(x)`	Devuelve el valor de una clave específica *x*.

¿Cómo se podría añadir un nuevo ítem dentro de un diccionario? ¿Utilizando el método `append()` existente en las listas? Por desgracia, no. Se debe utilizar un método distinto en los diccionarios:

```
In [41]: dictionary['Japan'] =  'Tokyo' #Se indica una nueva clave llamada
Japan y el valor correspondiente a dicha clave.
dictionary
Out[41]: {'Spain': 'Madrid',
{ 'Portugal': 'Lisbon',
 'France': 'Paris',
 'Italy': 'Rome',
 'Japan': 'Tokyo'}
```

Conjunto de datos o set

Un conjunto de datos, más conocido como *set*, es una colección de datos desordenada de elementos únicos. Se suele crear utilizando la función `set()`:

```
In [42]: set([1,2,3,4,5,6,7,8,9])
Out[42]: {1, 2, 3, 4, 5, 6,7,8,9}
```

Sin embargo, también se puede crear utilizando el símbolo `{}`. Es común la confusión con el diccionario cuando se lee por primera vez, y es que al utilizar las mismas llaves puede inducir a error; sin embargo, debe recordarse que los diccionarios son tipos de datos que contienen clave-valor, mientras que los conjuntos, no:

```
In [43]: a = {1,2,3,4,5,6}
type(a) #pedimos el tipo de dato y devuelve "set"
Out[43]: set
```

Los conjuntos son especialmente importantes en analítica de datos, ya que soportan técnicas básicas como la intersección, la unión o la diferencia, como se puede observar a continuación si se utiliza el método `union()`:

```
In [44]: a = {1,2,3,4,5,6}
b = {7,8,9}
a.union(b)
Out[44]: {1,2,3,4,5,6,7,8,9}
```

Pero debes recordar, como se ha dicho al principio, que los *sets* son conjuntos desordenados. Es decir, si se intenta acceder a uno por su índice, sucede un `TypeError`:

```
In [45]: a[1]
------------------------------------------------------------------------
TypeError                                 Traceback (most recent call last)
Input In [66], in <cell line: 1>()
----> 1 a[1]

TypeError: 'set' object is not subscriptable
```

Como se puede ver, el tipo de error especifica `set object is not subscriptable` y este tipo de error salta cuando intentamos acceder a un elemento concreto a través de la indexación. Otra práctica importante dentro de los conjuntos es la intersección:

```
In [45]: a = {1,2,3,4,5,6}
b = {4,5,6,7,7,8}
a.intersection(b) #el metodo intersection() muestra los valores comunes entre
dos conjuntos.
Out[45]: {4, 5, 6}
```

Algunos métodos y operaciones con conjuntos en Python se pueden ver en la tabla 2.7.

Tabla 2.7. Estos son algunos métodos conocidos para conjuntos de datos que permiten entender las operaciones básicas con este tipo de datos.

NOMBRE MÉTODO	DESCRIPCIÓN
`a.add(x)`	Añade el elemento *x* al conjunto de datos a.
`a.pop()`	Como no están ordenados, elimina un elemento de forma aleatoria.
`a.difference(b)`	Muestra los elementos del *set* a que no están en el *set* b.
`a.issubset(b)`	Devuelve `True` si los elementos de a están todos en b.
`a.issuperset(b)`	Devuelve `True` si los elementos de b están todos en a.
`a.isdisjoint(b)`	Devuelve `True` si a y b no tienen ningún elemento en común.
`a.clear()`	Elimina todos los elementos de un conjunto de datos.

Entender las características de los tipos de datos como *strings*, *floats*, *booleans*, los operadores lógicos y las reglas sobre inmutabilidad o no que tienen tipos de estructuras de datos como tuplas, listas, conjuntos de datos y diccionarios es uno de los principios básicos y una de las bases fundamentales aprender Python. Esto te permite no solamente entender qué se puede hacer y qué no con los diferentes tipos de datos, sino comprender que el formato del dato importa, y cómo llegue y su estado es un factor a tener en cuenta a la hora de capturar un dato, manipularlo, transformarlo y tomar decisiones con él.

Control de flujos, iterables y funciones

Una vez se entiende perfectamente que Python cuenta con una estructura de datos que debe conocerse, se puede iniciar el camino hacia la manipulación de estos objetos para que nos entreguen los *outputs* que estamos esperando. Para ello, existen elementos, como iterables, controles de flujos y la posibilidad de construir funciones propias con el objetivo de no solamente trabajar con el objeto, sino también personalizar nuestro *stack* de trabajo.

Control de flujos

Cuando se habla de control de flujos en Python (aunque también se puede denominar como estructura de control), se habla habitualmente de operadores condicionales que permiten ejecutar acciones en función de si se cumplen o no una serie de condiciones, ya sean más simples, complejas, ciertas o falsas. Por ejemplo:

```
In [46]: a = 6
if a >= 5: #así se establece una condición, muy importante el uso de los dos puntos
  print('a es mayor o igual que 5') #muy importante la indentación, es decir,
el espacio a la derecha desde el que parte "print()" indica que está sujeto a
la regla establecida en if.
Out[46]: 'a es mayor o igual que 5'
```

El objetivo del código anterior es evaluar si una variable determinada (a) es mayor o igual (>=) a 5 y, en ese caso y solo ese caso, escribir en pantalla el texto `'a es mayor o igual que 5'`:

```
In [47]: a = 4
if a >= 5:
  print('a es mayor o igual que 5')
Out[47]:
```

En el anterior código, no se verá ningún texto en pantalla porque 4 no es ni mayor ni igual que 5 y esas han sido las reglas que se han puesto para determinar si debe escribirse ese texto en pantalla. Como puede verse, esta estructura de código tiene dos partes distintas:

- **Una condición** que debe cumplirse.
- **Un código** que debe ejecutarse si esta condición se cumple.

Es importante respetar la indentación, es decir, tras los dos puntos (`:`) del `if`, el código suele dejar por defecto un espacio de sangría en el lado izquierdo comparable a marcar cuatro espacios con el botón de espacio del teclado. Eso se llama "indentación" y es crítico no equivocarse con esto para que los códigos funcionen correctamente:

```
In [47]: a = 1
if a >= 5:
  print('a es mayor o igual que 5')
print('es más pequeño')
Out[47]: 'es más pequeño'
```

En este caso, el código anterior devuelve `'es más pequeño'` porque el código continúa más adelante y ve una condición que sí encaja con `a = 1`. Sin embargo, si hiciéramos que la variable a fuera igual a ocho con estas mismas reglas, sucedería esto:

```
In [48]: a = 8
if a >= 5:
  print('a es mayor o igual que 5')
print('es 3019 pequeño')
Out[48]: 'a es mayor o igual que 5'
'es más pequeño'
```

Devolvería ambos valores. ¿Por qué? Debes entender que Python lee de arriba a abajo y como `8` es mayor que `5` ya es totalmente válido que muestre el mensaje, pero también es válido el segundo mensaje que no tiene ningún tipo de condición asociada. Este es el motivo por el que muestra primero el primer mensaje y después el segundo y una muestra de algo que debemos tener en cuenta cuando practicamos con Python: el código se lee y ejecuta de arriba abajo.

Además de `if`, existen otros dos elementos muy conectados conocidos como `else` y `elif`. Puede verse en el siguiente ejemplo el uso de `else`:

```
In [49]: a = 25
if a % 2 == 0:
  print('a es par')
else:
  print('a es impar')
Out[49]: 'a es impar'
```

Como puede verse en el anterior código, se ha aplicado el símbolo `%`, que es muy útil cuando se desea conocer si un valor es par o no, ya que devuelve el residuo de una división (0 si es par y 1 si es impar, en este caso). Como puede verse, al no aplicarse la primera opción, de forma totalmente obligatoria debe darse la segunda y es por ello que se utiliza la palabra reservada `else`, que puede ser sustitutiva de "en cualquier otro caso". En esta situación, en todos los casos en los que no se cumpla la primera opción (`a es par`) deberá imprimirse en página el mensaje `a es impar` debido a control de flujo `else`.

Un elemento que falta en esta tríada es `elif`. Esta palabra reservada aparece cuando se desea poner diferentes condiciones aparte de la inicial que se declara con `if`, como, por ejemplo, la siguiente:

```
In [50]: a = 5
b = 5
if a > b:
  print('a es mayor que b')
elif a < b:
  print('a es menor que b')
else:
  print('a es igual que b')
Out[50]: 'a es igual que b'
```

Como puede verse, pueden añadirse tantas condiciones como sea necesario. De hecho, pueden crearse "sentencias `if` anidadas" como las siguientes, en las que se puede ver cómo se anidan `if`, `elif` y `else` dentro de otros `if`. Es por eso tan importante entender cómo funciona la indentación:

```
In [51]: a = -5
b = -7
if a > b:
  if b >= 0:
    print('a es mayor b y positivo')
  elif a*-1 > 0:
    print('a es mayor que b y negativo')
  else:
    print('a es mayor que b y positivo')
else:
  print('b es mayor o igual que a')
Out[51]: 'b es mayor o igual que a'
```

Iteración

Además de las estructuras de control `if`, `elif` y `else` que permiten establecer una condición por la cual se va a ejecutar un código u otro, tenemos otro tipo de estructuras de control enfocadas a la iteración que, *grosso modo*, permiten ejecutar un mismo bloque de código tantas veces como sea necesario.

Estas estructuras de control iterativas están presentes en multitud de lenguajes de programación y no solo en Python, y es muy recomendable para cualquiera que se dedique al marketing digital conocer cómo funcionan este tipo de elementos:

```
In [52]: lista_villanos = ['Pennywise', 'Darth Vader', 'Voldemort'] #establece
una lista
for villano in lista_villanos: #se utiliza la palabra reservada for para
iniciar la iteración
  print(villano) #se imprime cada nombre de villano
```

```
Out[52]: Pennywise
Darth Vader
Voldemort
```

¿Qué ha pasado aquí? En primer lugar la palabra `for` es una palabra reservada que delimita el inicio de una iteración. Después, la palabra `villano` es una palabra al azar (de hecho, es común utilizar una letra como "k" o "i" como alternativa) que sirve al código para iterar en cada uno de los elementos que están dentro de la lista `lista_villanos`.

Lo que realiza este código es lo siguiente: recorre la lista y por cada elemento de la lista imprime en pantalla cada elemento de la misma. El iterador inicia su camino hacia la lista y el primer elemento que encuentra es una cadena de texto que contiene `Pennywise`, ante esto la regla es que imprima en pantalla el nombre del iterador al completo y esto lo hace un total de tres veces, es decir, el número de elementos que hay en la lista:

```
In [53]: lista_ciudades = ['Madrid', 'Tokyo', 'Barcelona']
for i in lista_ciudades:
  print(i)
Out[53]: Madrid
Tokyo
Barcelona
```

Como puede verse en el anterior código, puede utilizarse indistintamente `villanos` como `i` y no cambia el resultado. Este elemento es lo que se llama una variable que sirve al código para iterar en cada uno de los elementos que se pongan después en el iterable (la lista en este caso).

De igual forma puede iterarse sobre una lista con valores numéricos y utilizar la estructura de control `if`, `elif` y `else` que se ha aprendido anteriormente junto al uso de la palabra reservada `for`:

```
In [54]: a = [1,2,3,4,5,6]
for k in a:
  if k > 2:
    print(k, 'es mayor a 2')
  elif k == 2:
    print(k, 'es igual a 2')
  else:
    print(k, 'es menor a 2')
Out[53]: 1 es menor a 2
2 es igual a 2
3 es mayor a 2
4 es mayor a 2
5 es mayor a 2
6 es mayor a 2
```

En el anterior código, como dentro de `print` se ubica el nombre de la variable k que hace referencia a cada elemento de la lista, se convierte en una variable que en función de la posición adopta un nombre u otro. Por ello, en función de la regla, el código imprime `1 es menor a 2`, `2 es igual a 2` y siguientes.

Además de `for`, existe otra instrucción llamada `while` que permite iterar un objeto mientras se cumpla una condición determinada. Solamente cuando la condición deja de cumplirse, se sale de bucle y continúa la ejecución del bloque de código. ¿Para qué puede servir este tipo de instrucciones? Sobre todo, esto sirve ante situaciones no finitas claramente por una lista y en las que depende de una serie de variables externas. Un ejemplo de uso de `while` muy conocido es para conseguir los 1.000 primeros números de la serie de Fibonacci:

```
In [54]: number = 1000
a, b = 0, 1
while a < number:
  print(a)
  a, b = b, a+b #aquí es donde se realiza el sumatorio.
Out[54]: 0
1
1
2
3
5
8
13
21
34
55
89
144
233
377
610
987
```

Además de `for` o `while`, existen funciones que permiten trabajar de forma muy cómoda con este tipo de operaciones, como por ejemplo `zip()` o `range()`:

```
In [55]: for i in range(10):
  print(i)
Out[55]: 0
1
2
3
4
5
```

```
6
7
8
9
```

Al utilizar la función `range()`, se han creado 10 elementos (del 0 al 9) y se ha definido que cada uno de estos debía imprimirse en pantalla. Esta función genera muchas opciones interesantes que ayudan a familiarizarse con Python, como, por ejemplo, iniciar desde un valor concreto:

```
In [56]: for i in range(5, 10): #en este caso, hacemos que el listado empiece
desde el valor 5 acabe en el 9
  print(i)
Out[56]:
5
6
7
8
9
```

O incluso saltar de un valor a otro con un orden determinado:

```
In [57]: for i in range(5, 30, 3): #en este caso, hacemos que el listado
empiece desde el valor 5, acabe en el 29 y vaya dando saltos de 3 en 3 entre
ambos valores
  print(i)
Out[57]:
5
8
11
14
17
20
23
26
29
```

En el siguiente código, puedes ver un ejemplo de iteración en un diccionario, ya que estos también son objetos iterables que están muy presentes en este tipo de operaciones. Aquí el secreto consiste en recordar que se tratan de objetos basados en clave-valor:

```
In [58]: dictionary = {

    'Spain':'Madrid',
    'Portugal':'Lisbon',
    'France':'Paris',
    'Italy':'Rome'
}
```

```
#Por nombre de país, es decir, la clave
for k in dictionary.keys():
  print(k)

#Por capital del país, es decir, el valor
for k in dictionary.values():
  print(k)

#por país y capital al mismo tiempo
for k, v in dictionary.items():
  print(k, v)

Out[58]:Spain
Portugal
France
Italy
Madrid
Lisbon
Paris
Rome
Spain Madrid
Portugal Lisbon
France Paris
Italy Rome
```

Además de `range`, también existe una función llamada `zip()`, que está íntimamente relacionada con las listas, ya que, combinada con `for`, permite iterar tantas listas como sea necesario:

```
In [59]: name = ('john', 'paul', 'ringo', 'george')
surname = ('lennon', 'mccartney', 'starr', 'harrison')
for n, s in zip(name, surname):
    print(n, s)
Out[59]:john lennon
paul mccartney
ringo starr
george harrison
```

Como se puede ver, `zip` "une" ambas listas de forma temporal para aplicar la regla que sea necesario aplicar. Esto es francamente útil cuando se tienen dos listas muy amplias y no resulta práctica unirlas para trabajar. Un ejemplo de esto podría ser unir datos de ventas por mercado y el código telefónico de cada país por una petición puntual.

El punto clave de esta sección sobre iteraciones es aprender, en primer lugar, que existen objetos iterables, que existen maneras de iterar en ellos y que, unido a las estructuras lógicas `if`, `elif` y `else`, se pueden desarrollar reglas para que los *outputs* vayan en función a los parámetros que se han determinado previamente.

Funciones

Las funciones son unos de los elementos troncales de cualquier lenguaje de programación. A lo largo de estas primeras páginas ya se ha tratado de forma tangencial la existencia de funciones como `print()`, `type()`, `range()` o `zip()`; sin embargo, estas son funciones que por defecto Python regala a sus usuarios, pero es muy probable que, cuando se trabaje en un proyecto, sea necesario desarrollar funciones propias para dar respuesta a cuestiones específicas. La creación de funciones es algo que se realiza en los equipos de análisis y ciencia de datos y sirve también para organizar y reutilizar código ante tareas repetitivas. A continuación, se muestra cómo se crea una función:

```
In [59]: def my_function(x):
  return x
```

Esta es la estructura más básica. Como puede verse, se utiliza la palabra reservada `def`, que habilita la creación de una función y, en este caso particular, se estaría creando una función cuyo nombre es `my_function`. Sobra decir que es recomendable que los nombres de las funciones sean intuitivos y preferiblemente en inglés. Un segundo punto que también hay que advertir es que aquí hay una segunda palabra reservada llamada `return`. Es el término utilizado para determinar aquello que devolverá la función cuando se ejecute. A continuación, un ejemplo:

```
In [60]: def suma(x, y): #se declara una función llamada suma que suma dos
valores: x e y.
  return x + y

In [61]: suma(5, 7)
Out[61]: 12
```

En el anterior código hay dos pasos: por un lado, crear la función `suma()` que espera recibir dos parámetros (x e y) y, después, darle un uso a la función con dos valores al azar. ¿El resultado? 5 + 7 = 12.

Las funciones pueden tener un parámetro, dos o incluso tres. Se puede, incluso, determinar si hay un valor por defecto en el caso de que los usuarios utilicen la función sin delimitar un valor dentro de las variables. Por ejemplo:

```
In [62]: def suma(x=2, y=2): #Se declara que, por defecto, x e y siempre
tendrán un valor 2 por defecto
  return x + y

In [63]: suma()
Out[63]: 4
```

En este caso, al no poner nada dentro de la función suma(), el código ejecuta una suma simple de 2 + 2 para aportar un resultado por defecto. Esto no solaparía ningún resultado posterior y, si determinamos manualmente el valor de *x* e *y*, sobreescribirá el valor que la función tiene por defecto:

```
In [62]: def suma(x=2, y=2):
  return x + y

In [63]: suma(20, 10)
Out[63]: 30
```

Algo que puede suceder es que no se sepa cuántos argumentos puede recibir una función. Siguiendo con el ejemplo de la función suma(), se podría llegar a querer que esta función pudiera sumar tantos elementos como pueda recibir. Así aparecen los args y kargs, dos elementos relacionados con las funciones que vale la pena conocer para introducirse en el mundo de Python:

```
In [64]: def suma(*args):
  return sum(args)

In [65]: suma(20, 10, 6, 7, 23, 2, 234, 123, 324)
Out[65]: 749
```

Ahora, la función suma() puede recibir tantos valores como sea posible y sumarlos sin ningún tipo de problema. Si, además de trabajar con un número variable de argumentos, se necesitara la capacidad de definir el nombre de cada uno de estos argumentos de entrada, habría que utilizar kargs:

```
In [66]: def suma_kargs(**kargs):
  r = 0
  for k, v in kargs.items():
    print(k, v)
    r +=v
  return r

In [67]: print("Suma con un número variable de argumentos es {}".format(suma_
kargs(a=4, b=5, c=7, d=8, e=9)))
Out[68]: a 4
b 5
c 7
d 8
e 9
Suma con un número variable de argumentos es 33
```

Crear propias funciones es algo muy común y que requiere de un entendimiento del contexto del problema a resolver, de las variables que se disponen y del *output* esperado. Al ser un capítulo en el que se quiere mostrar unos básicos de Python, no es necesario profundizar más, pero sobre todo es importante que te familiarices con el hecho de que muchas de las funciones que se trabajan en las organizaciones son, a veces, funciones propias o reutilizadas de otros proyectos.

Además de las funciones que como científicos o analistas de datos se pueden realizar, existen otra serie funciones como la función `lambda`, `Map()`, `Filter()` e incluso las *list comprehensions*, que, aunque no son funciones como tal, son una solución muy *pythonic* de resolver situaciones sin usar estructuras de control muy complejas. A continuación, se explica una a una en qué consisten.

La función `lambda` es un tipo de función que se emplea para simplifica la escritura de funciones en una sola sentencia. Se definen con la palabra reservada `lambda`, lo cual significa que se está declarando una función anónima:

```
In [69]: def multiply(x): #esta función multiplica un valor por 3
  return x*3
```

Esta sencilla función llamada `multiply()` permite multiplicar cualquier valor por tres. Esto se puede ejecutar con una `lambda` de la siguiente manera:

```
In [70]: alternative_function = lambda x: x * 3
```

En el siguiente ejemplo se podrá ver cómo, a partir de una lista, se itera ella con una `lambda` y, también, con la función `map()`:

```
In [71]: mi_lista = [1,2,3,4,5,6]
lista_nueva = list(map(lambda x: x * 2, mi_lista))
print(lista_nueva)
Out [71]: [2,4,6,8,10]
```

¿Qué ha sucedido aquí? Se ha declarado lista y, después de esto, se ha utilizado una función llamada `map()`. ¿Qué hace esta función exactamente? Es una función que sirve para aplicar una función a una secuencia de algún tipo. En este caso, ha aplicado la función `lambda` que multiplica por dos cualquier valor iterable en cada uno de los elementos de `mi_lista`. Esta función es muy práctica cuando queremos aplicar un tratamiento un poco complejo a todos o un grupo de elementos de, por ejemplo, una lista (como es este caso).

Debido a que las funciones son objetos, esta es una de las mayores ventajas de usar lambdas, ya que podemos hacer codificaciones complejas en muy poco espacio. Esto permitiría, por ejemplo, crear reglas para limpiar datos o modelizarlos en función de reglas prestablecidas por el analista o científico de datos de forma muy simple.

Otra función muy útil es `filter()`. Esta, a diferencia de `map()`, lo que hace es devolver un nuevo *array* con únicamente los valores que el código ha determinado. Es decir, `map()` aplica una función predefinida a un listado concreto de elementos y `filter()`

lo que hace es filtrar y devolver en función de una serie de criterios. En el siguiente ejemplo se puede ver cómo filtrar las vocales de un listado de letras con una función habitual y con `filter()`:

```
In [72]: letter = ['a', 'b', 'c', 'd', 'e', 'f', 'g']
def filter_vowels(letter):
  vowels = ['a', 'e', 'i', 'o', 'u']
  return True if letter in vowels else False

filtered_vowels = filter(filter_vowels, letters) #aquí está la alternativa con
el uso de filter

# Se debe convertir en tupla
vowels = tuple(filtered_vowels)
print(vowels)
Out [72]: ('a', 'e')
```

El objetivo de esta última sección es familiarizarse con `map()`, `filter()` y sobre todo `lambda`, ya que es una palabra reservada muy común en Spark y en analítica de datos un poco avanzada. Como resumen, únicamente hay que tomar conciencia de que la creación de funciones es algo que está a la orden del día en cualquier departamento de analítica de datos que trabaja con lenguajes de programación, y que existan estas casuísticas ayudará al lector menos técnico a tomar conciencia de todo lo que se puede llegar a hacer y también a realizar peticiones más concretas y específicas.

Librerías

Se llega a la última sección de este primer capítulo en el que se busca enseñar los básicos de Python para aprender a interpretar qué sucede exactamente cuando se ejecutan códigos de *machine learning* y demás. Según lo leído hasta ahora, podrías pensar que hay que realizar incontables funciones para todo lo que hoy en día se realiza en un departamento de tratamiento y exploración de datos y, en honor a la verdad, no es del todo cierto. Hay un recurso que todavía no se ha explicado, que son las librerías. La comunidad de Python tiene innumerables librerías específicas para todo tipo de uso y, en esta sección final, se desea explicar las librerías más elementales, en la tabla 2.8, su propósito y las que se van a utilizar en este libro.

Figura 2.8. Tabla con un listado muy pequeño de librerías comúnmente utilizadas en la mayoría de departamentos de datos. Actualmente, Python tiene más de 100.000 librerías disponibles y es imposible conocerlas todas, por ello se hace esta brevísima selección.

NOMBRE DE LA LIBRERÍA	DESCRIPCIÓN	ÁREA MÁS TÍPICA
Pandas	Se trata de una de las librerías más conocidas y utilizadas en el ámbito de *data analytics*, específicamente en *data wrangling* y tratamiento del dato.	*Data wrangling*.
SciPy	Una librería para el cálculo científico, ideal para ciencia de datos y estadística inferencial.	Ciencia de datos.
Matplotlib	Una librería para aquellos que desean iniciarse en la visualización de datos con Python para crear visualizaciones a partir de los datos.	*Data visualization*.
seaborn	Otra librería sobre visualización de datos. Un poco más fácil e intuitiva de utilizar que Matplotlib.	*Data Visualization*.
scikit-learn	Es una librería que incluye algoritmos de clasificación, regresión, entre otros, con el objetivo de aplicar aprendizaje automático en los proyectos.	*Machine learning*.
Tensorflow	Es una librería que incluye herramientas y métodos para el aprendizaje automático.	*Machine learning*.
PyTorch	Es una librería que incluye herramientas y métodos para el aprendizaje automático.	*Machine learning*.
Beautiful Soup	Es una librería creada específicamente para *web scraping*.	Captura de datos.

Una pregunta que te puedes hacer es: ¿cómo se importan estas librerías? Depende del IDE que se utilice; puede ser que algunas ya estén instaladas o no. Sin embargo, lo normal es asegurarse y ejecutar el siguiente código:

```
In [73]: import pandas as pd
import seaborn as sns
```

`import` es otra palabra reservada que permite importar librerías. Si se está trabajando con Jupyter Notebook o PyCharm, es tan sencillo como ejecutar el código previamente mostrado. Por otro lado, se utiliza la abreviatura `pd` o `sns`, debido a que, en ocasiones, para manipular una serie de operaciones concretas como, por ejemplo, la creación de un `DataFrame`, hay que hacer alusión a la librería Pandas de la siguiente manera:

```
In [73]: import pandas as pd
lista = [1,2,3,4,5,6,7,8,9]
df = pd.DataFrame(lista)
df

   0
0  1
1  2
2  3
3  4
4  5
5  6
6  7
7  8
8  9
```

Trabajar con librerías es el paso que toda persona que quiera profundizar en este mundillo debería hacer cuanto antes. Especialmente si es en el tratamiento de datos las librerías Pandas, Scipy, seaborn y scikit-learn serán algunas de las más utilizadas y ya, en función del *stack* tecnológico de la empresa, se puede optar por unas soluciones extra diferentes.

Con esta pequeña introducción a librerías se da por finalizado este primer capítulo introductorio a Python que ha buscado sentar unas bases y generar comodidad al lector con el código y mostrar la lógica interna que hay alrededor de este a veces poco comprensible mundo técnico.

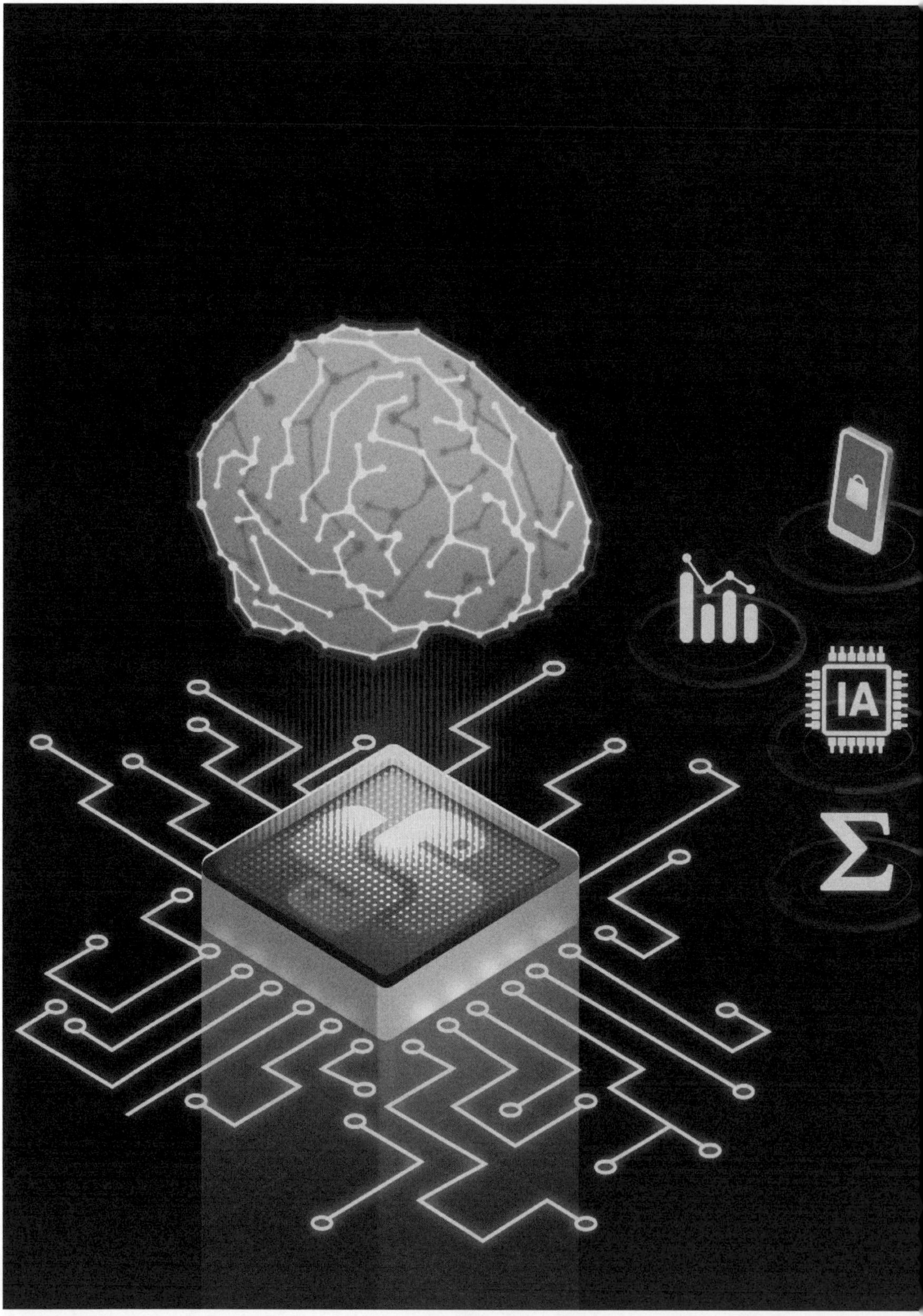
IA

3. Pandas y NumPy

En este capítulo, el lector podrá aprender sobre algunas de las librerías elementales de Python. Como se explica en el anterior capítulo (de forma muy breve), las librerías son conjuntos de archivos que contienen una colección de funciones, variables o clases que permiten realizar tareas sin escribir todo un código completo desde cero. Imagina tener que escribir con lo que sabes hasta ahora un algoritmo que solucione el dilema del viajero permita optimizar el sistema de recomendación de un comercio electrónico. Necesitarías incluir fórmulas muy complejas "a mano", pero imagina que una librería pueda ofrecerte funciones para realizar correlaciones de Pearson, encontrar la varianza o la desviación típica o ejecutar el factorial de un número, entre muchas otras posibilidades.

Así, las librerías son una parte fundamental del trabajo de un analista o científico de datos. Sería muy poco eficiente en un proyecto que en cada análisis hubiera que crear, por ejemplo, funciones que devuelven el valor máximo, mínimo, la moda y la mediana de un rango. En vez de eso, lo que se hace ese descargar (o, como se dice en entorno de desarrollo, importar) estas librerías que otorgan todas esas funciones o métodos que permiten un sinfín de operaciones.

A continuación, se va a presentar las principales librerías esenciales para el tratamiento de datos y su descripción más elemental. En siguientes capítulos se profundizará en librerías de *machine learning* (como, por ejemplo, scikit-learn), así como en el capítulo de casos prácticos. Este capítulo sirve como fundamento básico para luego aprender de forma más ágil y poder interpretar de mejor forma el complejo código que hay en futuros capítulos.

Pandas

¿Qué es Pandas y para qué sirve?

Pandas es una de las librerías más utilizadas en el mundo del análisis de datos, especialmente en fases de tratamiento, formateo, transformación y limpieza de datos (fase también conocida como *data wrangling*). Esta es una de las primeras librerías que todo aquel o aquella que se inicia en el mundo de Python aprende y eso se debe a que es bastante intuitiva, no requiere prácticamente de ningún conocimiento de estadística o álgebra lineal y permite ejecutar acciones de forma muy rápida.

Una de las frases que más tarde o más temprano se escucha en el ámbito del dato es la siguiente: "*Garbage in, garbage out*". Esta expresión se utiliza para expresar la idea de que un *input* de mala calidad generará un *output* erróneo. En el ámbito del marketing digital, se podría traducir como que "datos pobres generan decisiones pobres". Uno de los cometidos principales de Pandas es este: limpiar el dato y darle la forma que se requiere para lograr unos objetivos.

Es importante este punto: no existe el concepto "datos limpios" en analítica de datos. Los datos se tratan, formatean, transforman y limpian en función de un objetivo. *A priori*, si una empresa trabajara con un único *dataset* para trabajar dos iniciativas diferentes y con dos equipos distintos, la mayoría de veces debería ejecutar una limpieza de datos diferente. Por lo tanto, se puede llegar a la conclusión de que **la limpieza de datos está sujeta al contexto**.

Algunas de las tareas elementales que se puede realizar con Pandas son:

- Lectura de datos.
- Limpieza de datos.
- Formateo o conversión de tipos de datos.
- Gestión de datos faltantes o valores atípicos.
- Agrupación de datos.
- Fusión o unión de datos.
- Análisis de series temporales.
- Clasificación de datos.
- Y algunos más.

Empezando con Pandas

Estructura de datos

Pandas ofrece dos estructuras de datos básicas: el `DataFrame` y la `Serie`. Una `Serie` no es más que un vector de una única dimensión que contiene etiquetas en los ejes y una `Serie` de datos homogéneos. Una `Serie` nos permitiría, por ejemplo, representar una lista con valores como bien podría ser el número de ventas en un periodo:

```
In [1]: import pandas as pd #se importa pandas, esto solo es necesario hacerlo una vez
print(pd.Series([1000, 500, 3500, 3575, 5000])) #ejecutamos una serie de
ingresos diarios
```

```
Out[1]: 0    1000
1 500
2 3500
3 3575
4 5000
dtype: int64
```

Aquí hay muchísimos elementos a comentar. Recuerda que se utiliza la palabra reservada "`import`" para importar no solamente Pandas, sino otras librerías como, por ejemplo, NumPy, Matplotlib, entre otras. Como puedes ver, también se utiliza otra palabra reservada llamada "as" que sirve para abreviar "Pandas" como "pd". La mayoría de librerías tienen una abreviación estandarizada a nivel internacional y es poco común cambiarlo.

¿De qué sirve utilizar una abreviación? En este caso, se puede ver que se utiliza "`pd.Series`" para construir una serie a partir de una lista. De la misma forma, si no se hubiera utilizado "as pd" en el código, se podría ejecutar así y devolvería el mismo valor. Se utiliza "pd" para abreviar y es que en el ámbito de ejecución de código se utilizan más abreviaturas:

```
In [2]: import pandas #se importa pandas, esto solo es necesario hacerlo una vez
print(pandas.Series([1000, 500, 3500, 3575, 5000])) #ejecutamos una serie de
ingresos diarios
Out[2]: 0    1000
1          500
2          3500
3          3575
4          5000
dtype: int64
```

El código devuelve dos columnas: una que identifica a la izquierda (`0`, `1`, `2`, `3`, `4`) y los valores establecidos a la derecha. Como se puede deducir, se aplica el principio de índice cero que caracteriza a Python y otros tantos lenguajes de programación. Importante también destacar que, de base, esta operación devuelve el tipo de dato (*integer*, en este caso). El 64 hace referencia al número de bits utilizados para almacenar cada número en la `Serie`. En este libro no se van a cubrir aspectos técnicos de almacenamiento y optimización.

Evidentemente, no todas las `Series` deben tener siempre un `0`, `1`, `2`, `3` o `4` como identificador. Por ejemplo, se puede llegar a trabajar una `Series` de la siguiente manera en la que se define una variable llamada "`ventas_por_area`" y se establecen unos ingresos por cada una:

```
In [3]: ventas_por_area = pd.Series({"area_norte" : 1000, "area_sur": 500,
"area_este": 3500, "area_oeste": 3575, "area_extra": 5000,}) #Serie a partir de
diccionario
print(ventas_por_area)
```

```
Out[3]: area_norte    1000
area_sur    500
area_este   3500
area_oeste  3575
area_extra  5000
dtype:      int64
```

Así, con el conocimiento que acumulamos de Python del anterior capítulo, se puede inferir que se podría acceder a los elementos de la `Serie` a partir de su etiqueta:

```
In [4]: print(ventas_por_area["area_norte"]) #Se accede al elemento de la serie
de forma similar a como se accede a un elemento de una lista
Out[4]: 1000
```

También puede ejecutarse esta tarea de la siguiente forma, ya que, aunque se haga llamar "`zona_norte`", sigue siendo el índice número cero:

```
In [5]: print(ventas_por_area[0]) #Se accede al elemento de la serie de forma
similar a como se accede a un elemento de una lista
Out[5]: 1000
```

¿Se puede crear entonces una `Serie` a partir de dos vectores? Es decir, ¿una con los datos y otra con las etiquetas? A continuación, el código:

```
In [6]: print(pd.Series([1000, 500, 3500, 3575, 5000], index = ['area_norte',
'area_sur', 'area_este', 'area_oeste', 'area_extra']))
Out[6]: area_norte    1000
area_sur    500
area_este   3500
area_oeste  3575
area_extra  5000
```

En el anterior código, puede verse cómo se utiliza `index` para declarar los índices con una lista y sustituir el valor que se devuelve por defecto. En el anterior capítulo sobre Python se mencionó la existencia de parámetros dentro de las funciones, que, por ejemplo, podían tener valores por defecto. Aunque, siendo puristas, `index`, como propiedad de la clase `Series` y los parámetros de una función propia son elementos diferentes, bien puede servir para entender que cumple una función similar en este contexto. `index` permite establecer valores que sustituirían a los números que muestra `Out[2]`.

En el siguiente código, se añadirá un nuevo elemento como índice: "`area_nueva`"; sin embargo, si no se añade un valor a ese índice, generará un error. Este es el error (`ValueError`) que puede devolver Jupyter Notebook si se ejecuta el siguiente código:

```
In [7]: print(pd.Series([1000, 500, 3500, 3575, 5000], index = ['area_norte',
'area_sur', 'area_este', 'area_oeste', 'area_extra', 'area_nueva']))
Out[7]: ----------------------------------------------------------------------
```

```
ValueError                              Traceback (most recent call last)
Input In [19], in <cell line: 1>()
----> 1 print(pd.Series([1000, 500, 3500, 3575, 5000], index = ['zona_norte',
'zona_sur', 'zona_este', 'zona_oeste', 'zona_extra', 'area_nueva']))
File ~/opt/anaconda3/lib/python3.9/site-packages/pandas/core/series.py:442, in
Series.__init__(self, data, index, dtype, name, copy, fastpath)
    440     index = default_index(len(data))
    441 elif is_list_like(data):
--> 442     com.require_length_match(data, index)
    444 # create/copy the manager
    445 if isinstance(data, (SingleBlockManager, SingleArrayManager)):

File ~/opt/anaconda3/lib/python3.9/site-packages/pandas/core/common.py:557, in
require_length_match(data, index)
    553 """
    554 Check the length of data matches the length of the index.
    555 """
    556 if len(data) != len(index):
--> 557     raise ValueError(
    558         "Length of values "
    559         f"({len(data)}) "
    560         "does not match length of index "
    561         f"({len(index)})"
    562     )

ValueError: Length of values (5) does not match length of index (6)
```

Como muy bien se puede leer en la última línea, el número de valores (5) debe ser el mismo que el número de índices (en este caso, 6 al añadir "area_nueva") cuando se trabaja con Series.

Una de las estructuras más importantes de Pandas es el DataFrame. Este objeto de la librería Pandas consiste en una tabla de dos dimensiones que, en esencia, representa la estructura principal de trabajo de esta librería. Cuando se dice que un DataFrame es bidimensional se refiere a este concepto:

```
In [8]: print(pd.DataFrame([[1, 2, 3], [4, 5, 6]]))
Out[8]: 0      1      2
0       1      2      3
1       4      5      6
```

Únicamente se ha añadido dos filas que contienen 1, 2, 3 en la parte superior y 4, 5, 6 en la inferior; sin embargo, se ha creado 0, 1 en las filas y 0, 1 y 2 en las columnas. Estos valores no son otra cosa que los índices que corresponden a columnas y filas y que servirán para acceder a cada uno de los elementos. El acceso a los valores se verá en siguientes páginas.

Al igual que una serie, un `DataFrame` puede tener sus propias etiquetas. Para aquellos amantes de Microsoft Excel o Google Sheets, les resultará similar a una tabla:

```
In [9]: # Se utiliza un diccionario para definir cada columna y una lista para
indicar las etiquetas de las filas.
area_norte_ventas = {"vendedor 1" : [157, 126, 300], "vendedor 2" : [195, 101,
240], "vendedor 3" : [201, 105, 107]}
print(pd.DataFrame(area_norte_ventas, index=["mes 1", "mes 2", "mes 3"]))
Out[9]:         vendedor 1  vendedor 2  vendedor 3
mes 1           157         195         201
mes 2           126         101         105
mes 3           300         240         107
```

Siempre hay muchos métodos para realizar la misma tarea con Python, como, por ejemplo, esta en la que se utiliza una lista que contiene a su vez varias listas y el *output* es exactamente el mismo:

```
In [10]: ventas_mes = [[157, 195, 201], [126, 101, 105], [300, 240, 107]]
print(pd.DataFrame(ventas_mes, columns=["vendedor 1", "vendedor 2", "vendedor
3"], index = ["mes 1", "mes 2", "mes 3"]))
Out[10]:         vendedor 1  vendedor 2  vendedor 3
mes 1            157         195         201
mes 2            126         101         105
mes 3            300         240         107
```

En este código se está utilizando una propiedad del objeto `DataFrame` llamado `columns` que permite definir los nombres de las columnas. De hecho, un `Dataframe` está compuesto de columnas y cada una de estas es una `Serie`. Destacar que en el código `[10]`, a diferencia del `[9]`, debe recogerse las ventas de cada mes y no las ventas de cada vendedor para que el resultado sea el mismo.

Operaciones básicas sobre un DataFrame

Ahora que el lector está familiarizado con los `DataFrames`, estructura troncal de Pandas y del análisis de datos en general, a continuación, se van a mostrar algunas operaciones que se pueden realizar con Pandas y que serán del interés de aquellos que deseen trabajar con Python los datos de sus campañas.

Si se desea, se puede acceder a un *dataset* que Rahul Chavan ofrece en Kaggle, un espacio dedicado a ciencia de datos en el que existen *datasets* de todo tipo, formación e incluso competiciones. Aquí está el enlace para acceder al CSV: `https://www.kaggle.com/datasets/rahulchavan99/marketing-campaign-dataset?resource=download` por si se deseara practicar con la misma fuente de datos. Igualmente, hay que tener en cuenta que estos *datasets* en ocasiones se actualizan.

El siguiente código permite leer archivos CSV gracias al método de Pandas `read_csv`:

```
In [11]: marketing_data = pd.read_csv('Marketing campaign dataset.csv')
marketing_data
```

	campaign_item_id	no_of_days	time	ext_service_id	ext_service_name	creative_id	creative_width	creative_height	search_tags	template_id	...
0	2733	7	2022-05-01	128	Facebook Ads	1000	300.0	250.0	#The Power of X	90.0	...
1	2733	8	2022-05-02	16	DV360	1000	300.0	250.0	#Be Bold. Be X	90.0	...
2	2733	9	2022-05-03	128	Facebook Ads	1000	300.0	250.0	#Embrace Your Individuality with X	90.0	...
3	2733	10	2022-05-04	128	Facebook Ads	1000	300.0	250.0	#Be Bold. Be X	90.0	...
4	2733	11	2022-05-05	4	Google Ads	1000	300.0	250.0	#Be Bold. Be X	90.0	...
...	...	...	...	...	...	...	...	...	...	...	...
72607	3567	11	2022-11-28	4	Google Ads	15605	NaN	NaN	#The X Factor - Fashion for the Fearless	NaN	...
72608	3567	12	2022-11-29	128	Facebook Ads	15605	NaN	NaN	#Embrace Your Individuality with X	NaN	...
72609	3567	13	2022-11-30	128	Facebook Ads	15605	NaN	NaN	#The Power of X	NaN	...
72610	3567	14	2022-12-01	4	Google Ads	15605	NaN	NaN	#Embrace Your Individuality with X	NaN	...
72611	3567	15	2022-12-02	16	DV360	15605	NaN	NaN	#Be Bold. Be X	NaN	...

Figura 3.1. Ejemplo de `DataFrame` visto desde Jupyter Notebook. Este es el resultado de ejecutar el código de `[11]`.

En este código se ha declarado una variable llamada "`marketing_data`" que recoge el CSV en formato `DataFrame`. Esto podemos verificarlo con el siguiente código:

```
In [12]: type(marketing_data) #esto nos permite verificar que esta variable es
de tipo DataFrame
Out[12]: pandas.core.frame.DataFrame
```

Como se puede ver en el *output*, el tipo de objeto que es `marketing_data` es `DataFrame`. De una forma similar, se puede ver de qué tipo de dato es cada columna con el siguiente código:

```
In [13]: marketing_data.dtypes
Out[13]: campaign_item_id        int64
no_of_days              int64
time                   object
ext_service_id          int64
ext_service_name       object
```

```
creative_id                 int64
creative_width            float64
creative_height           float64
search_tags                object
template_id               float64
landing_page               object
advertiser_id               int64
advertiser_name            object
network_id                  int64
approved_budget           float64
advertiser_currency        object
channel_id                  int64
channel_name               object
max_bid_cpm               float64
network_margin            float64
campaign_budget_usd       float64
impressions                 int64
clicks                      int64
stats_currency             object
currency_code              object
exchange_rate               int64
media_cost_usd            float64
position_in_content       float64
unique_reach              float64
total_reach               float64
search_tag_cat             object
cmi_currency_code          object
timezone                   object
weekday_cat                object
keywords                   object
dtype: object
```

A estas alturas, se puede entender que el tipo de dato importa mucho. No se va a trabajar igual con *strings*, *floats* o *integers*; sin embargo, se puede ver en columnas como "`time`" o "`landing_page`" que devuelve un valor extraño: "`object`". Por regla general, cuando se busca el tipo de dato de una columna y el resultado es `object`, muy probablemente se deberá a que haya, dentro de esa columna, datos de diferente formato. Igualmente, no es la única causa para que devuelva `object`, pero, para la finalidad de esta introducción a Pandas y familiarización el código, se partirá de esta premisa (aunque es importante que el lector sepa también que hay otras causas, aunque no se enumeren).

Un ejemplo: en la columna "`time`" se puede ver el valor "`2022-05-01`", pero ¿qué formato es? ¿Debería ser una *string*? Como se verá más adelante, existe el formato `datetime` que tiene propiedades interesantes para ordenar y agrupar en función de semanas, meses y demás. Si fuera un tipo de dato "*string*" no se podría aprovechar el potencial del formato `datetime`, como más adelante en este capítulo se verá en visualización de datos.

Que en una columna haya datos de distintos formatos es un problema, como se verá más adelante; habitualmente se ejecutan códigos sobre toda una columna para modificar el formato o el contenido. Sin embargo, si son de diferente formato, aquellas funciones o códigos que ejecutemos devolverán probablemente un error cuando se intente trabajar con ese elemento concreto. Recuerda que *strings*, *integers* o *floats* siguen diferentes reglas como la inmutabilidad (las *strings* son inmutables mientras que las listas son mutables) o la capacidad de ser objetos iterables (las *strings* son iterables, mientras que los *integers o floats*, no), por no decir que no se pueden ejecutar operaciones matemáticas con una *string*.

Es por esta razón que la transformación de los datos, su formateo y demás es crítico en la analítica de datos. Normalmente, las herramientas de marketing digital convencional suelen exportar los datos de forma bastante correcta, pero es habitual que en función de los objetivos interese que un valor pueda ser de un valor u otro. La parte de formateo de dato se verá en siguientes páginas.

```
In [14]: marketing_data.head()
```

	campaign_item_id	no_of_days	time	ext_service_id	ext_service_name	creative_id	creative_width	creative_height	search_tags	template_id	...
0	2733	7	2022-05-01	128	Facebook Ads	1000	300.0	250.0	#The Power of X	90.0	...
1	2733	8	2022-05-02	16	DV360	1000	300.0	250.0	#Be Bold. Be X	90.0	...
2	2733	9	2022-05-03	128	Facebook Ads	1000	300.0	250.0	#Embrace Your Individuality with X	90.0	...
3	2733	10	2022-05-04	128	Facebook Ads	1000	300.0	250.0	#Be Bold. Be X	90.0	...
4	2733	11	2022-05-05	4	Google Ads	1000	300.0	250.0	#Be Bold. Be X	90.0	...

5 rows × 35 columns

Figura 3.2. Ejemplo de `Dataframe` tras ejecutar el método `.head()`.

El método `.head()` permite ver las cinco primeras filas de un `DataFrame`. Es importante destacar que no es una función, sino un método sujeto a los `DataFrames`: como `marketing_data` es un objeto de tipo `DataFrame`, puede aprovechar los métodos asociados a este tipo de objeto:

```
In [15]: marketing_data.head(10)
```

	campaign_item_id	no_of_days	time	ext_service_id	ext_service_name	creative_id	creative_width	creative_height	search_tags	template_id	...
0	2733	7	2022-05-01	128	Facebook Ads	1000	300.0	250.0	#The Power of X	90.0	...
1	2733	8	2022-05-02	16	DV360	1000	300.0	250.0	#Be Bold. Be X	90.0	...
2	2733	9	2022-05-03	128	Facebook Ads	1000	300.0	250.0	#Embrace Your Individuality with X	90.0	...
3	2733	10	2022-05-04	128	Facebook Ads	1000	300.0	250.0	#Be Bold. Be X	90.0	...
4	2733	11	2022-05-05	4	Google Ads	1000	300.0	250.0	#Be Bold. Be X	90.0	...
5	2766	53	2022-05-31	4	Google Ads	1005	0.0	0.0	#Be Bold. Be X	23.0	...
6	2766	54	2022-06-01	4	Google Ads	1005	0.0	0.0	#The Ultimate Fashion Statement with X	23.0	...
7	2766	55	2022-06-02	16	DV360	1005	0.0	0.0	#The Ultimate Fashion Statement with X	23.0	...
8	2766	56	2022-06-03	16	DV360	1005	0.0	0.0	#The X Factor - Fashion for the Fearless	23.0	...
9	2766	57	2022-06-04	128	Facebook Ads	1005	0.0	0.0	#Be Bold. Be X	23.0	...

10 rows × 35 columns

Figura 3.3. Ejemplo de `Dataframe` tras ejecutar el método `.head()`, pero añadiendo el número `10`.

En el anterior código, si se añade un número se puede mostrar las 10 primeras filas del `DataFrame` en cuestión. En el siguiente código, se puede ver el método `.tail()`, que permite ver los últimos elementos del `DataFrame`. Se añade `"3"`·para mostrar que se puede seleccionar el número, pero por defecto devuelve los últimos 5 elementos:

```
In [15]: marketing_data.tail(3)
```

	campaign_item_id	no_of_days	time	ext_service_id	ext_service_name	creative_id	creative_width	creative_height	search_tags	template_id	...
72609	3567	13	2022-11-30	128	Facebook Ads	15605	NaN	NaN	#The Power of X	NaN	...
72610	3567	14	2022-12-01	4	Google Ads	15605	NaN	NaN	#Embrace Your Individuality with X	NaN	...
72611	3567	15	2022-12-02	16	DV360	15605	NaN	NaN	#Be Bold. Be X	NaN	...

3 rows × 35 columns

Figura 3.4. Ejemplo de `Dataframe` tras ejecutar el método `.tail(3)`.

En la parte inferior de las últimas cuatro figuras, se puede ver que hay 35 columnas y en una fase muy inicial es importante que el analista pueda ver de qué columnas se compone el `DataFrame`. Para ello existe el atributo `columns` que muestra lo siguiente:

```
In [16]: marketing_data.columns
Out[16]: Index(['campaign_item_id', 'no_of_days', 'time', 'ext_service_id',
       'ext_service_name', 'creative_id', 'creative_width', 'creative_height',
       'search_tags', 'template_id', 'landing_page', 'advertiser_id',
       'advertiser_name', 'network_id', 'approved_budget',
       'advertiser_currency', 'channel_id', 'channel_name', 'max_bid_cpm',
       'network_margin', 'campaign_budget_usd', 'impressions', 'clicks',
       'stats_currency', 'currency_code', 'exchange_rate', 'media_cost_usd',
       'position_in_content', 'unique_reach', 'total_reach', 'search_tag_cat',
       'cmi_currency_code', 'timezone', 'weekday_cat', 'keywords'],
      dtype='object')
```

Para acceder a los datos del `DataFrame` existen diferentes maneras:

```
In [17]: marketing_data['keywords']
Out[17]: 0        delicate bracelets
1            summer jewelry
2           artisan jewelry
3         layered bracelets
4        minimalist jewelry
                 ...
72607          chic jewelry
72608       statement pins
72609       bridal jewelry
72610         jewelry sets
72611         fall jewelry
Name: keywords, Length: 72612, dtype: object
```

En este caso, está devolviendo todos los valores de la columna `keywords`. Esto es muy relevante porque podría ayudar a encontrar valores anómalos o sin sentido. Si se deseara acceder a un dato concreto, una manera es esta:

```
In [18]: marketing_data['keywords'][0]
Out[18]: 'delicate bracelets'
```

A nivel de código, el método tiene sentido: se selecciona el `DataFrame`, se utiliza `['']` para seleccionar la columna y a continuación se vuelve a utilizar `['']` para seleccionar el valor del índice `0`. Obviamente, se puede seleccionar cualquier valor de cualquier índice. Si se deseara ver de qué tipo de dato es `'delicate bracelets'` habría que añadir la función `type()` a lo anterior que se ha hecho:

```
In [19]: type(marketing_data['keywords'][0])
Out[19]: str
```

Si se desea que el código devuelva algo más parecido a un `DataFrame` como en las figuras, únicamente hay que añadir un doble corchete `[[ ]]` al código, como por ejemplo:

```
In [20]: marketing_data[['keywords']] #se añade un doble [[ ]] para dirigirse a
la columna
```

	keywords
0	delicate bracelets
1	summer jewelry
2	artisan jewelry
3	layered bracelets
4	minimalist jewelry
...	...
72607	chic jewelry
72608	statement pins
72609	bridal jewelry
72610	jewelry sets
72611	fall jewelry

72612 rows × 1 columns

Figura 3.5. Ejemplo de `Dataframe` tras ejecutar el código de `[20]`.

Si deseas mostrar dos columnas, es así de sencillo:

```
In [21]: marketing_data[['keywords', 'search_tags]]
```

	keywords	search_tags
0	delicate bracelets	#The Power of X
1	summer jewelry	#Be Bold. Be X
2	artisan jewelry	#Embrace Your Individuality with X
3	layered bracelets	#Be Bold. Be X
4	minimalist jewelry	#Be Bold. Be X
...	...	...
72607	chic jewelry	#The X Factor - Fashion for the Fearless
72608	statement pins	#Embrace Your Individuality with X
72609	bridal jewelry	#The Power of X
72610	jewelry sets	#Embrace Your Individuality with X
72611	fall jewelry	#Be Bold. Be X

72612 rows × 2 columns

Figura 3.6. Ejemplo de `Dataframe` tras ejecutar el código de `[21]`.

Sin embargo, no todos los accesos a un `DataFrame` son desde las columnas. También se puede acceder desde las filas. En este caso, hay diferentes métodos que se puede utilizar, como por ejemplo `.iloc[]` o `.loc[]`.

El atributo especial `iloc[]` de la librería Pandas es utilizado para seleccionar filas y columnas por su posición (es decir, el índice). El siguiente código muestra su funcionamiento:

```
In [22]: marketing_data.iloc[[0]] #se puede utilizar un [ ] o [[ ]]
```

	campaign_item_id	no_of_days	time	ext_service_id	ext_service_name	creative_id	creative_width	creative_height	search_tags	template_id	...
0	2733	7	2022-05-01	128	Facebook Ads	1000	300.0	250.0	#The Power of X	90.0	...

1 rows × 35 columns

Figura 3.7. Ejemplo de `Dataframe` tras ejecutar el código de `[22]`.
Recuerda que se ve en formato `DataFrame` porque se ha utilizado doble corchete `[[ ]]`.

Así es como se pueden obtener todos los valores de una fila. Como puede verse en el siguiente código, puede mejorarse si se añade el nombre de la columna para que muestre el valor de una celda concreta:

```
In [23]: marketing_data.iloc[0]['ext_service_name] #también funciona con un solo [ ]
Out[23]: 'Facebook Ads'
```

El acceso a datos concretos en un `DataFrame` es bastante similar al acceso de elementos en listas. Imagina que deseas hacer una asignación, es decir, cambiar el valor de una celda en concreto. Se haría utilizando también los atributos especiales `iloc` o `loc`:

```
In [24]: marketing_data.loc[0,'ext_service_name'] = 'FB Ads'
marketing_data.loc[0]['ext_service_name']
Out[24]: 'FB Ads'
```

Como se puede ver, se modifica el contenido. Esto puede ser interesante cuando hay errores en una celda o un grupo de celdas concreto o, por ejemplo, se desea cambiar la nomenclatura de "Facebook Ads" por "FB Ads" por cuestiones internas.

Filtros y gestión de datos y nulos

Algo que también se puede hacer con Pandas es filtrar datos, es decir, seleccionar filas en función de un criterio concreto. En el siguiente código se puede ver cómo se puede seleccionar las filas que son superiores a la media de la variable "`media_cost_usd`":

```
In [25]: marketing_data[marketing_data.media_cost_usd > marketing_data.media_
cost_usd.mean()]
```

	campaign_item_id	no_of_days	time	ext_service_id	ext_service_name	creative_id	creative_width	creative_height	search_tags	template_id	...
0	2733	7	2022-05-01	128	Google Ads	1000	300.0	250.0	#The Power of X	90.0	...
1	2733	8	2022-05-02	16	DV360	1000	300.0	250.0	#Be Bold. Be X	90.0	...
2	2733	9	2022-05-03	128	Facebook Ads	1000	300.0	250.0	#Embrace Your Individuality with X	90.0	...
3	2733	10	2022-05-04	128	Facebook Ads	1000	300.0	250.0	#Be Bold. Be X	90.0	...
4	2733	11	2022-05-05	4	Google Ads	1000	300.0	250.0	#Be Bold. Be X	90.0	...
...	...	...	...	...	...	...	...	...	...	...	...
72584	3563	22	2022-12-09	4	Google Ads	15595	NaN	NaN	#Timeless X Style	NaN	...
72585	3563	23	2022-12-10	16	DV360	15595	NaN	NaN	#Be Bold. Be X	NaN	...
72586	3563	4	2022-11-21	16	DV360	15600	NaN	NaN	#The X Factor - Fashion for the Fearless	NaN	...
72595	3563	13	2022-11-30	128	Facebook Ads	15600	NaN	NaN	#The Power of X	NaN	...
72596	3563	14	2022-12-01	128	Facebook Ads	15600	NaN	NaN	#Be Bold. Be X	NaN	...

14855 rows × 35 columns

Figura 3.8. Ejemplo de `Dataframe` tras ejecutar el código de `[25]`.

Habrás percibido que hay muchas menos filas (14.855 contra 72.612 que hay en el `DataFrame` actual) y es importante recalcar que solamente se está mostrando en pantalla el resultado de un código. Si se desea acceder a esta información de manera recurrente y trabajar con ella, será necesario crear una variable que recoja el resultado de este código que, como se puede ver, devuelve exactamente el mismo resultado, pero con la ventaja de que encapsula el resultado en una variable, lo que permitirá a los analistas trabajar con esta información:

```
In [26]: marketing_data_cost_upper_mean = marketing_data[marketing_data.media_
cost_usd > marketing_data.media_cost_usd.mean()]
marketing_data_cost_upper_mean
```

En el ejemplo de la figura anterior vemos el `Dataframe` tras ejecutar el código de `[26]`, devuelve el resultado de `[25]` con la ventaja de tener esta información en una variable. Esto pone de manifiesto tres ideas muy importantes:

- La importancia de los formatos. Si los números de esa columna fueran *strings*, no se habría podido capturar la media y hubiera devuelto error.
- Pandas permite acceder a los datos y filtrarlos en función a diferentes criterios, como también puede hacer SQL. El motivo de utilizar SQL en lugar de Pandas es, sobre todo, por cuestiones de eficiencia en el manejo de datos e integración con sistemas de bases de datos (entre muchos otros).

- Aprovechar los métodos que ofrece Pandas, como es en este caso `.mean()`, ejemplifica el potencial de las librerías. Si hubiera hacer un código que sumase todos los valores de la columna y los dividiera por el número de registros, todo este trabajo sería muchísimo menos eficiente y daría a errores más tarde o más temprano.

La complejidad potencial del filtro no tiene límites. Con el siguiente código se puede ver cómo se añade a la condición anterior que, además de mostrar aquellas campañas cuyo coste es superior a la media, coincide con el valor de la categoría de día de la semana (`week_day_cat == 'week_day'`):

```
In [27]: marketing_data[(marketing_data.media_cost_usd > marketing_data.media_
cost_usd.mean()) & (marketing_data.weekday_cat.values == 'week_day')]
```

	campaign_item_id	no_of_days	time	ext_service_id	ext_service_name	creative_id	creative_width	creative_height	search_tags	template_id	...
1	2733	8	2022-05-02	16	DV360	1000	300.0	250.0	#Be Bold. Be X	90.0	...
2	2733	9	2022-05-03	128	Facebook Ads	1000	300.0	250.0	#Embrace Your Individuality with X	90.0	...
3	2733	10	2022-05-04	128	Facebook Ads	1000	300.0	250.0	#Be Bold. Be X	90.0	...
4	2733	11	2022-05-05	4	Google Ads	1000	300.0	250.0	#Be Bold. Be X	90.0	...
5	2766	53	2022-05-31	4	Google Ads	1005	0.0	0.0	#Be Bold. Be X	23.0	...
...	...	...	...	...	...	...	...	...	...	...	...
72584	3563	22	2022-12-09	4	Google Ads	15595	NaN	NaN	#Timeless X Style	NaN	...
72585	3563	23	2022-12-10	16	DV360	15595	NaN	NaN	#Be Bold. Be X	NaN	...
72586	3563	4	2022-11-21	16	DV360	15600	NaN	NaN	#The X Factor - Fashion for the Fearless	NaN	...
72595	3563	13	2022-11-30	128	Facebook Ads	15600	NaN	NaN	#The Power of X	NaN	...
72596	3563	14	2022-12-01	128	Facebook Ads	15600	NaN	NaN	#Be Bold. Be X	NaN	...

12681 rows × 35 columns

Figura 3.9. Ejemplo de `Dataframe` tras ejecutar el código de `[27]`, devuelve el resultado filtrado por día de la semana y aquellos valores superiores a la media del coste de inversión en medios.

En el código `[27]` se utiliza el atributo "`.values`" que, como se puede deducir, muestra valores. Aquí la cuestión reside en que se utiliza la condición lógica "==" para seleccionar aquellos valores que nos interesan. Las filas son 12.681 con respecto a las 14.855 que había antes, así que se puede deducir que está bien realizado. Aun así, hay que estar 100 % seguro y por ello se puede ejecutar el siguiente código antes para ver qué valores devuelve una columna concreta. En este caso, solo hay dos valores posibles: week_end o week_day:

```
In [28]: marketing_data.weekday_cat.unique()
Out[28]: array(['week_end', 'week_day'], dtype=object)
```

De forma similar, se puede utilizar el método .value_counts() para saber cuántas veces aparece un valor en, por ejemplo, una columna. En el siguiente caso, hay 62.424 filas que devuelven week_day, mientras que hay 10.188 que devuelven week_end:

```
In [29]: marketing_data.weekday_cat.value_counts()
Out[29]: week_day    62424
week_end    10188
Name: weekday_cat, dtype: int64
```

La importancia de los métodos y atributos en Pandas es crítica y conocerlas es una cuestión de tiempo y práctica. Existen muchísimos, tienen un contexto de uso determinado; sin embargo, los más conocidos y utilizados en la inmensa mayoría de proyectos de análisis de datos serían los que aparecen en la tabla 3.1.

Tabla 3.1. Métodos y atributos en Pandas.

NOMBRE FUNCIÓN, MÉTODO O ATRIBUTO	DESCRIPCIÓN
isin(list)	Realiza una comprobación de la pertenencia en un DataFrame o una columna y es útil para filtrar. El método solo admite como parámetro una lista.
unique()	Es un método que devuelve una lista con los valores únicos. Ante una serie con [1,2,1,3,2,4] el resultado será [1, 2, 3, 4].
value_counts(b)	Devuelve el número de registros de cada elemento.
describe()	Calcula las estadísticas básicas como la media, mediana o desviación típica de un conjunto.
min()	Devuelve el valor mínimo de un conjunto.
max()	Devuelve el valor máximo de un conjunto.
median()	Devuelve la mediana de un conjunto.
std()	Devuelve la desviación típica de un grupo.
nunique()	Devuelve cuántos valores únicos hay. Ante una serie con [1,2,1,3,2,4] el resultado será '4'.

NOMBRE FUNCIÓN, MÉTODO O ATRIBUTO	DESCRIPCIÓN
`info()`	Devuelve información general relativa a los formatos, número de columnas, filas, uso de memoria, entre otros.
`fillna()`	Rellena valores `NA/NaN` con un valor especificado.
`isna()/isnull()`	Detecta dónde están los valores `NA/NaN`.
`dropna()`	Elimina las filas o columnas que contienen un NA.
`dropduplicates()`	Elimina las filas duplicadas.

En el siguiente código, se puede ver qué devuelve algunos de los métodos anteriormente citados, en este caso, `describe()`, un método muy interesante que, junto a `info()`, permite echar un vistazo preliminar al `DataFrame`:

```
In [30]: marketing_data.describe()
```

	campaign_item_id	no_of_days	ext_service_id	creative_id	creative_width	creative_height	template_id	advertiser_id	network_id
count	72612.000000	72612.000000	72612.000000	72612.000000	69200.000000	69200.000000	69200.000000	72612.000000	72612.000000
mean	3130.143282	27.036344	49.449127	7450.124842	267.810694	223.175578	83.082659	6195.862213	345.272861
std	142.154918	25.479175	55.881324	4062.384982	92.848075	77.373396	20.847618	387.864576	23.707191
min	2733.000000	0.000000	4.000000	1000.000000	0.000000	0.000000	23.000000	4756.000000	188.000000
25%	3148.000000	9.000000	4.000000	3725.000000	300.000000	250.000000	90.000000	6319.000000	353.000000
50%	3173.000000	19.000000	16.000000	7855.000000	300.000000	250.000000	90.000000	6385.000000	353.000000
75%	3202.000000	37.000000	128.000000	10995.000000	300.000000	250.000000	90.000000	6394.000000	353.000000
max	3960.000000	118.000000	128.000000	15605.000000	300.000000	250.000000	93.000000	6490.000000	353.000000

8 rows × 21 columns

Figura 3.10. Ejemplo de `DataFrame` tras ejecutar `describe()`.

En la figura 3.10, se puede ver el conteo, la media, la desviación típica, el valor mínimo, el percentil 25, el percentil 50 (que sería la mediana), el percentil 75 y el valor máximo. Estos últimos cinco elementos, en estadística descriptiva, se llaman "el resumen de cinco números" y suele representarse con un diagrama de caja. Este resumen puede ayudar a detectar de forma ágil valores atípicos si conocemos la naturaleza del *dataset* y los datos que debería devolver. Es por ello importante, además de saber de analítica de datos, conocer el sector y sus casuísticas.

Otra tarea crítica es la detección de nulos, es decir, valores faltantes o que no están en el formato elemental que debería recogerse en el `DataFrame`. Es típico, sobre todo si los datos han sido recogidos de manera manual, que pueda haber errores o erratas en su recolección y eso también es importante a la hora de tratar con datos:

```
In [31]: marketing_data.isna()
```

	campaign_item_id	no_of_days	time	ext_service_id	ext_service_name	creative_id	creative_width	creative_height	search_tags	template_id	...
0	False	False	False	False	False	False	False	False	False	False	...
1	False	False	False	False	False	False	False	False	False	False	...
2	False	False	False	False	False	False	False	False	False	False	...
3	False	False	False	False	False	False	False	False	False	False	...
4	False	False	False	False	False	False	False	False	False	False	...
...	...	...	...	...	...	...	...	...	...	...	...
72607	False	False	False	False	False	False	True	True	False	True	...
72608	False	False	False	False	False	False	True	True	False	True	...
72609	False	False	False	False	False	False	True	True	False	True	...
72610	False	False	False	False	False	False	True	True	False	True	...
72611	False	False	False	False	False	False	True	True	False	True	...

72612 rows × 35 columns

Figura 3.11. Ejemplo de `DataFrame` tras ejecutar `isna()` sobre el `DataFrame`.

En la columna `creative_width`, por ejemplo, hay resultados `False` y `True`. `True` significa que ese valor sí es un `NA` (*Not available*) o `NaN` (*not a Number*), mientras que `False` indica que no es un `NA`. En un `DataFrame` limpio que ha pasado un proceso de *data wrangling* correcto, debería devolver `False` en todas las columnas. Conviene recordar que nada de esto está cambiando los datos del `DataFrame` y que solo se está visualizando los datos en función del criterio `isna()`.

Ante esto, una práctica puede ser eliminar todas las columnas o filas que contengan un valor nulo. Hay que recordar que los nulos son datos faltantes que afectan a la capacidad de toma de decisión. Una manera de eliminar columnas que contienen datos faltantes sería la siguiente:

```
In [31]: marketing_data.dropna()
```

campaign_item_id	no_of_days	time	ext_service_id	ext_service_name	creative_id	creative_width	creative_height	search_tags	template_id	...

0 rows × 35 columns

Figura 3.12. Eliminar todas las columnas o filas que contengan valor nulo.

Devuelve un `DataFrame` vacío. Esto significa que existen columnas en las que todos los valores son nulos y por ello se devuelve vacío. Este método no elimina los nulos individualmente, sino que elimina todo con lo que conecta ese `NA`. Si en el método `dropna()` no se añade ningún parámetro, por defecto elimina filas. Si se desea que elimine columnas, hay que modificar el código así: `marketing_data.dropna(axis = 1)`.

Hay que recordar que no se ha eliminado realmente ningún dato. Solamente devuelve el resultado de ejecutar esa operación. La variable `marketing_data` sigue estando disponible. Si se ejecuta el siguiente código, se podrá encontrar cuántos nulos hay en cada columna:

```
In [32]: na_count = marketing_data.isna().sum()
na_count
Out[32]: campaign_item_id 0
no_of_days              0
time                    0
ext_service_id          0
ext_service_name        0
creative_id             0
creative_width       3412
creative_height      3412
search_tags             0
template_id          3412
landing_page            0
advertiser_id           0
advertiser_name         0
network_id              0
approved_budget       406
advertiser_currency     0
channel_id              0
channel_name            0
max_bid_cpm         65206
network_margin          0
campaign_budget_usd     0
impressions             0
clicks                  0
stats_currency          0
currency_code           0
exchange_rate           0
media_cost_usd          0
position_in_content 72612
unique_reach        72612
total_reach         72612
search_tag_cat          0
cmi_currency_code       0
timezone                0
weekday_cat             0
keywords                0
dtype: int64
```

Las columnas `position_in_content`, `unique_reach` y `total_reach` contienen valores nulos. Esto puede deberse a errores en la exportación o que sencillamente estos datos no están disponibles. Muy difícilmente se podría inferir estos datos con las columnas restantes. Un camino para gestionar esto podría ser la eliminación de estas columnas o la unión con otro `DataFrame` que tuviera esta información.

Para eliminar unas columnas concretas, ahora que sabemos cuáles son, es tan sencillo como ejecutar un código similar a este:

```
In [33]:columnas_a_eliminar = ['position_in_content', 'unique_reach', 'total_
reach']
# Eliminar las columnas especificadas
marketing_data_modificado = marketing_data.drop(columnas_a_eliminar, axis=1)
#se crea una variable nueva para recoger los resultados del nuevo DataFrame
marketing_data_modificado
```

	campaign_item_id	no_of_days	time	ext_service_id	ext_service_name	creative_id	creative_width	creative_height	search_tags	template_id	...
0	2733	7	2022-05-01	128	Google Ads	1000	300.0	250.0	#The Power of X	90.0	...
1	2733	8	2022-05-02	16	DV360	1000	300.0	250.0	#Be Bold. Be X	90.0	...
2	2733	9	2022-05-03	128	Facebook Ads	1000	300.0	250.0	#Embrace Your Individuality with X	90.0	...
3	2733	10	2022-05-04	128	Facebook Ads	1000	300.0	250.0	#Be Bold. Be X	90.0	...
4	2733	11	2022-05-05	4	Google Ads	1000	300.0	250.0	#Be Bold. Be X	90.0	...
...	...	...	...	...	...	...	...	...	...	...	...
72607	3567	11	2022-11-28	4	Google Ads	15605	NaN	NaN	#The X Factor - Fashion for the Fearless	NaN	...
72608	3567	12	2022-11-29	128	Facebook Ads	15605	NaN	NaN	#Embrace Your Individuality with X	NaN	...
72609	3567	13	2022-11-30	128	Facebook Ads	15605	NaN	NaN	#The Power of X	NaN	...
72610	3567	14	2022-12-01	4	Google Ads	15605	NaN	NaN	#Embrace Your Individuality with X	NaN	...
72611	3567	15	2022-12-02	16	DV360	15605	NaN	NaN	#Be Bold. Be X	NaN	...

72612 rows × 32 columns

Figura 3.13. Ejemplo de `DataFrame` tras eliminar las columnas con nulos.

Otra tarea común con los nulos es rellenar los nulos con una información concreta. Es buena práctica rellenar algunos nulos numéricos con medias o medianas. El criterio para seleccionar uno u otro reside en la naturaleza de la columna. Si se cree que puede haber valores atípicos y extremos (aunque acertados) en el `DataFrame`, quizás la media no es buena opción y habrá que optar por la mediana. Sin embargo, usar la media también puede ser adecuada si se necesita conservar la propiedad matemática del conjunto o si se tienen datos continuos donde cada observación contribuye al valor medio. No es una cuestión puramente técnica y de programación, pero merece ser tenida en cuenta.

```
In [34]:# Se calcula la media de cada columna del nuevo DataFrame
media = marketing_data_modificado.mean()
# Se rellenan los nulos con la media
marketing_data_modificado = marketing_data_modificado.fillna(media)
marketing_data_modificado
```

	campaign_item_id	no_of_days	time	ext_service_id	ext_service_name	creative_id	creative_width	creative_height	search_tags	template_id	...
0	2733	7	2022-05-01	128	Google Ads	1000	300.000000	250.000000	#The Power of X	90.000000	...
1	2733	8	2022-05-02	16	DV360	1000	300.000000	250.000000	#Be Bold. Be X	90.000000	...
2	2733	9	2022-05-03	128	Facebook Ads	1000	300.000000	250.000000	#Embrace Your Individuality with X	90.000000	...
3	2733	10	2022-05-04	128	Facebook Ads	1000	300.000000	250.000000	#Be Bold. Be X	90.000000	...
4	2733	11	2022-05-05	4	Google Ads	1000	300.000000	250.000000	#Be Bold. Be X	90.000000	...
...	...	...	...	...	...	...	...	...	...	...	...
72607	3567	11	2022-11-28	4	Google Ads	15605	267.810694	223.175578	#The X Factor - Fashion for the Fearless	83.082659	...
72608	3567	12	2022-11-29	128	Facebook Ads	15605	267.810694	223.175578	#Embrace Your Individuality with X	83.082659	...
72609	3567	13	2022-11-30	128	Facebook Ads	15605	267.810694	223.175578	#The Power of X	83.082659	...
72610	3567	14	2022-12-01	4	Google Ads	15605	267.810694	223.175578	#Embrace Your Individuality with X	83.082659	...
72611	3567	15	2022-12-02	16	DV360	15605	267.810694	223.175578	#Be Bold. Be X	83.082659	...

72612 rows × 32 columns

Figura 3.14. Ejemplo de `DataFrame` tras rellenar los nulos con la media.

Este es el resultado si se sustituye por la media. Hay que recordar que no es necesario cambiar todas las columnas por la media o la mediana y lo normal es trabajar columna a columna, problema a problema y formato a formato. Como se puede ver, se sobrescribe la variable "`marketing_data_modificado`" debido a que no se ha creado otra variable y se ha declarado que la misma ahora sustituye los nulos por la media. Este paso no se puede revertir (aunque sí se podría volver a crear de nuevo la variable anterior) y por ello es recomendable trabajar de forma ordenada y documentada.

Para corroborar si realmente no hay nulos en el `DataFrame`, se puede ejecutar el mismo código de `[32]`, pero cambiando la variable:

```
In [35]:new_na_count = marketing_data_modificado.isna().sum()
new_na_count
Out[35]: campaign_item_id        0
```

```
no_of_days             0
time                   0
ext_service_id         0
ext_service_name       0
creative_id            0
creative_width         0
creative_height        0
search_tags            0
template_id            0
landing_page           0
advertiser_id          0
advertiser_name        0
network_id             0
approved_budget        0
advertiser_currency    0
channel_id             0
channel_name           0
max_bid_cpm            0
network_margin         0
campaign_budget_usd    0
impressions            0
clicks                 0
stats_currency         0
currency_code          0
exchange_rate          0
media_cost_usd         0
search_tag_cat         0
cmi_currency_code      0
timezone               0
weekday_cat            0
keywords               0
dtype: int64
```

Hasta aquí, Pandas. Por supuesto, hay muchísimas cosas dentro de esta librería que no se mencionan, como la gestión de fechas, el acceso más avanzado a datos, la unión de distintos `DataFrames` o los `applymap()`; sin embargo, esto puede ayudar al lector novel a identificar el abanico de posibilidades que otorga Pandas.

SciPy y NumPy

¿Qué son y para qué sirven?

SciPy es una de las librerías más importantes de la comunidad científica de Python y es, probablemente, una de las obligatorias junto a Pandas en cualquier proyecto. Mencionar que dentro de SciPy existen otros paquetes como NumPy (librería utilizada para cálculo numérico) o Matplotlib (que tiene su propia sección en este libro en el capítulo de visualización de datos al ser la librería por antonomasia de visualización de datos) y que, juntas, forman parte del *stack* elemental de prácticamente todos los proyectos de ciencia de datos en mayor o menor medida.

SciPy y NumPy forman una base muy completa para los retos que todo analista o científico de datos debe superar y es una de las bases que se necesita conocer para comprender los casos prácticos del final de este libro o el capítulo de estadística.

Un ejemplo: siguiendo con el mismo *dataset* que utilizamos en Pandas se desea calcular la relación entre el coste de los medios y el alcance total. Para hacerlo, hay que recordar que los datos de "`total_reach`" deben estar limpios. Para agilizar este proceso, se rellenará los valores de `total_reach` con el método `fillna()`, pero utilizando unos valores aleatorios que otorga la librería NumPy. Esto, obviamente, en el entorno profesional o académico, no se puede realizar pero ayuda a enseñar el módulo "`random`", una librería de datos aleatorios y, además, permite avanzar con un caso práctico el uso de este tipo de librerías.

```
In [36]:import pandas as pd
import NumPy as np
#Se rellena los NA de total reach con datos aleatorios
marketing_data['total_reach'] = marketing_data['total_reach'].apply(lambda x:
np.random.uniform(1000, 10000) if pd.isna(x) else x)
# Se verifica que el código funciona con una muestra aleatoria
marketing_data['total_reach'].sample(10)
Out[36]:15538    1564.556977
67451    1022.808382
29637    1880.312854
32443    3851.574633
25094    7964.339317
37825    6519.569315
28140    3007.745108
66611    4831.402954
27385    6760.928742
18816    8875.969113
Name: total_reach, dtype: float64
```

Como puedes ver, en este código se han utilizado algunos elementos ya mostrados anteriormente: `lambda` (introducción a Python), el método `isna()` (Pandas), pero hay elementos nuevos, como, por ejemplo, "`np.random`". Este módulo es específico para generar números aleatorios y, como se puede deducir por la "`np`", forma parte de la librería NumPy, cuya abreviatura es "`np`". En ese código se genera una serie de número aleatorios entre el 1.000 y el 10.000 y se rellena en la columna `total_reach` si contiene un valor nulo.

¿Cómo se hace? En este código puedes ver que se utiliza "apply", que es un método que aplica una función (en este caso, la lambda) a lo largo del eje de un DataFrame: una columna. A continuación se utiliza el método sample() de Pandas que genera muestras aleatorias para comprobar que ciertamente se han generado estos datos. El resultado de [36] es el índice el valor de la celda.

Ahora que la columna "total_reach" tiene valores con los que se puede trabajar, recuerda que se desea calcular la relación entre el coste de los medios y el alcance total. Se utilizará una regresión lineal (esto se verá más en detalle en los capítulos de estadística y *machine learning*) y se generará una visualización que ayude a su comprensión.

```
In [37]:from scipy.stats import linregress
import matplotlib.pyplot as plt
# Se establece la X y la y
X = marketing_data['media_cost_usd']  # Variable independiente
y = marketing_data['total_reach']  # Variable dependiente
# Se ejecuta la regresión lineal
resultado_regresion = linregress(X, y)
# Se establecen los coeficientes de la regresión
pendiente = resultado_regresion.slope
intercepto = resultado_regresion.intercept
# Se generan valores de y para la línea de regresión
y_regresion = pendiente * X + intercepto
# Con .figura se ajusta el tamaño del gráfico
plt.figure(figsize=(12, 10))  # Puedes cambiar las dimensiones según tus
necesidades
# Visualización con Matplotlib
plt.scatter(X, y, color='blue', label='Datos Originales')
plt.plot(X, y_regresion, color='red', label='Línea de Regresión')
plt.title('Relación entre Coste en Medios y Total Reach')
plt.xlabel('Coste de Medios (USD)')
plt.ylabel('Total Reach')
plt.legend()
plt.show()
```

El código muestra muchos elementos que se pueden explicar a continuación: en primer lugar, se importa SciPy y Matplotlib para generar el algoritmo de regresión lineal y las herramientas de visualización correspondientes. Es importante decir que la regresión lineal se suele trabajar con otra librería llamada scikit-learn, pero también se puede ejecutar con SciPy.

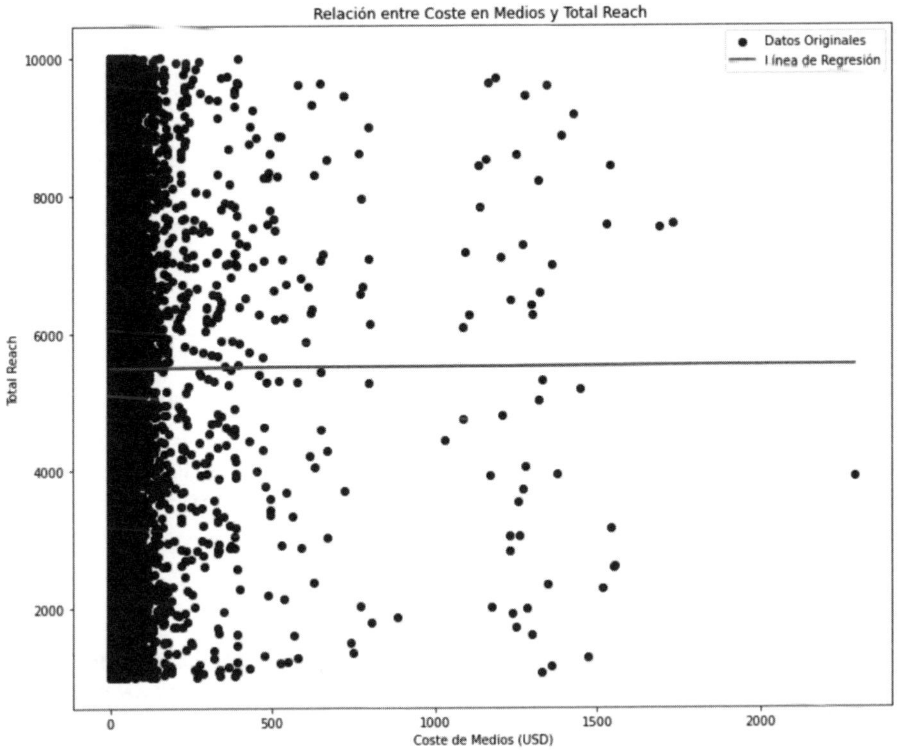

Figura 3.15. Visualización de una regresión lineal entre el alcance total y la inversión en medios.

Después, en la parte de visualización de datos, se establece el diagrama de dispersión con el método `.scatter()` y se ubica dentro la *X* y la *y* previamente declaradas. También se define la línea de regresión con `.plot()`. A continuación, se declara el título general de la gráfica y los nombres de los ejes, la leyenda con `legend()` y, al final, `plt.show()` es el método utilizado para mostrar la visualización final.

En cuanto a la interpretación de este resultado, se debe tener en cuenta el coeficiente de pendiente, la *p*-valor, el coeficiente de determinación (`R^2`), entre otros aspectos, cosa en la que se profundizará en el capítulo de estadística o el de casos prácticos. Sin embargo, claramente se ve, con estos creados de forma aleatoria, que no hay una relación lineal clara entre el coste de medios y el alcance total, lo que significaría que la inversión en medios no tiene un impacto directo y proporcional en el alcance total de esta muestra de datos (lo cual es lógico, ya que los resultados de "`total_reach`" fueron generados de forma aleatoria).

Este ejemplo muestra:

- La importancia de la limpieza y transformación de datos con Pandas.
- La interdependencia que existe entre las librerías.
- La existencia de librerías orientadas a matemáticas y ciencia.
- La importancia de la visualización de datos.
- El sentido que tiene aprender estadística, además de programación.

NumPy

Como se ha dicho anteriormente, es el paquete numérico por antonomasia. Es la abreviatura de *Numerical Python* y es importante mencionar NumPy por algo más que los módulos de números aleatorios (en los que se entrará más adelante en este capítulo), sino porque es muy eficiente con grandes *arrays* de datos. De hecho, generalmente, los algoritmos basados en NumPy suelen ser, según el caso, 50 veces más rápidos que sus iguales en Python.

NumPy: *ndarrays*

Un *ndarray* es la abreviatura de "*N-dimensional-array*" (es decir, *array* de *N* dimensiones). Es el tipo más básico de *array* proporcionado por NumPy en Python y su estructura consiste en un grupo de elementos (habitualmente, números) del mismo tipo. Algunas características fundamentales de los *ndarrays*:

- Un *ndarray* puede tener 1, 2, 3 y cuantas dimensiones sean necesarias. Esto permite poder trabajar con vectores (1 dimensión), matrices (2 dimensiones) o tensores (3 dimensiones o más).
- El tamaño de un *ndarray* es inmutable, pero no su contenido.
- Con NumPy no es necesario realizar bucles explícitos como sí es necesario con Python, lo que permite mayor velocidad.
- Almacena sus elementos en bloques contiguos de memoria, lo que facilita el acceso rápido de datos.

Esto se puede visualizar mejor con código:

```
In [38]: array = np.zeros(20) #array no es una palabra reservada
print(array)
Out[38]: [0. 0. 0. 0. 0. 0. 0. 0. 0. 0. 0. 0. 0. 0. 0. 0. 0. 0. 0. 0.]
```

Este sería un *array*. Hay muchas más maneras de crear uno, como, por ejemplo, como se ve en el código siguiente. En este caso, se utiliza la función `arange()` para crear un *array* que inicia en el número 10 y finaliza en el 19. Esto quizá recuerda al lector lo aprendido en el anterior capítulo sobre los bucles y la función `range()`, pero no es exactamente lo mismo, ya que `arange()` devuelve un *ndarray* y `range` devuelve un objeto de rango:

```
In [39]: array_2 = np.arange(10,20)
print(array_2)
Out[39]: [10 11 12 13 14 15 16 17 18 19]
```

Aunque la forma más sencilla, obviamente, es usando la función `array`:

```
In [40]: lista = [1, 2, 3, 4, 5]
array_3 = np.array(lista)
array_3
Out[40]: array([1, 2, 3, 4, 5])
```

Por supuesto, se pueden cambiar los valores de un *ndarray*, como se puede ver en el siguiente código:

```
In [41]: array[4] = 7.0
array[-1] = 8.1
print(array)
Out[41]: [0.  0.  0.  0.  7.  0.  0.  0.  0.  0.  0.  0.  0.  0.  0.  0.  0.
0. 0.  8.1]
```

¿Qué operaciones se pueden realizar con NumPy?

Los *arrays* son importantes porque, como se ha dicho anteriormente, permiten trabajar sin utilizar bucles `for`, cosa que habitualmente se llama "vectorización". Se puede ver en el siguiente grupo de código:

```
In [42]: array = np.array([[1, 2, 3], [4, 5, 6]])
print(array)
Out[42]: [[1 2 3] [4 5 6]]
In [43]: array + array
Out[43]: array([[ 2.,  4.,  6.],
       [ 8., 10., 12.]])
In [44]: array ** array
Out[44]: array([[    1,     4,    27],
       [  256,  3125, 46656]])
```

Como se puede ver, es muy muy práctico para realizar operaciones. Quizás, para aquellos más noveles en Python, pensarán que esto les recuerda a las listas. En el siguiente código puedes ver una recreación de lo que sucedería si se intenta, por ejemplo, sumar dos listas:

```
In [45]: lista_1 = [1,2,3]
lista_2 = [4,5,6]
lista_1 + lista_2
Out[45]: [1, 2, 3, 4, 5, 6]
```

Sí, crea una única lista que incluye el contenido de ambas. Esto es muy útil en ciertos contextos, pero no es lo mismo que lo que hace un *ndarray*. De hecho, si se intentara ejecutar la potencia (**) devolvería error. Como se puede ver en el siguiente código, el comportamiento es distinto:

```
In [46]: arr1 = np.array([1, 2, 3])
arr2 = np.array([4, 5, 6])
arr1 + arr2
Out[46]: array([5, 7, 9])
```

De hecho, las operaciones aritméticas más simples se propagan a todo el *array*, como, por ejemplo, en este código en el que se divide entre dos uno de los *arrays* que se acaba de crear:

```
In [47]: arr2 / 2
Out[47]: array([2. , 2.5, 3. ])
```

Si se comparan diferentes *arrays*, debería generar *booleans*, sin embargo, el `True` o `False` es a nivel de elemento y no a nivel general:

```
In [48]: arr1 == arr2
Out[48]: array([False, False, False])
```

Si se modifican elementos de un *ndarray* a partir de un conjunto determinado, todos los elementos de ese conjunto serán modificados, es decir, se difunde el contenido que establezcas a toda la selección:

```
In [49]: array = np.arange(0, 10)
print(array)
Out[49]: [0 1 2 3 4 5 6 7 8 9]
In [50]: array[0:3]
Out[50]: array([0, 1, 2])
In [51]: array[0:3] = 0
Out[51]: [0 0 0 3 4 5 6 7 8 9]
```

Hay que tener mucho cuidado, porque, a diferencia de otros elementos de Python, aquí sí que se sobrescribe el *array* original. En el siguiente grupo de código se ve el caso:

```
In [52]: subarray = array[5:9] #se crea otra variable que recoge estos cuatro
valores
subarray
Out[52]: array([5, 6, 7, 8])
In [53]: subarray[0] = 123 #se modifica el primer valor de esta variable, no de
la original
subarray
Out[53]: array([123,   6,   7,   8])
In [54]: array #hacemos referencia al array original, en el que solo se han
hecho cambios en los tres primeros valores, pero el dato cambia
Out[54]: array([  0,   0,   0,   3,   4, 123,   6,   7,   8,   9])
```

En el contexto de NumPy, estas variables son más bien "vistas" de la versión original y generan cambios en esta, además de en la vista. Si se desea hacer copias como se ha estado viendo en Pandas con los DataFrames de marketing_data habría que utilizar .copy().

Si se trabaja con *arrays* de varias dimensiones, el trabajo de acceso a la información varía levemente. Se accede al primer elemento [0] y después se indica a qué elemento de ese vector se quiere acceder [2], lo que devuelve lógicamente 3:

```
In [55]: arraybi = np.array([[1,2,3], [4,5,6], [7,8,9]])
arraybi
Out[55]: array([[1, 2, 3],
       [4, 5, 6],
       [7, 8, 9]])
In [56]: arraybi[0][2]
Out[56]: 3
```

Al igual que las listas, los *ndarrays* se pueden cortar con la sintaxis mostrada en el anterior capítulo; sin embargo, con los *arrays* de dos dimensiones (arraybi) la cosa cambia:

```
In [57]: arraybi[0:2]
Out[57]: array([[1, 2, 3],
       [4, 5, 6]])
```

Ha devuelto las dos primeras filas de arraybi. Si se deseara, se puede cortar más (a esta técnica se la hace llamar *slicing*) y capturar únicamente el último valor de estas dos filas:

```
In [58]: arraybi[0:2, -1]
Out[58]: array([3, 6])
```

Entender el sentido detrás de los *arrays* y sus particularidades es todo un mundo. Para el objetivo de este libro se detendrá aquí, pero se recomienda leer sobre "indexado sofisticado" si este tema resulta de mayor interés.

Numpy.Random, el módulo de aleatoriedad de NumPy

Este módulo es muy utilizado, sobre todo cuando hay situaciones de práctica en las que es interesante trabajar con datos aleatorios para probar algoritmos o, incluso, para trabajar con datos sintéticos para generar mayores volúmenes de muestra. Random permite, por ejemplo, generar muestras con una distribución normal como se puede ver a continuación:

```
In [59]: muestra = np.random.standard_normal(size=(10,10))
muestra
Out[59]: array([[-0.32728202, -0.2508711 , -0.59471259, -2.0186499 , -1.13284948,
         0.15748313, -0.07039056, -0.05347916, -0.97691643,  0.23492711],
       [ 2.19122015,  0.94263168,  1.34924866, -1.03123168, -0.17218389,
        -0.93594047,  0.78590179,  1.46064253, -1.22817647, -0.57232713],
```

```
       [-0.29968534, -0.79316645, -1.58380066, -0.35619936,  0.65515279,
        -0.31085474,  0.04757133,  1.00373942,  0.52792131,  0.16932311],
       [-0.13735669,  0.09598125,  0.04286811,  0.58888469,  0.13434913,
        -0.89452434,  0.35608199,  0.85261933, -0.96309682,  0.51053845],
       [-1.34017908,  0.72887644,  1.09013392, -0.32565005,  0.28856086,
         0.1344726 ,  0.40917739, -1.77835562, -0.27553566, -1.24600313],
       [-1.32256739, -1.03860157, -0.57497456, -0.04874639, -0.92339084,
        -1.99557475,  0.39682232, -0.76366659,  0.87151201,  1.31955729],
       [ 0.34456073, -0.1138081 , -0.69648417, -1.10715779,  0.66897755,
         1.03590245,  1.10210091, -0.66809884, -0.57010083, -0.11795812],
       [ 0.77415086, -0.10564834,  0.18194265,  1.11507839, -0.81392046,
         0.12743355,  0.41098877,  0.46138399, -0.08202785,  0.51932035],
       [ 1.03804253, -0.16137452, -0.87676261,  0.43153054,  0.38610799,
        -0.85625593,  1.04022028,  1.02026208, -1.54911309,  0.30871856],
       [-0.81915276,  1.07623359, -0.30747708,  0.52926118,  1.59318384,
        -2.83098047, -2.28806477,  1.44342824,  1.20724669, -0.38418698]])
```

Una manera de confirmar que sigue una distribución normal sería así:

```
In [60]: #Muestra aleatoria (10x10)
muestra = np.random.standard_normal(size=(10,10))
# Para realizar la visualización, convertir el array en un array 1D
muestra_aplanada = muestra.flatten()
plt.figure(figsize=(12, 10))  #para modificar el tamaño de la visualización
# histograma
plt.hist(muestra_aplanada, bins=20, density=True, alpha=0.6, color='g')
# Etiquetas y título
plt.title('Histograma de la Muestra Aleatoria (10x10)')
plt.xlabel('Valor')
plt.ylabel('Frecuencia')
# Mostrar la gráfica
plt.show()
```

No parece que la distribución sea muy normal. Uno de los motivos por lo que esto puede suceder es porque solamente hay 10 registros. Si se utilizan 1.000 en la visualización, se verá algo así:

```
In [61]: #Muestra aleatoria (1000x1000)
muestra = np.random.standard_normal(size=(10,10))
# Para realizar la visualización, convertir el array en un array 1D
muestra_aplanada = muestra.flatten()
plt.figure(figsize=(12, 10))  #para modificar el tamaño de la visualización
# histograma
plt.hist(muestra_aplanada, bins=20, density=True, alpha=0.6, color='g')
# Etiquetas y título
plt.title('Histograma de la Muestra Aleatoria (1000x1000)')
plt.xlabel('Valor')
plt.ylabel('Frecuencia')
# Mostrar la gráfica
plt.show()
```

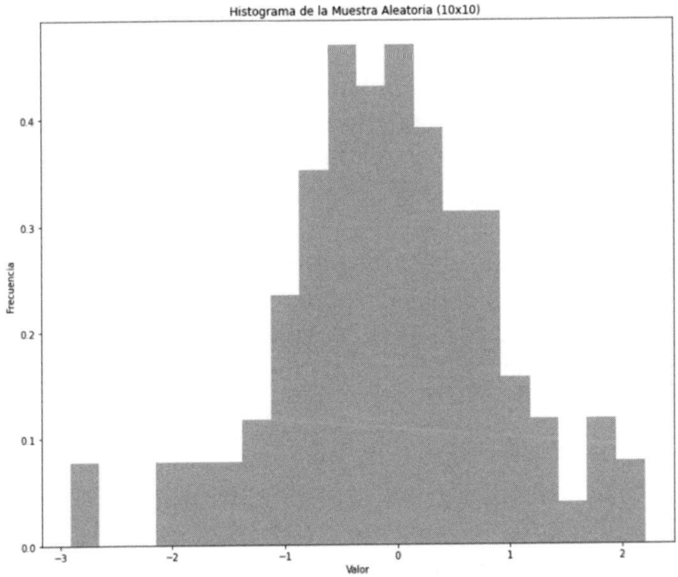

Figura 3.16. Visualización que muestra la distribución normal que genera el módulo `random` con más valores tras ejecutar el código [60].

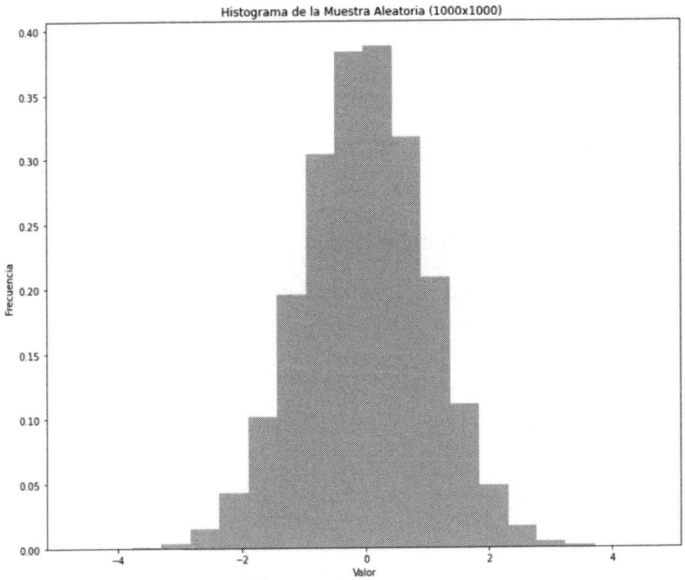

Figura 3.17. Visualización que muestra la distribución normal que genera el módulo `random` con más valores tras ejecutar el código [61].

Siendo puristas, estos números no son 100 % aleatorios, sino que más bien se trata de una pseudoaleatoriedad. Realmente se trata de números generados por algoritmos que, si bien es cierto, son configurables. Existe un concepto alrededor de este módulo que es el de la semilla (seed), que, en esencia, se utiliza para configurar el estado inicial de este generador de números aleatorios.

Esto significa que permite controlar la secuencia de números aleatorios generados por NumPy: al establecer una semilla específica (por ejemplo, `seed = 42`), cada vez que se ejecuta un código, NumPy producirá la misma secuencia de números aleatorios, lo cual es muy útil para reproducir experimentos y pruebas en programación y ciencia de datos. Sin una semilla, cada ejecución produciría una secuencia diferente, haciendo absurdamente difícil replicar resultados. Imagina un ancla que te estabiliza en un punto único todo el tiempo. Esa sería la función principal de seed.

A lo largo del libro, se verá en distintas ocasiones, y debes conocer la existencia de este módulo y lo que ofrece. En la tabla 3.2 se ven algunas funciones asociadas a la aleatoriedad en NumPy:

Tabla 3.2. Funciones asociadas a la aleatoriedad en NumPy.

NOMBRE FUNCIÓN, MÉTODO O ATRIBUTO	DESCRIPCIÓN
`rand()`	Genera números aleatorios con una distribución uniforme entre 0 y 1.
`randn()`	Genera números aleatorios con una distribución normal estándar.
`randint()`	Genera números enteros aleatorios dentro de un rango específico.
`choice()`	Genera una muestra aleatoria a partir de un *array*.
`uniform()`	Genera números aleatorios siguiendo una distribución uniforme dentro de un rango determinado.
`poisson()`	Genera números aleatorios siguiendo la distribución de Poisson.
`binomial()`	Genera números aleatorios siguiendo la distribución binomial.

Hasta aquí este capítulo de Pandas y NumPy en el que se han mostrado algunos elementos más básicos de estas dos fantásticas librerías esenciales para el tratamiento y manipulación de datos, una subdisciplina de la ciencia de datos que el lector podría imaginar que ocupa una gran cantidad de tiempo en los proyectos.

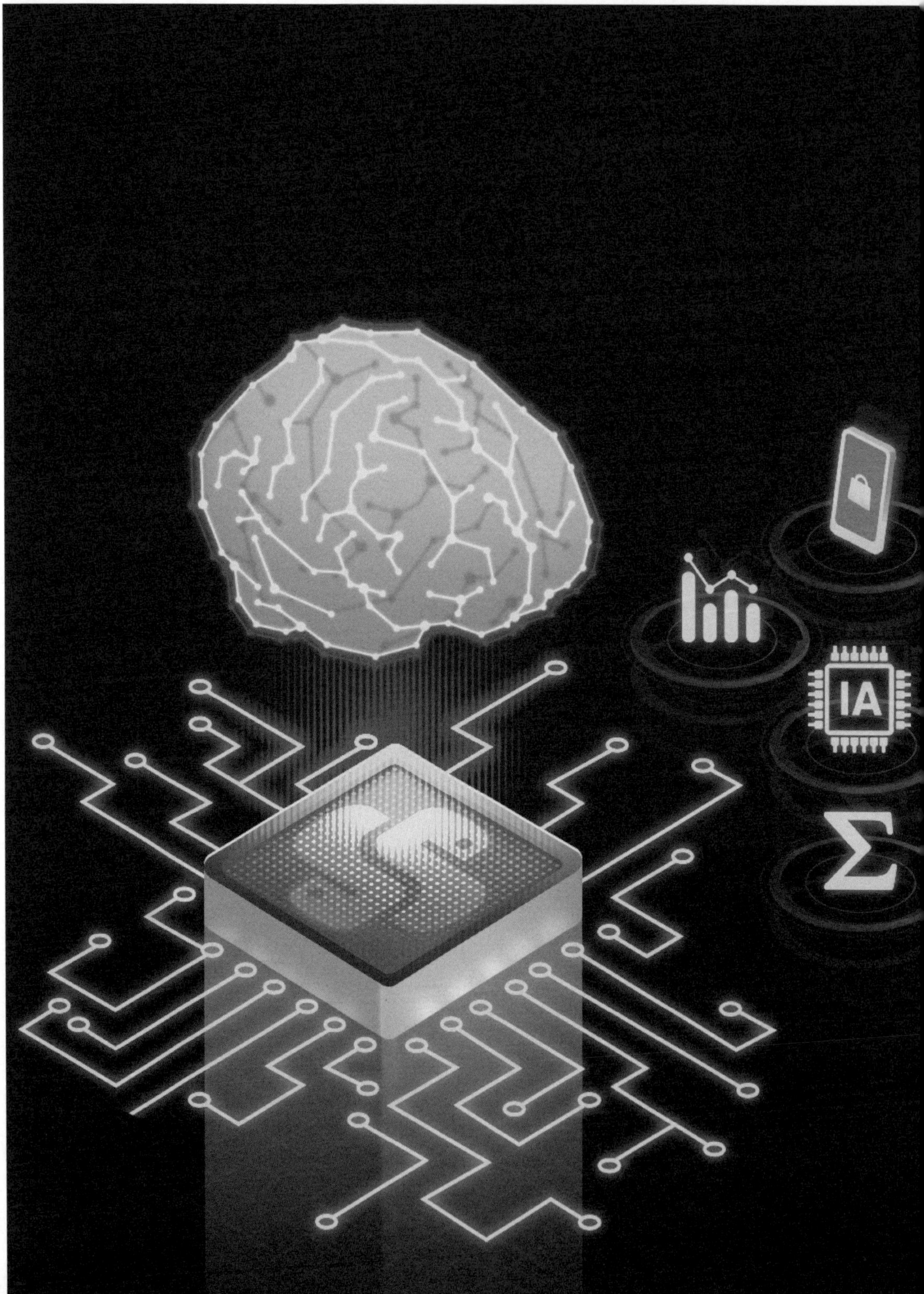
IA

4. Introducción a SQL

¿Qué es y para qué sirve?

SQL es la sigla de *structured query language* y, aunque mucha gente cree que es un lenguaje de programación, técnicamente no lo es. No se considera un lenguaje de programación en el sentido más tradicional debido a que está diseñado para gestionar y manipular datos y no para realizar operaciones complejas como, por ejemplo, estructuras de control de flujos, capacidad de definición de algoritmos o creación de aplicaciones completas.

Así, la utilidad de SQL reside en que es un lenguaje muy útil para interactuar con bases de datos y que permite el analista extraer, actualizar, insertar y eliminar datos de manera eficiente, asegurando la integridad y el rendimiento de las operaciones en la base de datos.

SQL es un lenguaje muy utilizado en análisis de datos. A través de unas *queries* se puede interactuar con los datos y extraer aquella información que más interese en ese momento. Al lector puede recordarle o parecerle similar a algunas acciones con `DataFrames` que se enseñaron en el capítulo sobre Pandas en las que se filtraban los resultados en función de fechas o, por ejemplo, la media. La diferencia es que SQL es un lenguaje específicamente diseñado para interactuar con bases de datos, mientras que Pandas es una librería de Python creada básicamente para la manipulación del dato. Al fin y al cabo, todos los caminos llevan a Roma.

Sin embargo, es típico ver en ofertas laborales términos como "SQLite", "MySQL", "PostgerSQL", "MongoDB" y demás y la cuestión es: ¿qué diferencia hay entre todos estos sistemas? ¿Son acaso distintos lenguajes? ¿Hay tipos de SQL? Para el foráneo al ámbito es lógico que todo esto le resulte extraño. En la tabla 4.1 se intenta arrojar algo de luz al respecto.

Tabla 4.1. Tabla comparativa de sistemas de bases de datos.

SISTEMA	QUÉ ES	CUÁNDO USAR
MySQL	Un sistema de base de datos muy popular que facilita el almacenamiento y la gestión de información de manera estructurada. Es especialmente fuerte en aplicaciones web.	Ideal para sitios web y aplicaciones *online* que necesitan una base de datos confiable y fácil de usar, como blogs, tiendas *online* y foros.
PostgreSQL	Un sistema de base de datos avanzado que permite trabajar con tipos de datos más complejos y realizar consultas sofisticadas. Es conocido por su fiabilidad y flexibilidad.	Perfecto para proyectos que manejan datos más complejos o que requieren análisis avanzados, como sistemas de gestión de contenido personalizados o aplicaciones con datos geográficos.
Microsoft SQL Server	Un sistema de base de datos diseñado para integrarse bien con otros productos de Microsoft, ofreciendo herramientas poderosas para el análisis de datos y la inteligencia empresarial.	Recomendado para empresas que ya utilizan soluciones de Microsoft y necesitan análisis de datos avanzados, reportes o aplicaciones críticas de negocio.
SQLite	Un sistema de base de datos ligero que no requiere un servidor dedicado, haciendo que sea fácil de configurar y mantener.	Excelente para aplicaciones móviles, sitios web pequeños o como base de datos local para aplicaciones de escritorio que necesitan manejar datos sin la complejidad de un servidor de datos.
MongoDB	Una base de datos NoSQL orientada a documentos, que almacena datos en formatos similares a JSON. Es conocida por su flexibilidad y escalabilidad.	Ideal para proyectos que necesitan almacenar grandes cantidades de datos no estructurados.

Pero ¿qué diferencia hay entre, por ejemplo, MySQL y PostgreSQL? Ambos lenguajes se basan en SQL y son bastante similares; sin embargo, a la hora de trabajar con ellos, puede llegar a haber pequeñas diferencias a nivel de sintaxis. En [1] se puede ver escrito con MySQL y en [2] con PostgreSQL una *query* que busca crear una tabla con una columna de identificación que se incrementa automáticamente:

```
In [1]: CREATE TABLE usuarios (
    id INT AUTO_INCREMENT PRIMARY KEY,
    nombre VARCHAR(100),
    email VARCHAR(100) UNIQUE,
    fecha_registro TIMESTAMP DEFAULT CURRENT_TIMESTAMP
);
In [2]: CREATE TABLE usuarios (
    id SERIAL PRIMARY KEY,
    nombre VARCHAR(100),
    email VARCHAR(100) UNIQUE,
    fecha_registro TIMESTAMP DEFAULT CURRENT_TIMESTAMP
);
```

En PostgreSQL, `SERIAL` se utiliza para el mismo propósito que `AUTO_INCREMENT` en MySQL, lo cual muestra que, aunque similar, sí que es cierto que puede llegar a haber pequeñas diferencias a nivel de sintaxis entre un lenguaje y otro, por no hablar de limitaciones particulares. La elección entre un sistema de base de datos u otro es algo más complejo de lo que puede parecer y el objeto del libro no es profundizar más en esta área; sin embargo, es probable que algún lector se haya preguntado tras ver la tabla anterior: ¿qué diferencia hay entre un dato estructurado y un dato no estructurado? En la tabla 4.2 tienes la respuesta.

Tabla 4.2. Tabla comparativa entre datos estructurados y no estructurados.

CARACTERÍSTICA	DATO ESTRUCTURADO	DATO NO ESTRUCTURADO
Definición	Datos altamente organizados y fácilmente comprensibles por las máquinas.	Datos que no tienen un formato o estructura predefinida y son más difíciles de procesar y analizar automáticamente.
Ejemplos	Números, fechas, grupos de palabras en bases de datos relacionales como tablas con columnas y filas.	Imágenes, vídeos, textos en blogs, publicaciones en redes sociales, correos electrónicos.
Sistemas de datos	Sistema de gestión de bases de datos relacionales (RDBMS) como MySQL, PostgreSQL, Oracle Database, entre otros.	Sistemas de gestión de bases de datos NoSQL como MongoDB (documentos), Cassandra (columnares), Elasticsearch (búsqueda y análisis de texto).
Característica del dato	Fácil de organizar en tablas. Puede ser fácilmente cuantificado y manipulado con SQL. Adecuado para operaciones CRUD (crear, leer, actualizar, borrar).	Requiere herramientas de procesamiento especializadas para análisis.

Una vez queda claro que el dato y su naturaleza determinan la tecnología a utilizar, llega el momento de mostrar la tabla 4.3, que muestra los dos tipos principales de bases de datos: bases de datos relacionales y bases de datos NoSQL. Diremos, para la tranquilidad de aquellos lectores más técnicos, que realmente existen más bases de datos como las de grafos, bases de datos en memoria o de objetos.

Tabla 4.3. Tabla comparativa entre base de datos relacional y NoSQL.

CARACTERÍSTICA	BASE DE DATOS RELACIONALES	BASE DE DATOS NOSQL
Modelo de datos	Estructurado, basado en tablas con esquemas predefinidos.	Flexible, puede ser basado en documentos, clave-valor, columnares o grafos.
Esquema	Fijo y debe definirse antes de insertar datos. Cambios en el esquema requieren alteración de la estructura de la base de datos.	Dinámico, permite la inserción de datos sin definir previamente su estructura. Los esquemas pueden variar de un documento a otro.
Uso recomendado	Ideal para aplicaciones que requieren relaciones complejas entre los datos, integridad de datos y transacciones seguras como sistemas de gestión empresarial, finanzas y aplicaciones donde la consistencia de datos es crítica.	Adecuado para aplicaciones con grandes volúmenes de datos, estructuras de datos variadas, o necesidades de escalabilidad horizontal, como Big Data, aplicaciones web modernas y sistemas de recomendación.

La elección entre una base de datos relacional y NoSQL responde al tipo y estructura de datos, la escalabilidad, el coste, entre otros. Lo habitual es que las organizaciones combinen ambos tipos para aprovechar las ventajas de cada uno según las diferentes necesidades de cada línea estratégica.

Cuando se habla de SQL, se está hablando de un abanico de opciones y de un mundo dedicado a las bases de datos y a la gestión de información que realizan las organizaciones. En el marco de un proyecto de marketing digital se podría abordar esta cuestión desde múltiples vértices, pero en las siguientes páginas se pondrá el foco en la ejecución de *queries* a través de SQL.

Herramientas

Ahora que el lector conoce qué es SQL y qué se puede esperar de este lenguaje, se debe llegar al siguiente punto: ¿qué herramientas pueden utilizarse para ejecutar *queries* y responder a preguntas de negocio?, es decir, ¿dónde ejecuto SQL?

Existen varias herramientas, también llamadas *Graphical User Interface*, que, en esencia, permiten interactuar con bases de datos sin que sea necesario ser un especialista en programación. Algunas de estas son MySQL Workbench (probablemente la más famosa de todas), phpMyAdmin, Oracle SQL Developer, entre otros.

Sin embargo, en el contexto actual del marketing digital hay una herramienta nueva que ha llegado a la escena: Google BigQuery. No se puede llegar a decir que Google BigQuery sea solo una GUI, ya que, realmente, es un servicio de almacén de datos en la nube que ofrece Google Cloud que permite, desde una interfaz, ejecutar consultas SQL. Esta interfaz actúa como una herramienta de GUI simplificada para interactuar con BigQuery mediante SQL, ofreciendo también otras funcionalidades como la creación de informes y la visualización de datos.

En la tabla 4.4 se va a mostrar una comparativa entre MySQL Workbench y Google BigQuery, pero el lector debe entender que son cosas muy distintas (o, más bien, Google BigQuery ofrece muchas más funcionalidades) y que, muy probablemente, muchos perfiles considerarían un auténtico sacrilegio; no obstante, esta comparativa a través de una tabla puede ayudar al lector menos técnico o más cercano al marketing estratégico a asentar estos conocimientos de una forma más visual, sobre todo debido a que se asocia (a veces demasiado rápidamente) Google BigQuery a SQL.

Tabla 4.4. Tabla comparativa entre Google BigQuery y MySQL Workbench.

CARACTERÍSTICA	MYSQL WORKBENCH	GOOGLE BIGQUERY
Propósito	Herramienta GUI para la administración de bases de datos MySQL.	Servicio de almacén de datos en la nube para análisis de Big Data con capacidades de procesamiento de consultas SQL.
Entorno	Instalación local o acceso remoto a servidores MySQL.	Completamente gestionado en la nube por Google, accesible desde cualquier lugar a través de la consola.
Capacidad de análisis	Principalmente operaciones CRUD y consultas SQL para gestión de datos; análisis limitado a las capacidades de SQL.	Potentes capacidades de análisis de Big Data, incluyendo *machine learning*, y almacenamiento y consulta de petabytes de datos.

CARACTERÍSTICA	MYSQL WORKBENCH	GOOGLE BIGQUERY
Coste	Gratis para descargar y usar.	Modelo de precios basado en el consumo (almacenamiento y procesamiento de consultas).

¿Qué es una operación CRUD? En esencia, se trata de las siglas de las cuatro operaciones básicas utilizadas en bases de datos. La sencillez de estas cuatro opciones denotan la simplicidad inherente a SQL en contraposición a todo lo que Google BigQuery puede desarrollar. A continuación, las siglas y la definición de CRUD:

- *Create*: Crear o añadir registros a la base de datos.
- *Read*: Leer, consultar o recuperar registros presentes en la base de datos.
- *Update*: Actualizar datos dentro de la base de datos.
- *Delete*: Eliminar registros dentro de la base de datos.

La misión de este libro es simple: hacer que el mundo de marketing digital y la ciencia de datos estén más unidas y, debido a que el entorno Google es el más utilizado en el mundo del marketing, se utilizará para los siguientes casos la interfaz de Google BigQuery, aunque eso no debe dar a entender al lector de que el resto de soluciones no sean funcionales y perfectamente válidas para el negocio digital.

Ejecutando las primeras *queries*

La curva de aprendizaje de SQL es muchísimo más simple que en Python o cualquier otro lenguaje (de hecho, el lector debe recordar que SQL no es un lenguaje de programación como sí es Python, JavaScript o Java) y es por ello que es uno de los más cómodos de aprender puesto que, con un poco de práctica, ya se pueden generar buenas consultas que bien pueden responder a preguntas básicas de negocio.

En el contexto de realizar consultas sobre una base de datos de ventas de vehículos de ocasión la cuestión es muy simple; sin embargo, cuando se trabajan datos que provienen de Google Analytics 4, el asunto se complica. ¿Por qué? El motivo es que para responder a preguntas de negocio con Google Analytics 4 y Google BigQuery debe haber un conocimiento profundo sobre la naturaleza del dato (¿qué es una sesión?, ¿qué es una sesión con interacción?, ¿qué diferencia existe entre las dimensiones de ámbito usuario y sesión?, ¿qué significa `user_pseudo_id`?) y, sobre todo, para interpretar el resultado de las consultas.

Sobre este asunto se profundizará un poco más en el próximo capítulo sobre marketing digital, un capítulo que se recomienda leer a aquellos perfiles más técnicos, puesto que uno de los grandes errores de los científicos de datos que aterrizan en proyectos de marketing digital es su desconocimiento sobre el ámbito web y *app*.

Google BigQuery y Google Trends Sandbox

La configuración de Google BigQuery no es, inicialmente, algo excesivamente complejo, más aún si solamente se quiere practicar con SQL; sin embargo, si es la primera vez y se va a trabajar en un proyecto profesional, se recomienda trabajar codo con codo con un desarrollador al lado en la configuración inicial. No obstante, a continuación, se va a mostrar los primeros pasos y cómo acceder a la zona de pruebas de Google Trends para poder practicar.

El primer paso sería visitar `https://console.cloud.google.com/bigquery` desde el navegador de tu ordenador. Si es tu primera vez y no tienes una cuenta de Google conectada a Google BigQuery, lo primero que aparecerá será algo como lo de la figura 4.1.

Figura 4.1. Interfaz de Google BigQuery.

Después de seleccionar el país y aceptar los términos de condiciones, se deberá hacer clic en Create Project y aparecerá la siguiente pantalla, en la que sencillamente debes seleccionar el nombre del proyecto, el nombre de la organización y una localización. Después, debes hacer clic en Create, como se ve en la figura 4.2.

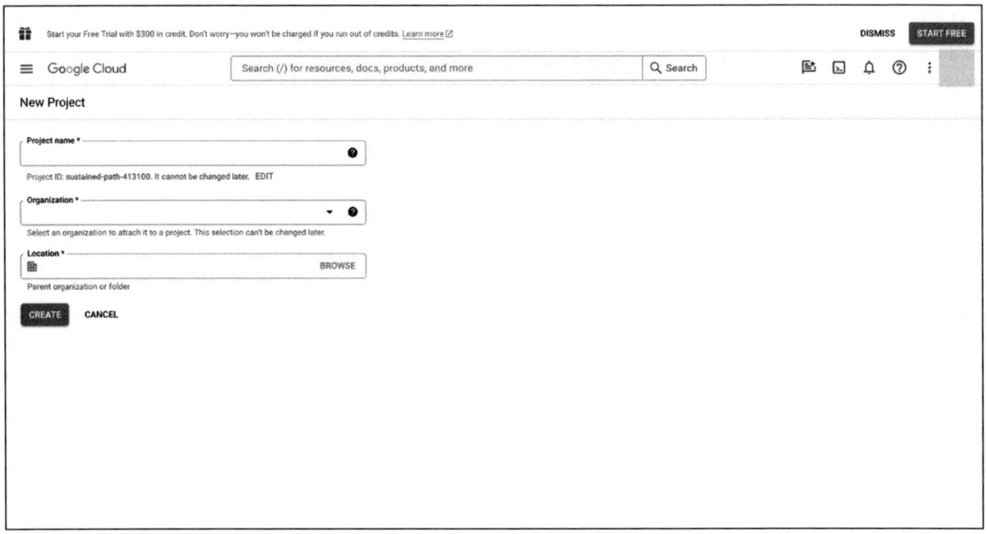

Figura 4.2. Interfaz de Google BigQuery: creación de proyecto.

A continuación, en la figura 4.3, puedes ver la interfaz de Google BigQuery. Si haces clic en Create SQL Query podrás empezar a crear tus primeras *queries*; sin embargo, aún no tienes datos. Si haces clic en la funcionalidad de más abajo, puedes probar la cuenta demo de Google Trends que ofrece Google BigQuery.

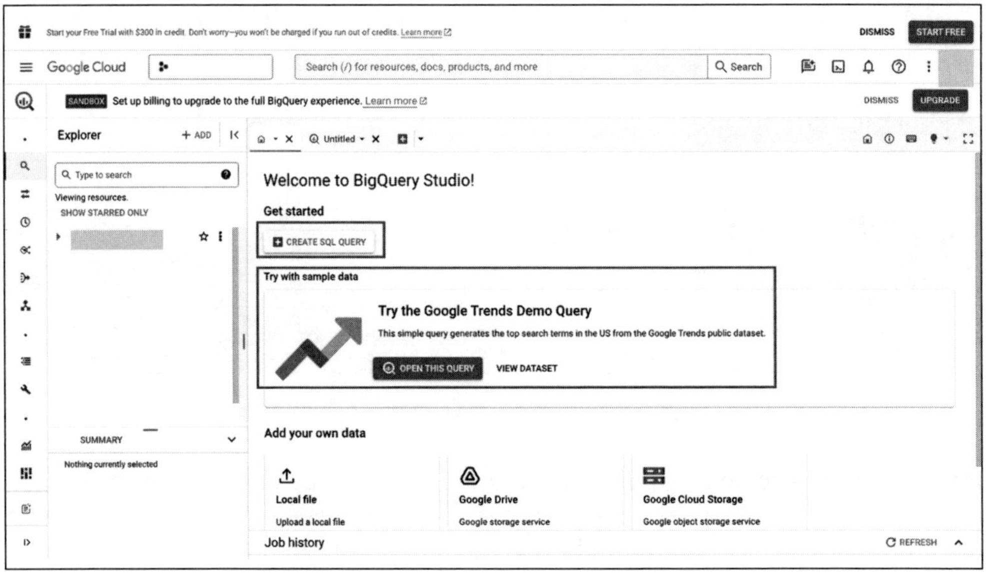

Figura 4.3. Interfaz de Google BigQuery.

En la figura 4.4, se puede ver en la columna de la izquierda bigquery-public-data, que no deja de ser la fuente de datos sobre la que se puede empezar a trabajar. En la parte central de la interfaz puedes ver una *query* que muestra una lista de los términos más buscados en Google diarios. Si haces clic en Run, esta *query* devuelve un resultado que puede observarse en la figura 4.5.

Figura 4.4. Interfaz de Google BigQuery que muestra una *query*.

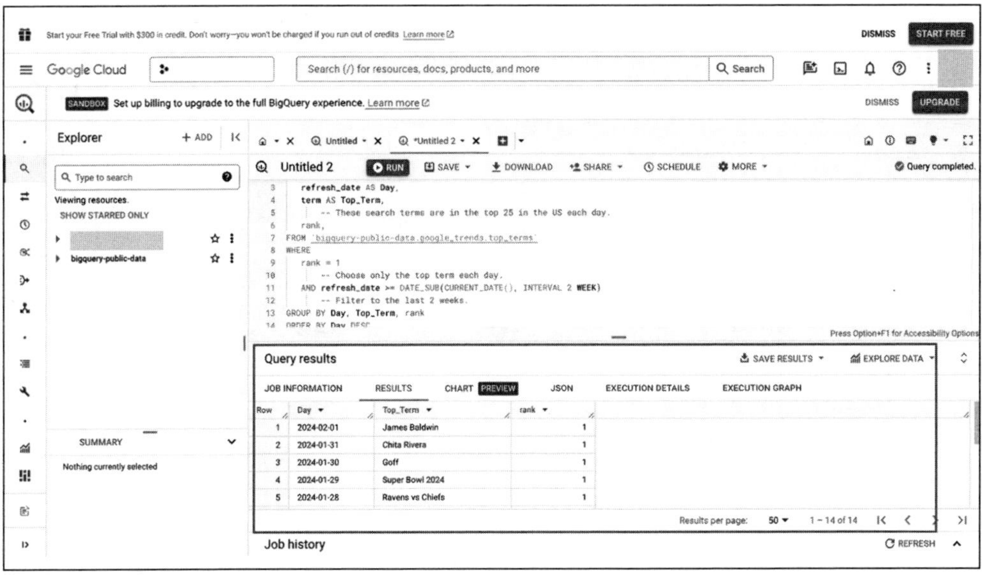

Figura 4.5. Interfaz de Google BigQuery con el resultado de la *query*.

Si haces clic en el desplegable de bigquery-public-data, te desplazas hasta ga4_obfuscated_sample_ecommerce, haces clic en los tres puntos verticales y seleccionas Query (como se puede ver en la figura 4.6), se desplegará una nueva pestaña (untitled 3, en este caso) y se mostrará una de las consultas más típicas: mostrar los 1.000 primeros elementos de una tabla, como se ve en la figura 4.7.

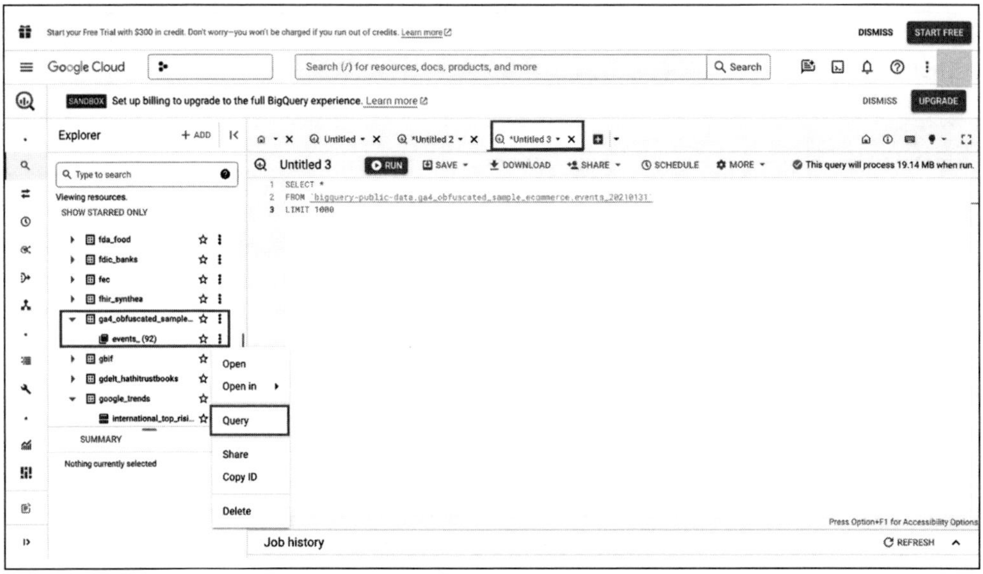

Figura 4.6. Interfaz de Google BigQuery con una *query* básica.

Figura 4.7. Interfaz de Google BigQuery: resultados.

Puedes ver la *query* a continuación. La sintaxis es muy sencilla: la cláusula `SELECT` se utiliza para especificar las columnas o campos que se desea consultar y el símbolo `*` se usa para seleccionar todas las columnas de una tabla. `FROM` especifica la tabla concreta de la base de datos y `LIMIT` simplemente especifica el número máximo de resultados que se desean extraer:

```
In [3]: SELECT *
FROM `bigquery-public-data.ga4_obfuscated_sample_ecommerce.events_20210131`
LIMIT 1000
```

Google BigQuery y Google Analytics 4

¿Se puede conectar Google Analytics 4 con Google BigQuery? Por supuesto, a continuación, se mostrará paso a paso los puntos más esenciales. Hay que recordar que existen muchas casuísticas alrededor de una conexión de este tipo y, salvo que sea una propiedad de Google Analytics 4 de pruebas de uso personal, se recomienda trabajar con un desarrollador o alguien con experiencia previa durante la integración de ambas herramientas. En la figura 4.8 se ven los pasos principales. Para empezar, hay que seleccionar un proyecto y estos deben ir asociados a la cuenta de Google.

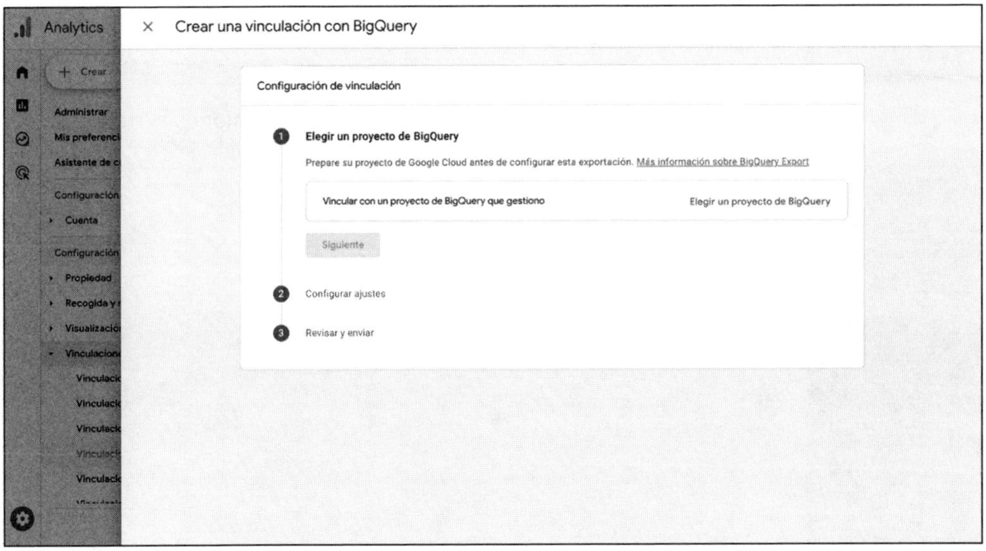

Figura 4.8. Interfaz de GA4 y conexión con GBQ.

En la figura 4.9 se pueden ver diferentes funcionalidades relacionadas con el tipo de exportación e incluso de configuración de eventos, que permitiría excluir interacciones concretas del proceso de exportación, cosa que en algún contexto concreto puede ser relevante. Debido a que existe un coste asociado a almacenamiento, consultas, transferencia de datos y recuperación de datos (ya que Google BigQuery no es gratis), se recomienda evaluar este tipo de operaciones con un especialista. La estructura de costes de Google BigQuery se basa en el consumo del producto. En la figura 4.10 vemos la vinculación creada.

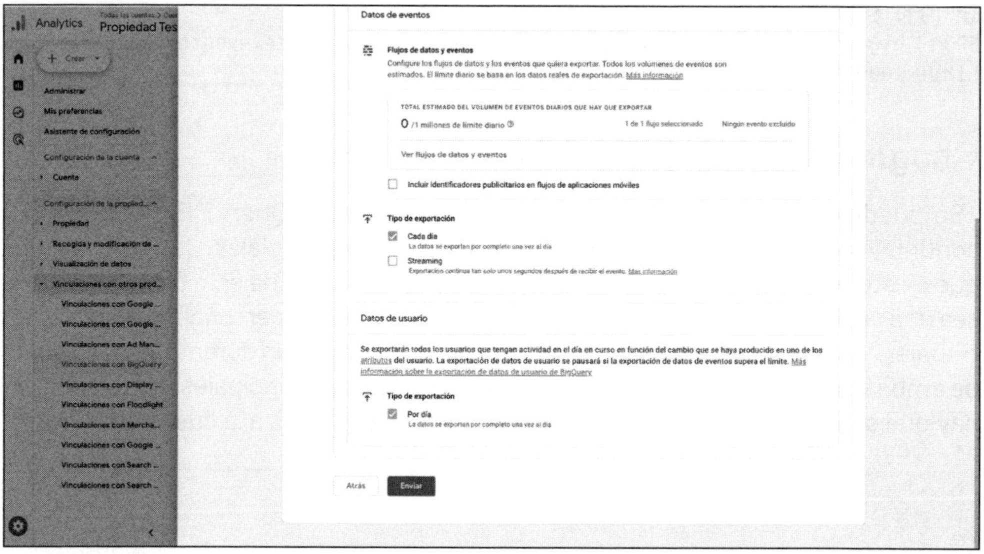

Figura 4.9. Interfaz de GA4 y conexión con GBQ: configuraciones extra.

Figura 4.10. Interfaz de GA4 y conexión con GBQ: pantalla de verificación.

Hay que recordar que la conexión entre Google Analytics 4 y Google BigQuery no es retroactiva, es decir, la herramienta de analítica web/*app* va a empezar a exportar información una vez se haga la conexión de forma correcta. Ahora que el lector ha podido introducirse (mínimamente) en Google BigQuery, una herramienta que permite, entre otras muchas cosas, hacer consultas a través de SQL, comienza la inmersión en las *queries*.

SQL con Google BigQuery en la práctica

A continuación, se va a mostrar todo un listado de *queries* que bien pueden ser útiles en distintos escenarios. Esto va a servir como excusa para enseñar SQL en un contexto práctico y conforme vaya subiendo la complejidad se irán explicando los conceptos críticos de cada consulta.

¿Por qué en un libro que pone Python en el título se dedica un capítulo a SQL? Es algo que el lector puede pensar a estas alturas del libro y es una pregunta sumamente lícita. El motivo no es otro que el protagonismo de SQL no solamente en el día a día de un analista de datos, sino también ya en los propios departamentos de marketing digital que poco a poco van a poder ver que en los próximos años el protagonismo de Google BigQuery en las conversaciones aumenta.

Consultar sesiones

```
In [4]: SELECT *
FROM `book-com.python_2065759721.events_20231202`
WHERE event_name = 'session_start'
```

El lector debe recordar que `FROM` hace referencia a una tabla concreta, por lo que si copia esta *query* no funcionará y deberá adaptarlo a su propia tabla. Una manera de saber cómo dirigirse a esta tabla es siguiendo los pasos de la figura 4.6.

En este caso, se introduce un factor nuevo: `WHERE`. Se especifica que se desean todas las columnas (`SELECT *`) en las que haya un evento `session_start`, que es el que delimita el inicio de una sesión (para aquellos analistas web y *app* puristas que lean esto, sabrán que muchas veces para según qué cuestiones se revisa el parámetro `session_id` en lugar del evento `session_start`, pero esta es una cuestión técnica un tanto avanzada y que está fuera del alcance de este libro).

Consultar usuarios únicos

```
In [5]: SELECT COUNT(DISTINCT(user_pseudo_id)) as users
FROM `book-com.python_2065759721.events_20231202`
```

Esta es una *query* muy interesante en la que se introduce el concepto de funciones: `COUNT()`. Sí, en SQL también hay funciones y como se puede ver sigue una estructura similar a Python. En este caso se utiliza la función `COUNT()` para contar todos los usuarios; sin embargo, esto no es suficiente, ya que es necesario añadir la función `DISTINCT()` para devolver solo los usuarios únicos y no el conteo total. Se anima al lector a hacer varias pruebas con, en la figura 4.11, y sin `DISTINCT()`, en la figura 4.12, para que vea la diferencia.

Figura 4.11. Interfaz de GBQ con `DISTINCT()`.

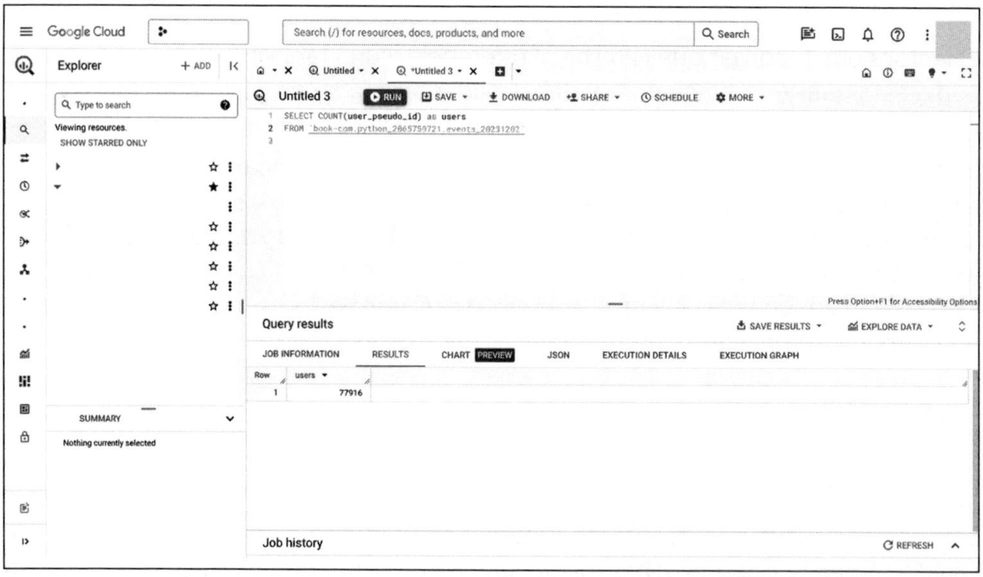

Figura 4.12. Interfaz de GBQ sin `DISTINCT()`.

¿Por qué sucede esto? ¿Por qué hay esta diferencia? La tabla contiene eventos y, si no usas la función mencionada, aparecerán todas las concurrencias. Si solo usas COUNT( ), solo estarás contando pero no de forma distintiva.

Consultar usuarios únicos por fuente y medio

```
In [6]: SELECT
   CONCAT(traffic_source.source, " / ", traffic_source.medium) AS source_medium,
   COUNT(distinct user_pseudo_id) AS users
FROM
   `book-com.python_2065759721.events_20231202`
GROUP BY
   source_medium
ORDER BY
   users DESC
```

Aquí es importante recordar el concepto de indentación que también estaba presente en Python. Tanto CONCAT( ) como COUNT( ) están indentadas al abrigo de SELECT. Por lo demás, se añade la cláusula GROUP BY que permite agrupar en una única columna dos valores (fuente y medio) que en el momento de redactar este capítulo no está disponible junto en Google BigQuery como sí está como dimensión en Google Analytics 4. También se añade ORDER BY que es tan sencillo como ordenar.

Es importante darse cuenta que SQL no sirve únicamente para hacer consultas simples, sino que también hay una cierta "transformación" o manipulación del dato que permite crear columnas nuevas a partir de valores, lo cual es muy interesante porque aumenta al máximo las posibilidades a nivel de explotación del dato.

Para finalizar, aparece CONCAT( ), que, en esencia, une dos *strings* (sí, en SQL también existen los formatos, como en Python), en este caso fuente y medio para crear la dimensión conocida como "fuente/medio".

Consultar transacciones e ingresos por día

```
In [7]: SELECT
   event_date AS DATE,
   COUNT(DISTINCT ecommerce.transaction_id) AS purchases,
   SUM(ecommerce.purchase_revenue) AS purchase_revenue
FROM
   `book-com.python_2065759721.events_*`
WHERE
   _table_suffix BETWEEN '20210701' AND FORMAT_DATE('%Y%m%d',DATE_SUB(CURRENT_
DATE(), INTERVAL 1 day))
GROUP BY
   date
ORDER BY
   date
```

Esta *query*, en la figura 4.13, ya empieza a ser más compleja. Aquí se trabaja con el formato de fechas y con parámetros de *e-commerce*. Como se puede ver, se utiliza `ecommerce.transaction_id` para capturar cada una de las transacciones únicas del periodo y `ecommerce.purchase_revenue` para capturar los ingresos.

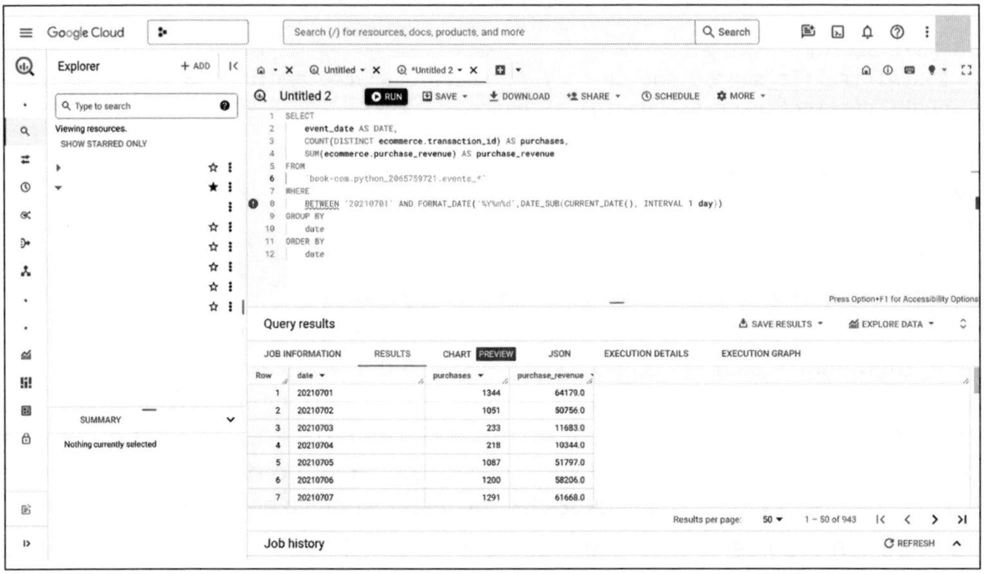

Figura 4.13. Interfaz de GBQ con [7].

Se introduce un nuevo elemento llamado `_table_suffix` muy específico de Google BigQuery. Cuando se realizan consultas que necesitan acceder a múltiples tablas partidas por fecha o por algún otro criterio, se puede usar la cláusula `FROM` junto con una expresión de comodín y luego filtrar específicamente qué tablas incluir en la consulta basándote en el valor de `_TABLE_SUFFIX`.

Es importante también añadir la cláusula `BETWEEN` que, como se puede deducir, consigue capturar entre dos franjas de tiempo: 1 de julio de 2021 y el día anterior. Como se puede ver, estas *queries* son un poco más complejas y requieren algo más de trabajo.

Productos comprados por clientes que han comprado un producto en concreto

```
In [8]: WITH
  Params AS (
    SELECT 'nombre del producto' AS selected_product
  ),
  PurchaseEvents AS (
```

```
    SELECT
      user_pseudo_id,
      items
    FROM
      `bigquery-public-data.ga4_obfuscated_sample_ecommerce.events_*`
    WHERE
      _TABLE_SUFFIX BETWEEN '20201101' AND '20210131'
      AND event_name = 'purchase'
  ),
  ProductABuyers AS (
    SELECT DISTINCT
      user_pseudo_id
    FROM
      Params,
      PurchaseEvents,
      UNNEST(items) AS items
    WHERE
      -- item.item_id can be used instead of items.item_name.
      items.item_name = selected_product
  )
SELECT
  items.item_name AS item_name,
  SUM(items.quantity) AS item_quantity
FROM
  Params,
  PurchaseEvents,
  UNNEST(items) AS items
WHERE
  user_pseudo_id IN (SELECT user_pseudo_id FROM ProductABuyers)
  AND items.item_name != selected_product
GROUP BY 1
ORDER BY item_quantity DESC;
```

En cuanto a este código (que ya empieza a ser más importante), hay tres grandes elementos a explicar:

- Uso de la cláusula `WITH` para definir *Common Table Expressions*, también llamadas expresiones de tabla común. Se trata de tablas temporales que existen solo durante la ejecución de la consulta. A través de `WITH`, se crean subconsultas que son reutilizables dentro de la consulta principal, lo que ayuda a organizar consultas complejas.
- La consulta selecciona los nombres de los productos y suma sus cantidades (`SUM(items.quantity)`) de todas las compras realizadas por usuarios identificados como compradores del producto seleccionado en `ProductABuyers`, excluyendo el propio producto seleccionado (`AND items.item_name != selected_product`).

- `UNNEST(items)`: La función `UNNEST` se utiliza para expandir el *array* `items` en las tablas de eventos, permitiendo procesar cada ítem de compra individualmente dentro de las consultas.
- `IN (SELECT user_pseudo_id FROM ProductABuyers)`: Esta condición filtra las compras realizadas solo por los usuarios identificados como compradores del producto seleccionado, utilizando una subconsulta para especificar el conjunto de `user_pseudo_id` relevante.

Aprender SQL es una cuestión de tiempo y, sobre todo, mucho ensayo y error y mucha búsqueda sobre los tipos de cláusulas que se pueden trabajar. Estos ejemplos muestran que se pueden llegar a hacer *queries* muy grandes con Google BigQuery, pero hay que vigilar siempre con el coste asociado a consultas.

A continuación, se muestra una tabla con 20 cláusulas y una descripción para que el lector pueda seguir profundizando y practicando. Un factor muy importante en el marco de Google BigQuery y Google Analytics 4 es que no es suficiente aprender SQL, sino que también hay que entender el modelo de eventos de GA4 y cómo funcionan los ámbitos, así como la tecnología web, un auténtico reto que ha inspirado la realización de este libro.

Tabla 4.5. Listado de funciones y cláusulas de SQL.

FUNCIÓN/CLÁUSULA	DESCRIPCIÓN
HAVING	Se utiliza para filtrar datos agrupados por la función GROUP BY que cumplan una condición específica.
COALESCE	Función que devuelve el primer valor no nulo en la lista de argumentos proporcionados.
GROUP BY	Agrupa filas que tienen los mismos valores en columnas especificadas para operaciones agregadas como COUNT, SUM, MAX, etc.
ORDER BY	Ordena los resultados de una consulta por una o más columnas, en orden ascendente (ASC) o descendente (DESC).
LIMIT	Limita el número de filas retornadas por una consulta, útil para la paginación de resultados.
OFFSET	Se salta un número específico de filas antes de comenzar a devolver las filas de la consulta.
JOIN	Combina filas de dos o más tablas, basado en una columna relacionada entre ellas.

FUNCIÓN/CLÁUSULA	DESCRIPCIÓN
INNER JOIN	Devuelve filas cuando hay al menos una coincidencia en ambas tablas.
LEFT JOIN	Devuelve todas las filas de la tabla izquierda, y las filas coincidentes de la tabla derecha.
RIGHT JOIN	Devuelve todas las filas de la tabla derecha, y las filas coincidentes de la tabla izquierda.
FULL OUTER JOIN	Combina LEFT JOIN y RIGHT JOIN, devolviendo filas cuando hay una coincidencia en una de las tablas.
UNION	Combina los resultados de dos o más consultas en un solo conjunto de resultados, excluyendo duplicados.
UNION ALL	Similar a UNION, pero incluye todos los duplicados.
INTERSECT	Devuelve filas que existen en ambas consultas.
EXCEPT	Devuelve filas de la primera consulta que no existen en la segunda consulta.
CAST	Convierte un valor de un tipo de datos a otro.
ARRAY_AGG	Agrupa valores en un arreglo dentro de una expresión SELECT.
STRUCT	Crea una estructura, o un tipo de datos compuesto que puede incluir varios valores.
WINDOW	Define una ventana de filas alrededor de la fila actual para realizar cálculos agregados o de ventana.
WITH	Permite definir una o más subconsultas temporales o CTE (*Common Table Expressions*) al inicio de una consulta.

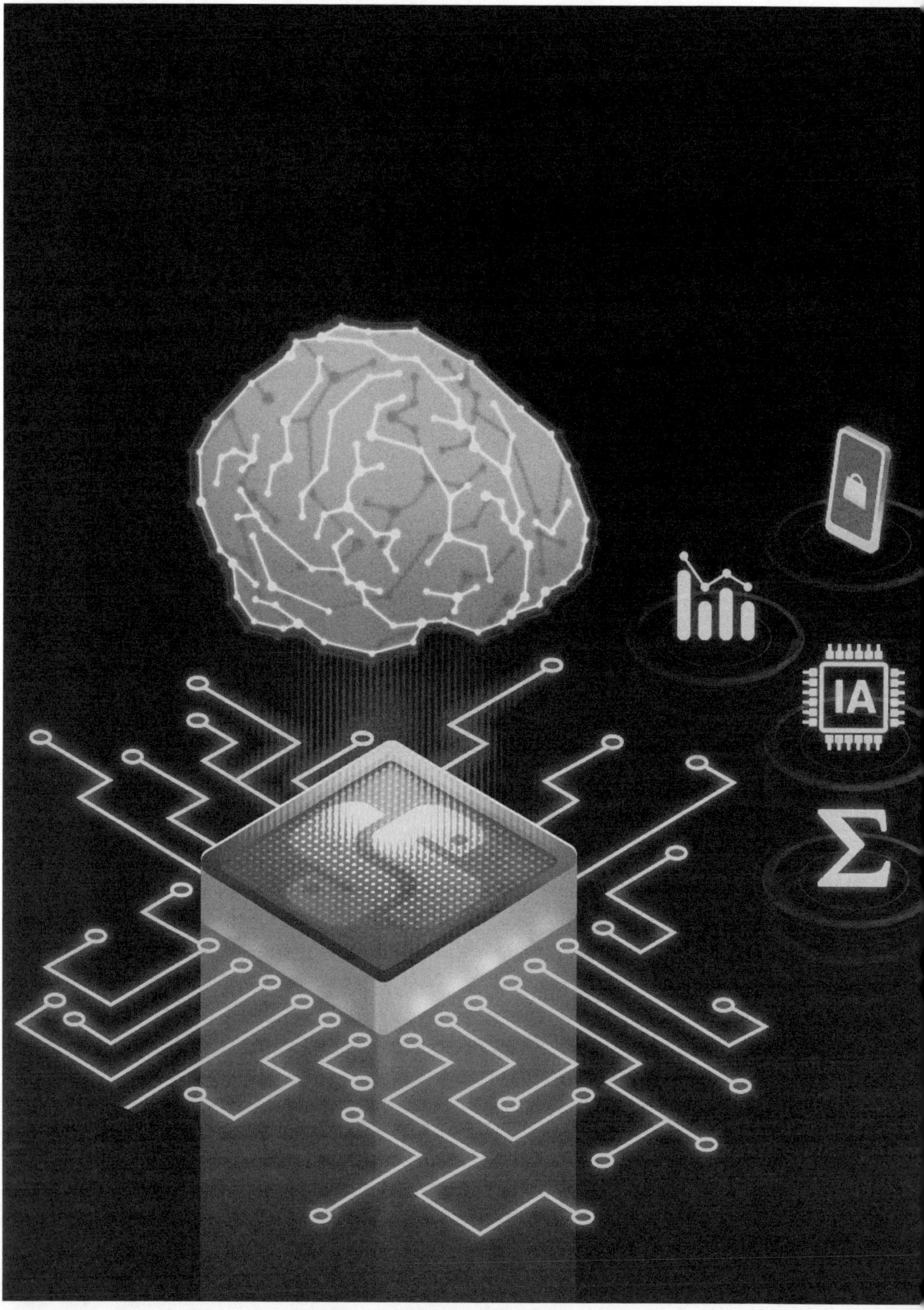
IA

5. Estadística para negocios

Un poco de historia

Aunque la utilización de los números lleva entre nosotros desde los albores de los primeros grandes núcleos urbanos, la realidad actual surge en el siglo XVII con la creación del cálculo infinitesimal por parte de Isaac Newton y Gottfried Leibniz. Este daría comienzo al periodo del análisis matemático y del cual derivaría a mediados del siglo XVIII el término *statistik*, popularizado por el economista Godofredo Achenwall a partir del año 1760 y con el que pretendía analizar los datos de los estados europeos. De hecho, deriva inicialmente de la palabra *statisticum collegium* del latín moderno ("consejo de estado") y, por ende, más tarde de la italiana *statista* ("estadista").

Desde de ese momento, la estadística ha jugado un papel esencial en el devenir de los acontecimientos. Tanto es así que existen infinidad de sucesos que marcaron nuestra historia contemporánea. Valgan como ejemplo los siguientes hechos:

- **Sesgo de supervivencia:** Es una falacia lógica que deriva de la teoría del análisis secuencial propuesta por Abraham Wald durante la Segunda Guerra Mundial tras huir de Austria, donde impartía clases en la universidad, a EE. UU. en busca de asilo. El problema al que dio respuesta consistía en deslegitimar el análisis sesgado que había planteado el ejército estadounidense para reforzar las partes dañadas únicamente de los aviones que conseguían retornar a las bases. Este matemático húngaro demostró que en realidad debían centrarse en aquellas aeronaves que no conseguían volver. Esto se tradujo instantáneamente en la necesidad de concentrar la mayor parte de los esfuerzos en proteger los motores.

- **Estudio de Framingham:** Investigación iniciada en 1948 con el objetivo de realizar un estudio de cohortes donde se identificarían los principales factores de riesgo cardiovascular. Ha permitido llevar a cabo diversos descubrimientos a lo largo del tiempo.
- **El bosón de Higgs:** En 1964, Peter Higgs hipotetiza sobre la existencia de masa en las partículas elementales dando respuesta a infructuosas búsquedas previas dentro de la física de partículas. Casualmente en 2012, el CERN confirmaría esta hipótesis a través de la observación "real". Más bien fue a través de la significancia estadística, determinada esta por el nivel "sigma" (equivalente a la desviación estándar), la cual se establece en un mínimo de 5 para poder confirmar la validez de cualquier descubrimiento científico.
- **COVID-19:** Parece que fue ayer cuando a causa de este virus se pararon todos los países del mundo. Gracias al seguimiento estadístico de la evolución del coronavirus, se pudo entender la situación epidemiológica en cada instante. Las decenas de *apps* rastreadoras promovidas por gobiernos y por empresas tuvieron más o menos éxito. Un estudio en 2023 de la Universidad de Oxford estimó que, en el caso de la *app* NHS COVID-19 (Inglaterra y Gales), ayudó a romper la cadena de transmisión en torno a 1 millón de casos, 44.000 hospitalizaciones y 9.600 muertes solo en el primer año. Caso muy distinto fue el acontecido con la *app* Radar Covid, la cual apenas alcanzó el 1% del total de casos detectados.

En la actualidad, la estadística ocupa un lugar preferente en muchos ámbitos de nuestra cotidianidad tales como en estudios de consumidores, elecciones presidenciales, controles de calidad o análisis de medicamentos, entre otros muchos. Es por todo esto que no pocos personajes a lo largo de los últimos tiempos la han definido como una ciencia esencial para comprender el mundo del que nos rodeamos. Sin embargo, no es menos cierto que también es representativa de la realidad convulsa de las personas. Efectivamente, algunas de las frases más célebres atribuidas a figuras ilustres corroboran ambas disyuntivas, tanto la perspectiva matemática como la más absurda o imprecisa:

- "El político piensa en las próximas elecciones, el estadista en la próxima generación" (Otto von Bismarck, político alemán, 1815-1898).
- "Hay tres clases de mentiras: las mentiras, las malditas mentiras y las estadísticas" (Mark Twain, escritor estadounidense, 1835-1910).
- "La estadística ha demostrado que la mortalidad de los militares aumenta perceptiblemente durante tiempos de guerra" (Alphonse Allais, escritor francés, 1854-1905).

- "La estadística es la gramática de la ciencia" (Karl Pearson, matemático británico, 1857-1936).
- "La estadística es una ciencia que demuestra que, si mi vecino tiene dos coches y yo ninguno, los dos tenemos uno" (George Bernard Shaw, dramaturgo irlandés, 1856-1950).
- "Si torturas los datos por suficiente tiempo, confesarán lo que sea" (Ronald Coase, economista británico, 1910-2013).

No obstante, más allá de algunas percepciones negativas, es más que evidente su importancia en nuestro día a día. ¿Quién no ha utilizado una hoja de cálculo para realizar algún tipo de operación que involucrase a un conjunto más o menos amplio de datos? Entre otras muchas razones, la respuesta a esta pregunta es determinante para entender por qué la estadística aplicada a empresas ha evolucionado exponencialmente en los últimos años. Aquí es donde surge nuestra fantástica aventura y sobre la que se sustenta la lógica de este libro. Comencemos.

Introducción a la estadística

Actualmente en estadística se pueden diferenciar dos tipologías primigenias básicas: descriptiva e inferencial.

- **Descriptiva:** Como su propio nombre indica, se refiere al campo encargado de resumir y detallar los datos de manera pormenorizada. Es decir, a través de medidas conocidas por todos, como la media o la mediana, poder explicar el conjunto de los datos en su totalidad. Es, al fin y al cabo, un proceso que intenta estructurar los datos con la intención de convertirlos en información. Por ejemplo, el ingreso medio de los clientes de un *e-commerce*.
- **Inferencial:** A distinción de la anterior, abarca a todos aquellos métodos que permiten extraer conclusiones acerca de una población basándose en parte de esta. Es decir, a partir de un conjunto de datos más pequeño y por lo tanto limitado, permite generalizar los resultados más allá. Sin ir más lejos, un caso habitual es el desarrollo de contrastes de hipótesis. Esenciales, por ejemplo, para predecir el voto en unas elecciones a partir de una muestra representativa.

Dicho de otra forma, la estadística inferencial intenta comprender lo que por alguna razón la descriptiva es incapaz. Mayormente, esta imposibilidad se asocia a la falta de información o al acceso limitado a parte de los datos existentes. En esencia, ambas ramas tratan de dar respuestas a planteamientos basados en datos, diferenciándose mayormente en la disponibilidad de la información. En este sentido, antes de cualquier elección o proceso, se deben conocer tanto las características o los atributos que componen el conjunto de datos como su distribución. Para ello, lo primero que deberemos interiorizar es el tipo de variables existentes. Cuando representan valores numéricos como la edad, estas se denominan cuantitativas y pueden dividirse a su vez en:

- **Discreta:** Números enteros. Es decir, aquellos que solo pueden admitir ciertos valores (número de clientes).
- **Continua:** Números que pueden abarcar cualquier valor dentro de un rango (ticket medio de compra).

Además, cuando definen características no numéricas como el género de una persona, se refieren a ellas como cualitativas o categóricas y, al igual que las anteriores, se pueden clasificar como:

- **Nominal:** Representa categorías sin un orden aparente (estado civil).
- **Ordinal:** Parece apreciarse una jerarquía u orden específico (nivel educativo).

Además de todo esto, es importante reconocer el contexto de los datos sobre el que se realizará el análisis. En otras palabras, amoldarse al entorno o conjunto específico del estudio, para lo cual se hace referencia habitualmente a varios términos:

- **Individuo:** Cada uno de los elementos del conjunto de datos. Está vinculado a una o varias características que lo definen. Por ejemplo, un cliente específico de un *e-commerce*.
- **Población:** Denominada a veces como "universo", se refiere al conjunto que alberga la totalidad de los individuos pertenecientes al estudio. Como curiosidad, a las características de una población se las conoce como parámetros. Siguiendo el ejemplo previo, podría detallarse como todos los clientes del *e-commerce*.
- **Muestra:** Grupo acotado de individuos con características similares al resto del estudio. Es decir, un subconjunto representativo de la población. Y, al contrario que con la población, las características de una muestra suelen designarse como estadísticos. Continuando sobre el caso anterior, podría tratarse de una selección aleatoria de los clientes del último trimestre.

Tras entender qué valores puede albergar cada dato y cuál es su ámbito de actuación, lo siguiente que necesitamos asimilar es el uso de métricas que expliquen de manera más o menos global el comportamiento de un conjunto de datos. A este respecto se suele hablar de medidas de posición y de dispersión.

Las medidas de posición, también conocidas como de tendencia central, tratan de identificar y obtener aquellos valores que representen a un conjunto de datos de manera simplificada y representativa:

- **Mediana (Me):** Es el valor central exacto de un conjunto de datos ordenado de manera ascendente. En el caso de que no exista un único valor, se sumarán los dos valores centrales y se dividirán entre dos. Es decir, cuando la totalidad de elementos a analizar sea un número impar, el cálculo se realizará como:

  $$x\left(n+\frac{1}{2}\right)$$

  y en caso contrario (par) tal que: $\frac{1}{2}\left(x\frac{n}{2}+\left[x\frac{n}{2}+1\right]\right)$

  Por ejemplo, si tenemos la siguiente serie par ordenada de valores $\{3,4,6,9\}$, la mediana sería 5 puesto que $1/2(x_2+x_3)=(4+6)/2$, siendo x_i la posición que ocupa el elemento dentro del conjunto de datos. En cambio, con una serie impar como esta $\{3,6,9\}$ sería 6.
- **Moda (Mo):** Representa el valor que más veces se repite. Es decir, el que tiene una mayor frecuencia (unimodal). En el caso de que todos tengan la misma frecuencia, no podrá aplicarse esta medida. Por el contrario, pudiera darse el caso de que varios valores se repitieran el mismo número de veces. Esto se denomina bimodal, en el caso de que dos valores coincidan, o multimodal si son más. Por ejemplo, si tenemos la siguiente serie de valores $\{2,2,2,3,4,5,5,5,6\}$ se consideraría bimodal con modas: 2 y 5.
- **Media ($\bar{x},\mu$):** Muestra el promedio de los valores estudiados. A distinción de lo que la mayoría suele pensar, existen diferentes cálculos y terminología asociada a esta medida dependiendo de lo que se pretenda obtener. Valga como ejemplo la distinción entre media aritmética y media ponderada.

Detengámonos un momento para entender todas las acepciones utilizadas habitualmente en torno al concepto de media, centrándonos en la parte puramente matemática. Esta distinción entre una implementación y otra es esencial para llegar correctamente a los resultados esperados:

- **Aritmética:** Es la media más utilizada. Responde a la fórmula: $\sum\frac{x}{n}$

  siendo: $\sum x$

  la suma de todos los valores y n el total de elementos.
- **Ponderada:** Similar a la anterior, pero teniendo en cuenta el "peso" relativo que pueda tener cada valor. Es decir, puede haber elementos más relevantes que otros y que por lo tanto tengan una mayor afección en el resultado final. Imaginemos que tenemos dos edificios. En el primero se sabe que viven 120 personas y que cada una de ellas consume 2MWh/año de media; mientras que en el segundo tan solo viven 10 y consumen 3MWh/año. Si no aplicáramos el sentido común, podríamos caer en la tentación de realizar el siguiente cálculo $2/(3 = 2{,}5\text{MWh/año})$. ¡Error! La realidad es

$$\frac{\sum(wx)}{w} = \frac{(120 * 2) + (10 * 3)}{120 + 10} = 2,077MVh/año$$

Casi medio punto de diferencia entre uno y otro cálculo.

- **Geométrica:** Se utiliza primordialmente en tasas de crecimiento y en cambios promedio de porcentajes. La falta de desconocimiento, así como una base matemática inestable, puede obviar su correcto desarrollo. Pongamos como ejemplo el siguiente caso tipo: "¿Cuál será la mejora porcentual de la métrica CVR (*Conversion Rate*) si este año hemos mejorado un 3 % y el año que viene esperamos mejorar un 11 %?". La respuesta es 6,93 % exactamente y no 7 % como alguno esperaría obtener. El cálculo es $\sqrt[n]{(x_1 * \ldots * x_n)} = \sqrt{(1 + 0,03) * (1 + 0,11)}$, siendo 1 el valor referido al 100 % sobre el que se genera el incremento del 3 % (0,03) y del 11 % (0,11) respectivamente.

Sin embargo, en el caso concreto de la media geométrica se puede dar otra circunstancia que altera levemente su formulación y que está directamente vinculada a la tasa de crecimiento previamente mencionada. Para entenderlo, al igual que antes, la mejor forma es mostrar un caso habitual: "Si en enero vendimos 100 libros y en junio 250, ¿cuál sería la tasa mensual de crecimiento?". La respuesta es en torno a un 20 % y viene determinada por la fórmula $\sqrt[n]{\text{Valor final / Valor inicial}} - 1$, siendo n el número de periodos (número de meses) entre una fecha y otra del periodo analizado.

Además de estas medidas, se usan de manera recurrente valores para representar posiciones concretas dentro de un conjunto de datos ordenado. Aunque se pueden definir varios más, los más conocidos y utilizados son:

- **Percentil (P):** Indica porcentualmente el número de valores seleccionados. Por ejemplo, el P_{33} equivale a la frontera por debajo de la cual se sitúa el 33 % de los valores más bajos y el 66 % de los más altos.
- **Cuartil (Q):** Distribuye los datos en cinco partes iguales: Q_1 (25 %), Q_2 (50 %), Q_3 (75 %) y Q_4 (100 %). Como es lógico intuir, la mediana coincide con el P_{50} y el Q_2.

Una vez asimilados los conceptos en relación a la centralidad, es el turno para profundizar en las medidas de dispersión, las cuales nos ayudan a entender el esparcimiento de los datos. O, dicho de otra manera, observar la variabilidad existente. A estos efectos, se debe tener en cuenta lo siguiente:

- **Rango:** Diferencia entre el valor máximo y mínimo del conjunto de datos. Si se tiene un conjunto tal que $\{9,1,4\}$, el rango será $9 - 1 = 8$. Relacionado de alguna manera, existe el término "rango intercuartílico", el cual hace referencia a los datos situados entre el primer cuartil (Q1) y el tercero (Q3).

- **Varianza (s^2,σ^2):** Valor que determina la dispersión de los datos.
- **Desviación estándar (s,σ):** Busca el mismo objetivo que la varianza, pero traduciendo los resultados a la misma escala de medición de los datos recogidos inicialmente. Es precisamente esto lo que la convierte en la métrica habitual para explicar la variabilidad de los datos. Es tan sencillo como aplicar la raíz cuadrada a la varianza. Por ejemplo, teniendo en cuenta el caso anterior, la varianza sería 16,33 y la desviación estándar su raíz cuadrada (4,04). Esta varianza muestral (s^2) se obtendría tal que

  $$\frac{\sum(x-\bar{x})^2}{n-1} = \frac{(9-4,67)^2+(1-4,67)^2+(4-4,67)^2}{3-1}$$

  En el caso de la varianza y de la desviación estándar poblacional únicamente se deberá cambiar (n - 1) por N.
- **Coeficiente de variación (CV):** Es la ratio utilizada para comparar la dispersión entre varios conjuntos de datos con escalas y medidas de centralidad diferentes. En este caso, tan fácil como dividir la desviación estándar entre la media, obteniéndose un coeficiente de $4{,}04/(16{,}33 = 0{,}8660)$. Es un valor fundamental para entender los riesgos cuando la variabilidad puede llegar a ser un problema. Pongamos un ejemplo práctico para entenderlo: dos trabajadores A y B han vendido este mes 60 y 80 productos de media respectivamente. El día que menos vendió el trabajador A fueron 55 productos. Mientras que el día que más vendió alcanzó la cifra de 65 productos. De igual manera, el trabajador B vendió 50 el día que menos y 110 el día que más. ¿Qué trabajador conlleva un mayor riesgo para la empresa? $CV_A = 5/60 = 0{,}083$ y $CV_B = 30/80 = 0{,}375$. Lo que se traduce como una variabilidad (riesgo) del 33 % para el trabajador B y tan solo casi 1 % para el A.

Por otro lado y con la intención de que se pueda vincular a lo ya explicado, es pertinente en este momento aludir a la nomenclatura que se suele utilizar para distinguir cada una de estas medidas según el ámbito del estudio (población o muestra). Como se ha podido observar en las imágenes previas, cuando se trata de fórmulas y cálculos asociados a una población, las variables se describen con el alfabeto griego y en mayúsculas siempre que requieran diferenciarse. Por ejemplo y enfatizando lo ya visto, la media poblacional es μ y la media muestral es $\bar{x}$ concretamente.

Distribución de los datos y probabilidad

Se refiere a la forma, la dispersión y la frecuencia con que se presentan los valores de un conjunto de datos. Esencialmente describe la densidad de estos con el objetivo de ayudarnos a entender el comportamiento de su naturaleza. De hecho, aunque también es parte activa de la estadística descriptiva (distribución de los datos), es en la estadística inferencial donde juega un papel esencial e ineludible, ya que nos permite extrapolar las características y el comportamiento de una población. Esto se denomina concretamente como "distribución de la muestra". Sin embargo, en ambos casos podríamos hablar de un mismo concepto. La única diferenciación, como se ha explicado ya previamente, residiría en el acceso o no a la totalidad del conjunto de datos del estudio.

Aunque por sí solo este término ya requeriría de cientos de páginas para poder profundizar en él, no es nuestro propósito desgranar todos los renglones y los cálculos existentes. Nos centraremos, no por ello de manera menos detallada, en la parte correspondiente y necesaria para el desarrollo de los análisis de negocio propuestos más adelante en este libro (*machine learning*, *deep learning* o Gen IA). Empecemos pues con la base sobre la que se sustenta: la variable aleatoria.

Una variable aleatoria representa la probabilidad de que un valor numérico se pueda vincular a un resultado no determinista (aleatorio), es decir, asociarlo a un fenómeno que no puede reproducirse siempre de la misma manera. Dicho de forma similar, asigna un valor numérico a cada resultado de un experimento asumiendo diferentes valores con distinta probabilidad. Por ejemplo, el lanzamiento de un dado. Este tipo de variables, como cualquier otra variable numérica, pueden ser discretas (valores concretos) y continuas (cualquier valor dentro de un rango). De esta particularidad, se extraen las siguientes consideraciones:

- **Distribución discreta:** Está vinculada a la función de masa de probabilidad (FMP), la cual determina la probabilidad de que una variable aleatoria discreta recoja un valor concreto.
- **Distribución continua:** Está vinculada a la función de densidad de probabilidad (FDP), que establece la probabilidad de que una variable aleatoria continua acoja un valor concreto dentro de un rango.

Siempre que hablamos de probabilidad en estadística nos referimos a un valor numérico entre 0 y 1, siendo por ejemplo 0,3, el equivalente a indicar que hay un 33 % de probabilidades de que un evento ocurra. Para poder entender esto último y como base para entender cómo se puede llegar a estudiar la distribución de los datos, es necesario hacer una pequeña "pausa" que nos permita profundizar en el término probabilidad y en algunos otros conceptos en torno a él:

- **Experimento (ε):** Proceso de observación sujeto a ciertas condiciones que genera un resultado desconocido previamente. Se dividen en deterministas, cuando se conocen los valores y el resultado; o aleatorios, cuando se obtienen resultados diferentes a pesar de que el proceso se genera de la misma forma. Por ejemplo, lanzar un dado y observar los números que aparecen.

- **Espacio muestral (Ω):** Conjunto de todos y cada uno de los resultados posibles del experimento. Siguiendo el caso anterior, sería $\Omega_1 = \{1,2,3,4,5,6\}$.
- **Evento:** Cualquiera de los sucesos aleatorios obtenidos en un experimento. O, lo que es lo mismo, es un subconjunto del espacio muestral. Eventos asociados al dado podrían ser tanto la obtención de un número par $A = \{2,4,6\}$, como de un número impar $B = \{1,3,5\}$. Pueden ser de varios tipos:
  - **Mutuamente excluyentes:** Eventos que no pueden suceder al mismo tiempo. Si un evento se produce, no se podrá obtener otro diferente de manera simultánea (par o impar, pero no ambos a la vez).
  - **Complementarios:** Si no se observa un evento, se tiene que obtener forzosamente el otro. Por ejemplo, el complementario de A en un espacio muestral simple se denota como $\bar{A}$ (ver E4 en la figura 5.1).
  - **Independientes:** Cuando un evento no influye en otro evento.
  - **Dependientes:** Cuando un evento sí influye en el otro.

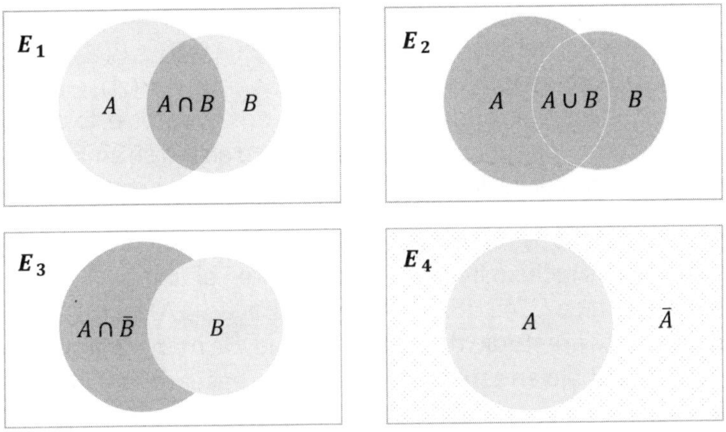

Figura 5.1. Operaciones con eventos dentro de un espacio muestral.

Como parte adicional a lo anterior, en la imagen podemos observar algunas de las operaciones más habituales entre conjuntos:

- **Intersección ($A \cap B$):** Elementos comunes entre los eventos (E1).
- **Unión ($A \cup B$):** Todos los sucesos, sean comunes o no (E2).
- **Diferencia ($A - B$):** Solo aquellos elementos de A que no están en B (E3).

Estas definiciones son esenciales para entender qué es exactamente la probabilidad. Como ya se ha comentado previamente, la probabilidad no es más que la representación numérica de la incertidumbre vinculada a un evento. Es decir, se intenta estimar la posibilidad de que una circunstancia o suceso llegue a ocurrir. La probabilidad es parte esencial de la estadística inferencial y, como tal, fundamental en numerosas áreas de trabajo, desde la salud hasta la ingeniería, pasando por la economía, las ciencias sociales o la física, entre otras muchas. Es aplicable a cualquier campo donde la investigación "científica" sea un requerimiento.

Como parte primordial para poder calcular la probabilidad de un evento, existen al menos dos reglas a tener en cuenta y que de alguna forma tienen que ver con lo visto antes (intersección y unión):

- **Multiplicación:** La probabilidad de que dos o más eventos tengan lugar se atiene al producto de sus probabilidades individuales. Si son eventos independientes es $P(A \cap B) = P(A) * P(B)$; si son dependientes es $(A \cap B) = P(A) * P(B/A)$, indicando $(B|A)$ que A ha ocurrido antes que B o $(A|B)$ si previamente ha sucedido B. También se denota a veces como "/", en lugar de "|".
- **Adición:** La probabilidad de que suceda un evento concreto obedece a la suma de sus probabilidades individuales. En el caso de que los eventos sean mutuamente excluyentes, se formula como $P(A \cup B) = P(A) + P(B)$, mientras que si no son excluyentes el cálculo es $P(A \cup B) = P(A) + P(B) - P(A \cap B)$. El símbolo ∪ hace referencia a la unión de dos eventos o, lo que es lo mismo, representa todos los sucesos que están en A o en B o en ambos. Usando como ejemplo de nuevo el dado, si A_{par} y B_{impar}, entonces $A \cup B = \{1,2,3,4,5,6\}$.

Ambas reglas se basan en gran parte en los postulados de dos grandes genios de las ciencias, los cuales incluso llegaron a coincidir en el tiempo. Estamos hablando de Pierre-Simon Laplace (1749-1827) y Thomas Bayes (1702-1761), quienes contribuyeron ampliamente al estudio de la probabilidad. De manera simplificada y como síntesis de todo su trabajo en este campo, se puede hacer referencia a los siguientes dos axiomas:

- **Regla de Laplace:** A grandes rasgos establece que, cuando todos los posibles resultados de un experimento sean equiprobables, la probabilidad del evento es $P(A) = (resultados\ favorables)/(resultados\ posibles)$. Si volvemos sobre el ejemplo anterior del dado, cuyo espacio muestral (casos posibles) es $\Omega = \{1,2,3,4,5,6\}$, y generamos un evento $A = \{5\}$; obtendremos una probabilidad $P(A) = 1/6$. Además, para sucesos imposibles se decreta que $P(A) = 0$ y, al contrario, cuando la certeza de que suceda el evento es completa como $P(A) = 1$.
- **Teorema de Bayes:** Permite estimar la probabilidad de que algo suceda teniendo en cuenta que previamente haya ocurrido otro suceso y, siempre y cuando, ambos estén relacionados (condicionados).

Es decir, determina la probabilidad de que suceda un evento, el cual está influenciado por un evento previamente acaecido. Se calcula tal que:

$$P(A \mid B) = \frac{P(A) * P(B \mid A)}{P(B)}$$

Un caso tipo puede ser por ejemplo un *funnel* (embudo) de *checkout* de un *e-commerce*. Imaginemos que queremos saber qué probabilidad hay de que en la compra realizada se haya utilizado un descuento teniendo en cuenta que en el 10 % de las sesiones se realiza una compra, que en el 2 % de ellas se añade un cupón y que en el 80 % de las veces que se usa un cupón se termina comprando. El cálculo de la probabilidad condicional sería:

$$P(D \mid C) = \frac{P(D) * P(C \mid D)}{P(C)} = \frac{0,02 * 0,8}{0,1} = 0,16$$

Tan influyentes han sido ambos matemáticos en el ámbito de la estadística que muchos años más tarde, concretamente en 1973, Sir Harold Jeffreys escribía en su libro *Inferencia científica* lo siguiente: "El teorema de Bayes es a la teoría de la probabilidad lo que el teorema de Pitágoras es a la geometría".

Igualmente importante es cuando se quiere conocer la probabilidad de un evento sin tener en cuenta otros casos que le puedan influir. Es decir, conocer la probabilidad de un subconjunto específico obviando al resto de variables. Para ello, solo se debe tener en cuenta la frecuencia de las variables categóricas a analizar. Para obtener dicha probabilidad, suele ser habitual utilizar la tabla de contingencia. Esta no es más que un conjunto de filas y columnas en cuyas celdas se contabiliza la frecuencia de las dos variables referidas. Véase a continuación la figura 5.2 para entenderlo.

Probabilidad condicionada

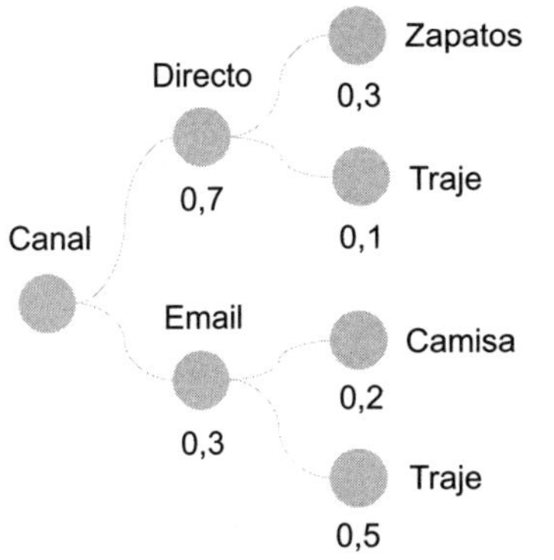

Probabilidad marginal

- Tabla de contingencia -

Ropa \ Canal	Directo	Email	
Traje	25	30	55
Camisa	60	15	75
Zapatos	40	10	50
	125	55	180

Figura 5.2. Probabilidad condicionada y marginal.

- ¿Cuál será la probabilidad de que una persona compre un traje siendo impactado previamente con un correo electrónico? $P(Traje | Email) = (0{,}5 * 0{,}3)/[(0{,}5 * 0{,}3) + (0{,}1 * 0{,}7)] = 0{,}68$. Denótese que en el denominador se calcula la suma de todas las probabilidades donde aparece la probabilidad de compra de un traje sin importar el canal del que se ha hecho, a distinción del numerador donde solo se tiene en cuenta la condición al completo.
- ¿Cuál será la probabilidad de que una prenda seleccionada al azar sea un traje y de que el comprador haya recibido un correo? $P(traje\ y\ correo) = 30/180 = 0{,}17$. ¿Y de que la prenda sea una camisa sin importar el canal de tráfico? $P(camisa) = 75/180 = 0{,}42$.

Volviendo sobre nuestros pasos y tal como adelantábamos anteriormente, los valores de un conjunto de datos pueden describirse a través de distintos comportamientos y fenómenos que responden a patrones existentes en la realidad. Justamente por esto, dependiendo de su naturaleza, se pueden detallar diferentes tipos de distribuciones. Algunas de las más utilizadas son:

- **Binomial:** Cuando en un experimento solo se pueden dar dos resultados posibles y que son excluyentes entre sí (éxito o fracaso, verdadero o falso, etc.). Además, debe cumplir varios requisitos: repetirse un número fijo de veces de manera independiente y tener la misma probabilidad de éxito en cada ensayo. Existe una variante, la denominada como distribución de Bernoulli, que se basa en un único ensayo. En ambos casos, se tratan de distribuciones discretas debido al tipo de resultados usados.
- **Hipergeométrica:** Se diferencia de la binomial únicamente en que la probabilidad de éxito no es la misma en cada ensayo. Por eso es habitual su aplicación cuando se recogen muestras sin reemplazo de una población más o menos pequeña.
- **Uniforme:** Todos los resultados son igualmente probables. En este caso, dependiendo el tipo de valores esperados puede ser una distribución discreta o continua.
- **Exponencial:** Directamente vinculada con el factor tiempo, por lo que los eventos se generan de manera independiente y según una tasa constante que describe la duración entre estos. Lógicamente se trata de una distribución continua.
- **Poisson:** Detalla el número de eventos durante un intervalo de tiempo o espacio concreto. Al igual que la exponencial, es continua, como cabría esperar.
- **Normal:** Sin lugar a dudas, la distribución más común y por ello seguramente la más importante. Es la "piedra filosofal" entre las distribuciones por muchos motivos. Entre ellos destaca un argumento, aquel que demuestra que gran

parte de los fenómenos naturales o comportamientos sociales se pueden asociar a esta distribución. Se define esencialmente por su media y su desviación estándar. De hecho, la moda y la mediana coinciden con la media. Su origen reside en la función gaussiana, también conocida como campana de Gauss en honor a su creador, el alemán Carl Friederich Gauss (1777-1855). Contiene cuatro características básicas: una forma de campana, es simétrica respecto a la media, una dispersión relacionada con la desviación estándar y una expansión asintótica por ambos lados de la curva. Como sucede con cualquier distribución de probabilidad continua, el área bajo la curva de densidad entre dos puntos concretos indica la probabilidad de que un valor pueda encontrarse dentro de ese intervalo, lo cual será esencial para predecir cualquier valor.

Unido de alguna forma a todo esto y más allá de su tipología, las distribuciones suelen amoldarse a un comportamiento simétrico o asimétrico. Dicho de otra manera, la mayoría de los datos que componen un conjunto de datos pueden tener o no una inercia en un sentido u otro. Es decir, se establecen mayoritariamente en torno a unos valores concretos. Esto, además de ser de gran utilidad para entender los datos, es esencial para poder corregir o completar cualquier conjunto de datos. Imaginemos por un momento que hemos detectado una ausencia de valores en una columna concreta de nuestra tabla de datos.

Para "solucionarlo" y poder realizar correctamente el análisis, tendremos que optar por dos posibles vías: eliminar aquellas líneas y todas sus columnas asociadas allí donde se detecte esta falta de valores o cumplimentar estas celdas vacías con valores que expliquen dicha columna en su totalidad. Es a través de esta última opción donde surge la conveniencia de entender la forma de la distribución. Por esta razón, cuando hablamos de simetría, debemos tener en cuenta que la distribución puede ser de tres tipos: asimetría positiva (asimétrica hacia la derecha), asimetría negativa (asimétrica hacia la izquierda) o simétrica. En este último caso, la media, la mediana y la moda coinciden. Lo que denota que tanto a la izquierda como la derecha de estas medidas se contabilizan el mismo número de valores. Por el contrario, cuando es asimétrica, la moda siempre contendrá mayor número de valores que la mediana y esta a su vez más que la media.

Adicionalmente, tenemos a nuestra disposición dos reglas sumamente importantes que nos pueden ayudar a cuantificar la dispersión de los datos:

- **Desigualdad de Chebyshev:** Esta regla es aplicable a cualquier tipo de distribución. Establece que, para cualquier conjunto de datos, al menos el $1 - \frac{1}{k^2}$ del total estará dentro de k desviaciones estándar.

- **Empírica:** A distinción de la anterior, esta regla "solo" puede ser usada bajo una distribución normal. Determina básicamente que: el 68 % de los datos se encuentran a una desviación estándar de la media ($\mu \pm \sigma$), el 95 % a dos ($\mu \pm 2\sigma$) y el 99,7 % a tres ($\mu \pm 3\sigma$).

Como se puede observar, no ha sido necesario indicar las fórmulas de cada distribución. Lo que nos interesa mayormente es conocer qué deberemos aplicar en cada caso y aprender a detectar rápidamente cada una de ellas cuando analicemos las variables o las características que estudiaremos en nuestros análisis en posteriores capítulos.

Antes de finalizar este punto, es necesario detallar qué es la estandarización de una distribución. Este término hace referencia a la posibilidad de convertir diferentes distribuciones a una misma escala, de tal forma que se puedan incluso comparar entre ellas. A grandes rasgos, es aplicable únicamente a distribuciones que se aproximan a una distribución normal. No todas pueden transformarse y mantener las mismas propiedades intactas.

En el caso de la distribución normal, cuando se realiza su estandarización pasa a denominarse como distribución normal estándar ($\mu = 0, \sigma = 1$). Esto sucede cuando se aplica la siguiente fórmula: $z = \frac{x - \mu}{\sigma}$

A este resultado se le conoce como "valor z" (*z-score*) o "valor tipificado". Para interpretar este valor desde un punto de vista probabilístico, tenemos a nuestra disposición una tabla tipo que muestra todos los resultados posibles, en la figura 5.3.

z	+0,00	+0,01	+0,02	+0,03	+0,04	+0,05	+0,06	+0,07	+0,08	+0,09
0,0	0,00000	0,00399	0,00798	0,01197	0,01595	0,01994	0,02392	0,02790	0,03188	0,03586
0,1	0,03983	0,04380	0,04776	0,05172	0,05567	0,05962	0,06356	0,06749	0,07142	0,07535
0,2	0,07926	0,08317	0,08706	0,09095	0,09483	0,09871	0,10257	0,10642	0,11026	0,11409
0,3	0,11791	0,12172	0,12552	0,12930	0,13307	0,13683	0,14058	0,14431	0,14803	0,15173
0,4	0,15542	0,15910	0,16276	0,16640	0,17003	0,17364	0,17724	0,18082	0,18439	0,18793
0,5	0,19146	0,19497	0,19847	0,20194	0,20540	0,20884	0,21226	0,21566	0,21904	0,22240
0,6	0,22575	0,22907	0,23237	0,23565	0,23891	0,24215	0,24537	0,24857	0,25175	0,25490
0,7	0,25804	0,26115	0,26424	0,26730	0,27035	0,27337	0,27637	0,27935	0,28230	0,28524
0,8	0,28814	0,29103	0,29389	0,29673	0,29955	0,30234	0,30511	0,30785	0,31057	0,31327
0,9	0,31594	0,31859	0,32121	0,32381	0,32639	0,32894	0,33147	0,33398	0,33646	0,33891
1,0	0,34134	0,34375	0,34614	0,34849	0,35083	0,35314	0,35543	0,35769	0,35993	0,36214
1,1	0,36433	0,36650	0,36864	0,37076	0,37286	0,37493	0,37698	0,37900	0,38100	0,38298
1,2	0,38493	0,38686	0,38877	0,39065	0,39251	0,39435	0,39617	0,39796	0,39973	0,40147
1,3	0,40320	0,40490	0,40658	0,40824	0,40988	0,41149	0,41308	0,41466	0,41621	0,41774
1,4	0,41924	0,42073	0,42220	0,42364	0,42507	0,42647	0,42785	0,42922	0,43056	0,43189
1,5	0,43319	0,43448	0,43574	0,43699	0,43822	0,43943	0,44062	0,44179	0,44295	0,44408
1,6	0,44520	0,44630	0,44738	0,44845	0,44950	0,45053	0,45154	0,45254	0,45352	0,45449
1,7	0,45543	0,45637	0,45728	0,45818	0,45907	0,45994	0,46080	0,46164	0,46246	0,46327
1,8	0,46407	0,46485	0,46562	0,46638	0,46712	0,46784	0,46856	0,46926	0,46995	0,47062
1,9	0,47128	0,47193	0,47257	0,47320	0,47381	0,47441	0,47500	0,47558	0,47615	0,47670
2,0	0,47725	0,47778	0,47831	0,47882	0,47932	0,47982	0,48030	0,48077	0,48124	0,48169
2,1	0,48214	0,48257	0,48300	0,48341	0,48382	0,48422	0,48461	0,48500	0,48537	0,48574
2,2	0,48610	0,48645	0,48679	0,48713	0,48745	0,48778	0,48809	0,48840	0,48870	0,48899
2,3	0,48928	0,48956	0,48983	0,49010	0,49036	0,49061	0,49086	0,49111	0,49134	0,49158
2,4	0,49180	0,49202	0,49224	0,49245	0,49266	0,49286	0,49305	0,49324	0,49343	0,49361
2,5	0,49379	0,49396	0,49413	0,49430	0,49446	0,49461	0,49477	0,49492	0,49506	0,49520
2,6	0,49534	0,49547	0,49560	0,49573	0,49585	0,49598	0,49609	0,49621	0,49632	0,49643
2,7	0,49653	0,49664	0,49674	0,49683	0,49693	0,49702	0,49711	0,49720	0,49728	0,49736
2,8	0,49744	0,49752	0,49760	0,49767	0,49774	0,49781	0,49788	0,49795	0,49801	0,49807
2,9	0,49813	0,49819	0,49825	0,49831	0,49836	0,49841	0,49846	0,49851	0,49856	0,49861
3,0	0,49865	0,49869	0,49874	0,49878	0,49882	0,49886	0,49889	0,49893	0,49896	0,49900
3,1	0,49903	0,49906	0,49910	0,49913	0,49916	0,49918	0,49921	0,49924	0,49926	0,49929
3,2	0,49931	0,49934	0,49936	0,49938	0,49940	0,49942	0,49944	0,49946	0,49948	0,49950
3,3	0,49952	0,49953	0,49955	0,49957	0,49958	0,49960	0,49961	0,49962	0,49964	0,49965
3,4	0,49966	0,49968	0,49969	0,49970	0,49971	0,49972	0,49973	0,49974	0,49975	0,49976
3,5	0,49977	0,49978	0,49978	0,49979	0,49980	0,49981	0,49981	0,49982	0,49983	0,49983
3,6	0,49984	0,49985	0,49985	0,49986	0,49986	0,49987	0,49987	0,49988	0,49988	0,49989
3,7	0,49989	0,49990	0,49990	0,49990	0,49991	0,49991	0,49992	0,49992	0,49992	0,49992
3,8	0,49993	0,49993	0,49993	0,49994	0,49994	0,49994	0,49994	0,49995	0,49995	0,49995
3,9	0,49995	0,49995	0,49996	0,49996	0,49996	0,49996	0,49996	0,49996	0,49997	0,49997
4,0	0,49997	0,49997	0,49997	0,49997	0,49997	0,49997	0,49998	0,49998	0,49998	0,49998

Figura 5.3. Tabla normal estándar.

Intervalos de confianza y contrastes de hipótesis

Como ya se ha comentado previamente, la estadística inferencial se basa esencialmente en el estudio de una muestra a partir de una población. Este muestreo es muchas veces necesario, ya que de otra forma sería imposible realizar el análisis de todos y cada uno de los individuos, entre otras razones por el tiempo o el coste de llevarlo a cabo en su totalidad. Como es lógico pensar, este muestreo deberá ser representativo de dicha población. Para ello, existen diferentes métodos de muestreo:

- **Aleatorio simple:** Cada elemento de la población tiene exactamente la misma probabilidad de ser elegido. Se hace una extracción al azar.
- **Estratificado:** La población se divide en subgrupos con características similares, llamados estratos, y a continuación se recoge una muestra aleatoria simple de cada uno de ellos. Esto permite que cada estrato esté representado al final del proceso.
- **Por conglomerados:** Similar al estratificado, pero en este caso se divide la población en grupos más amplios según la clase a la que pertenezcan, por ejemplo: país, región, etc.
- **Sistemático:** Se elige un punto de inicio aleatoriamente a partir del cual se seleccionan el resto de elementos a intervalos con una distancia k predeterminada.

Aunque de manera menos ortodoxa, también juega un papel fundamental el criterio del analista, decidiendo en base a su experiencia cómo debería ser la extracción de la muestra. Esto deberá llevarse a cabo en casos muy concretos y solo cuando la experiencia del negocio adquirida lo permita, ya que de cualquier otra forma se podría generar un sesgo evidente.

Además, hay que tener en cuenta que los resultados pueden verse alterados por el tipo de método de muestreo aplicado. Es decir, siempre existirá una discrepancia mayor o menor entre la muestra y la población. Esta diferencia se conoce como error de muestreo. Como regla generalizada, cuanto mayor sea el tamaño de la muestra, menor será este error. Para poder estimarlo con cierta precisión, lo primero que debemos entender es el significado del siguiente término.

La distribución muestral de la media, como su propio nombre indica, es la distribución de todas aquellas medias obtenidas del muestreo iterativo de una población. Se caracteriza porque su media es igual a la de la población, tiene una menor dispersión que la población y se aproxima a la distribución normal.

Precisamente, es esta última propiedad la que da lugar al "teorema central del límite" (TCL), el cual dictamina que la media muestral de un número relativamente grande de variables aleatorias independientes e idénticamente distribuidas (conocidas también como variables `iid`) se aproxima a una distribución normal. Es decir que, indistintamente de la forma de la distribución original y casi siempre con muestras relativamente amplias, la distribución muestral de la media se asemejará a la distribución normal. Este teorema es fundamental para llevar a cabo numerosas implementaciones, entre las que destacan: calcular intervalos de confianza, realizar estimaciones o incluso llevar a cabo contrastes de hipótesis.

Por lo tanto, volviendo sobre el cálculo del error entre la distribución muestral de la media y la distribución de la población, se puede definir esta discrepancia como la desviación estándar de todas las posibles muestras. Lo que se denomina como error estándar de la media y se describe tal que:

$z = \frac{\sigma}{\sqrt{n}}$, siendo n el tamaño de la muestra (número de observaciones).

Dicho esto, la realidad es algo más compleja. En muchas de las situaciones reales no se conocen algunos de los valores atribuidos a los parámetros de la población como puede ser la media, la desviación estándar o el tipo de distribución de los datos. En estos casos es preciso entender los siguientes dos conceptos:

- **Estimador puntual:** Valor usado para estimar el parámetro poblacional. Por ejemplo, la media muestral ($\bar{x}$), la desviación estándar muestral (s) o la proporción muestral (ρ). Este último estimador se refiere a la proporción que abarca una característica concreta dentro de una muestra. Por ejemplo, si en una muestra de 500 personas, 75 son compradores (clientes) de un *e-commerce*, se estima que su proporción es

  $$\rho = \frac{x}{n} = \frac{75}{500} = 0,15 = 15\%$$

  Este resultado servirá como estimador puntual de la media poblacional desconocida.

- **Intervalo de confianza:** Rango de valores dentro del cual se estima encontrar con cierta fiabilidad el parámetro desconocido. Tanto el valor mínimo como el máximo del rango se calculan en base a la fórmula:

  $$\bar{x} \pm MDE = \bar{x} \pm z\frac{\sigma}{\sqrt{n}}$$

  siendo *MDE* el margen de error. Este margen hace referencia al producto de un valor *z* y del error estándar previamente explicado, y el cual variará según se conozca o no la desviación estándar de la población.

- **Desviación estándar conocida:** El margen de error en este caso se estipula como: $z\frac{\sigma}{\sqrt{n}}$

  siendo z el valor tipificado (*z-score*). Por lo que, utilizando la tabla de valores estándar normales anteriormente mostrada, el intervalo de confianza sería fácilmente calculable.

- **Desviación estándar desconocida:** En este contexto, el margen de error se definirá a partir de la distribución t, en lugar de z, declarándose tal que:

  $$t\frac{s}{\sqrt{n}}$$

La distribución t de Student es una distribución de probabilidad continua que se usa esencialmente cuando el tamaño de la muestra es pequeño. De hecho, se establece habitualmente con muestras $\mathrm{n} < 30$ y su forma suele ser más aplanada por el centro y más extendida por los lados que la distribución normal estándar. Precisamente por esta razón la dispersión será mayor que en z, y por lo tanto abarcará un rango algo más amplio. Este estadístico:

$$t = \frac{(\bar{x} - \mu)}{s/\sqrt{n}}$$

fue introducido por William Seally Gosset como parte de un test que permitiera monitorizar la calidad de la cerveza Guinness, empresa en la que trabajaba en Dublín.

Otro concepto vinculado de alguna forma a la distribución t y a otras de características similares son los grados de libertad *(df)*. Estos hacen referencia al número de valores diferentes que pueden llegar a variar dentro de una muestra y cuyos principales objetivos son estimar los valores críticos o establecer cómo se aproximan dichas distribuciones a la normal. Dicho de otro modo, muestran la variabilidad es un contexto concreto.

Desde otro punto de vista, sumado a los diferentes métodos de muestreo y a los posibles errores asociados, la correcta elección del tamaño de una muestra es una parte indispensable más a tener en cuenta. Depende básicamente de los siguientes factores:

- **Margen de error tolerable:** Cantidad de error aceptado. Un margen más pequeño conllevará una mayor muestra.
- **Dispersión de la población:** A más variabilidad en los datos, se requerirá una muestra más grande.
- **Nivel de confianza:** Baremo que cuantifica cuál será la exactitud del resultado. Se suele usar el valor 95 %, aunque también es habitual ver un 90 % o incluso un 99 % dependiendo del ámbito en el que se esté aplicando. Lo que de ninguna forma tendrá sentido será establecerlo en un 100 %, ya

que esto implicaría una referencia inequívoca a la totalidad de los datos. Al fin y al cabo, siempre debería existir cierta incertidumbre en cualquier estimación.

De hecho, por ejemplo, el tamaño de la muestra para estimar la media de la población se basa en estos tres factores formulándose tal que

$$n = \left(\frac{z * \sigma}{E}\right)^2$$

siendo E el error máximo tolerable. De igual manera, apoyándose en estos mismos factores, se determina el tamaño de la muestra de la proporción de la población como

$$n = \pi(1-\pi)\left(\frac{z}{E}\right)^2$$

Llegado a este punto, es el momento adecuado para ahondar en el desarrollo de un contraste de hipótesis, también conocido como prueba de hipótesis. Para ello, lo primero es definir qué es exactamente una hipótesis. De manera genérica se puede explicar como una suposición relativa a un parámetro de la población, lo que se puede extrapolar de alguna forma como la verificación más o menos justificada de un postulado planteado a través de un experimento, estudio o investigación. Esta confirmación vendrá dictaminada por el contraste de la hipótesis, el cual no es más que un procedimiento compuesto por varios pasos:

1. **Planteamiento de la hipótesis:** Se sugieren tanto la hipótesis nula (H_0), la cual define un estado inmutable (sin efecto); y la alternativa (H_1 o H_a), cuando se percibe una alteración sobre lo planteado. Es decir, la hipótesis nula es una afirmación opuesta a lo que cabría esperar. Lo más habitual es proponer una hipótesis nula como un planteamiento negativizado. Por esta razón, el objetivo será simplemente aceptar o rechazar la hipótesis nula. Además, hay que tener en cuenta que según el tipo de investigación se pueden dar dos situaciones:
   - **Unilateral:** También denominada como unidireccional, detecta únicamente si el parámetro es significativamente mayor (cola a la derecha) o menor (cola a la izquierda) sin importar la dirección del efecto. Por ejemplo, la duración media de una sesión no es mayor o igual a 3 minutos ($H_0{:}\mu \geq 3, H_1{:}\mu < 3$).
   - **Bilateral:** Conocida como bidireccional, al contrario de la anterior, sí tiene en cuenta el sentido del efecto buscado. Normalmente son las más utilizadas. Por ejemplo, el ticket medio de un *e-commerce* no es diferente de 5 euros ($H_0{:}\mu = 5, H_1{:}\mu \neq 5$).
2. **Elección del nivel de significancia:** Se determina la probabilidad de rechazar la hipótesis nula siendo verdadera. Se denota con la letra griega α y habitualmente suele tener el valor 0,05, lo cual se expresa como un nivel de 5 %. En

este punto o incluso en el primer paso, también es habitual definir el tamaño del efecto esperado, es decir, determinar y cuantificar el cambio previsto en el cumplimiento de la hipótesis alternativa. Un efecto pequeño, a distinción de lo que podría pensarse en un primer momento, conlleva la extracción de una muestra más grande.

3. **Selección del estadístico de prueba:** Este estadístico se calcula de diferentes formas dependiendo de varios factores como el tamaño de la muestra y el tipo de distribución que sigue, entre otros. En este sentido, cabe diferenciar también entre pruebas paramétricas y pruebas no paramétricas. Mientras que las primeras asumen la existencia de algún tipo de distribución dentro de los datos y por lo general suelen ser más precisas, por el contrario, las otras no se atienen a ninguna distribución y por ello pueden ofrecer una mayor flexibilidad. Siguiendo esto, a continuación, se muestran los estadísticos más utilizados según el tipo de pruebas paramétricas más conocidas en las que son aplicados:
   - **Estadístico *t* de Student:** En pruebas donde se comparan medias de dos muestras o la media de una muestra con respecto a la media poblacional.
   - **Estadístico Z:** Se utiliza cuando se conoce la desviación estándar de la población y, a distinción del anterior, el tamaño de muestra es grande.
   - **Estadístico F:** Debe su nombre a Ronald Fisher y determina si dos muestras pertenecen a poblaciones con idénticas varianzas. También se emplea cuando se quieren comparar dos o más medias de poblaciones independientes, normalmente distribuidas y con desviaciones estándar iguales. En este caso, debemos aplicar la técnica del análisis de la varianza (ANOVA, *ANalysis Of VAriance*).
   - **Estadístico Chi-cuadrado (x^2):** Valor que permite comparar frecuencias, estableciendo si existe una diferencia significativa entre la frecuencia esperada y la observada. Se usa en diferentes tipos de pruebas con el fin principal de encontrar una relación significativa entre variables categóricas.
4. **Establecer la regla de decisión:** Se coteja el estadístico previo con respecto a un valor crítico, el cual detalla simplemente la frontera entre la región donde se acepta o se rechaza la hipótesis nula.
5. **Toma de decisión e interpretación:** En base a lo anteriormente obtenido, se decide si se debe o no rechazar la hipótesis nula y por lo tanto aceptar la alternativa. Para ello y relacionado con el nivel de significancia, aunque con un concepto distinto, se utiliza el valor *p* (*p-value*), el cual establece la probabilidad de que el valor resultante pueda ser posible dada una hipótesis nula cierta, permitiéndonos diferenciar los resultados producto del azar de

los estadísticamente significativos y ayudándonos a ponderar la fuerza de nuestra decisión final. De tal forma que si $p < \alpha$, entonces se rechazaría la hipótesis nula. Se debe tener en cuenta además que cada estadístico de los anteriormente mencionados tiene un valor p asignado, el cual se calcula a través de tablas ya existentes en Internet y fácilmente localizables a través de cualquier motor de búsqueda como Google o Bing indicando en la búsqueda algo como "Tabla probabilidad distribución t Student". En cualquier caso, la evidencia del resultado no debería sustituir nunca a la experiencia del analista, siendo al fin y al cabo todo esto una inferencia muestral sobre la que se sustenta una suposición.

En la figura 5.4 se puede observar de manera resumida todas las situaciones y los posibles errores de una prueba de contraste de hipótesis. De tal forma que se pueden distinguir cuatro características:

		NATURALEZA H_0	
		H_0 verdadera	H_0 falsa
DECIDIR	Rechazar H_0	Error tipo I $P = \alpha$	Se rechaza correctamente $P = 1 - \beta$
	No rechazar H_0	Se acepta correctamente $P = 1 - \alpha$	Error tipo II $P = \beta$

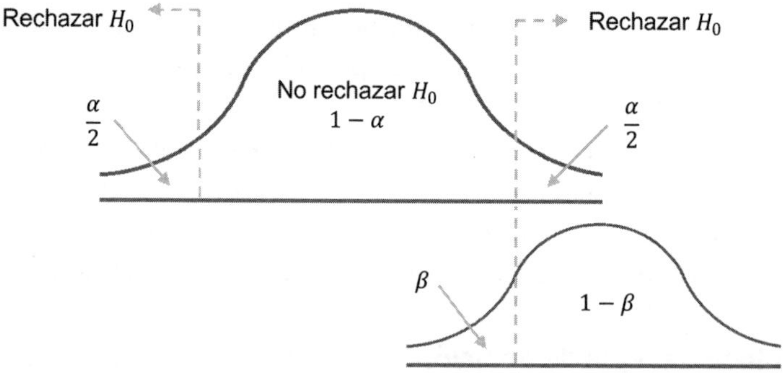

Figura 5.4. Tabla resumen con los posibles escenarios y significancia.

- **Error tipo I (α):** Rechazar la hipótesis nula cuando es verdadera. Por ejemplo, el usuario nunca ha comprado, pero la aplicación lo registra como cliente.
- **Error tipo II (β):** Aceptar la hipótesis nula cuando es falsa. Por ejemplo, el usuario sí ha comprado alguna vez, pero no aparece como cliente.

- **Nivel de significancia (1 - α):** Probabilidad de rechazar la hipótesis nula cuando es verdadera.
- **Potencia del contraste (1 - β):** Probabilidad de rechazar la hipótesis nula cuando es falsa.

Correlación y regresión lineal

El análisis de correlación describe la relación existente entre dos variables. Es importante, antes de profundizar en su explicación, tener siempre presente esta máxima: "El hecho de que dos variables estén correlacionadas no implica causalidad alguna". Pongamos un ejemplo real. El consumo de helados está fuertemente correlacionado con el número de personas que practican surf. Ambas situaciones aumentan durante el verano y decrecen durante el invierno. Sin embargo, es lógico pensar que ambos hechos no tienen una vinculación real lógica, es decir, son independientes. Lo que establece un comportamiento similar en ambos casos es la aparición de una variable oculta: la temperatura, la cual afecta al comportamiento de estas dos situaciones. Es por esta razón que debemos tener sumo cuidado a la hora de interpretar este tipo de estudio.

Dicho lo cual, podemos proseguir con su definición. Cualquier análisis de correlación se basa intrínsecamente en la obtención de un coeficiente, el cual determina el nivel de correlación existente y la tendencia que siguen las variables. Este se denomina como coeficiente de correlación (r) y fue creado por Karl Pearson, de ahí que también se le conozca como *r* de Pearson. Puede tomar cualquier valor entre -1 y +1, siendo los valores positivos los asociados a una tendencia lineal positiva y los valores negativos una tendencia inversa entre las dos variables. A mayor cercanía a 0 de estos valores, el nivel de correlación será menor. Y, al contrario, cuanto más se acerquen a ± 1, mayor nivel (fuerza) tendrá. La fórmula que establece el coeficiente de correlación es:

$$r = \frac{\sum(x - \bar{x})(y - \bar{y})}{(n-1)s_x s_y}$$

Para poder interpretar este resultado podemos usar la siguiente tabla de la figura 5.5 como referencia.

Como se ha mencionado, el análisis de correlación puede ser un "juguete roto" en manos equivocadas. Para intentar paliar esta situación, se llevan a cabo pruebas de importancia sobre el coeficiente de correlación. Estas no son más que un tipo de pruebas de hipótesis como las ya anteriormente detalladas. Veamos un ejemplo tipo para poder entenderlo al detalle.

RANGO	NIVEL
$0{,}0 \leq \lvert r_{xy} \rvert < 0{,}1$	Corr. nula
$0{,}1 \leq \lvert r_{xy} \rvert < 0{,}3$	Corr. suave
$0{,}3 \leq \lvert r_{xy} \rvert < 0{,}5$	Corr. moderada
$0{,}5 \leq \lvert r_{xy} \rvert < 1{,}0$	Corr. fuerte

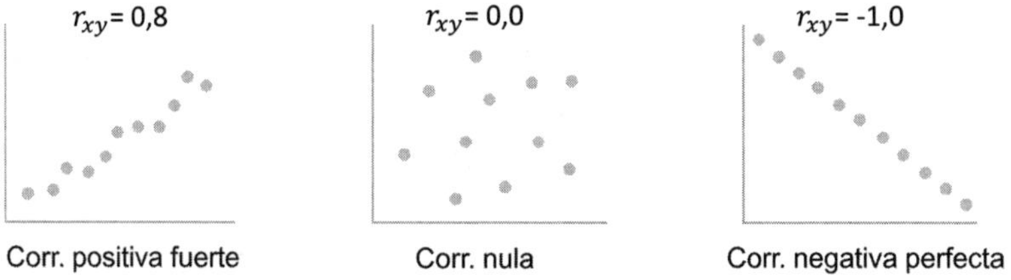

Figura 5.5. Rangos de nivel de correlación.

Supongamos que tenemos dos variables: ticket medio (euros) y tiempo medio de duración de la sesión (segundos). Tras calcular el coeficiente de correlación se obtiene $r = 0{,}65$ con un tamaño de muestra pequeño $n = 25$ clientes.

1) Planteamiento de la hipótesis.
H_0:$r = 0$. No hay correlación entre las variables de la población.
H_1:$r \neq 0$. Sí hay una correlación entre las variables de la población.

2) Nivel de significancia $\alpha = 0{,}05$.

3) Calcular el estadístico de prueba. Por ejemplo, usándose el estadístico 't'.

$$t = \frac{r\sqrt{n-2}}{\sqrt{1-r^2}} = \frac{0,65\sqrt{25-2}}{\sqrt{1-0,65^2}} = \frac{3,12}{0,76} \approx 4,1$$

4) Para un nivel de significancia $\alpha = 0{,}05$ y $df = 23$ grados de libertad, los niveles críticos se establecen en $t_c = \pm 2{,}069$.

5) Por lo tanto, con un *p-value* $= 0{,}049965$, se puede rechazar la hipótesis nula.

Se puede "aseverar" entonces que sí hay una correlación positiva significativa entre el valor del ticket medio y la duración de la sesión. O lo que es igual: cuanto mayor sea la duración de la sesión, seguramente mayor será el gasto promedio de la compra de cada cliente.

Como se verá en próximos capítulos, el análisis de correlación es parte fundamental de lo que se denomina análisis multivariante y el cual nos permite entender cómo se relacionan las variables entre sí con el propósito no solo de poder analizar las situaciones ya planteadas, sino como "puerta de entrada" a la implementación de modelos de aprendizaje automático y profundo.

Lo siguiente que debemos conocer antes de acceder a este tipo de desarrollos, y de alguna manera asociado al análisis de correlación, es la creación de un análisis de regresión. De hecho, este tipo de estudio tiene también como principal objetivo encontrar la relación lineal entre dos variables. Cuando se habla de regresiones lineales se distinguen dos tipos:

- **Simple:** Definida por la fórmula $y = \alpha + \beta x$, establece que solo existe una única variable independiente (x) relacionada con la variable dependiente (y). En este caso, β es la pendiente de la línea y α es la intersección con el eje y (ver A en la figura 5.6):
  - **Pendiente:** Indica la inclinación de la recta o, dicho de otra forma, cuál será la proporción del cambio de la variable dependiente. Su fórmula es:

    $$\beta = r\frac{s_y}{s_x}$$

    siendo s la desviación estándar de la variable dependiente e independiente respectivamente. Cabe decir que una pendiente igual a cero significa que no existe cambio alguno y, por lo tanto, tampoco relación entre las variables.
  - **Intersección:** Señala el punto exacto del eje de coordenadas donde la línea corta al eje vertical ($\alpha = y - \beta x$), siendo x e y la media de la variable independiente y dependiente respectivamente.
- **Múltiple:** Basándose en la ecuación de la regresión lineal simple, aunque teniendo en cuenta que son varias variables independientes las que influyen en la variable dependiente. Su fórmula es $y = \alpha + \beta_1 x_1 + \beta_2 x_2 + \cdots + \beta_n x_n$, siendo β_n la contribución de cada variable al cambio esperado de y (ver B en la figura 5.6).

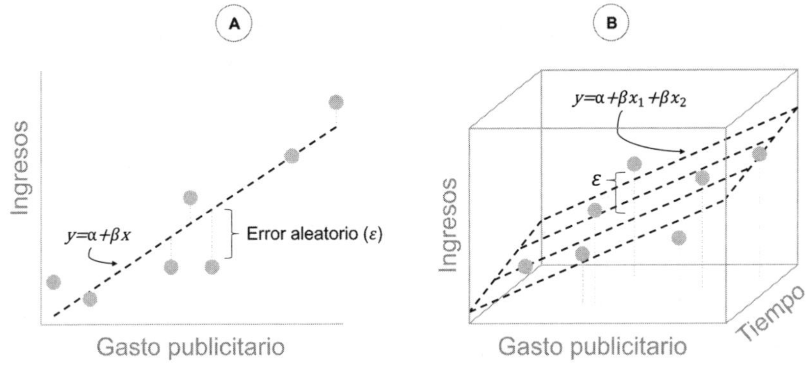

Figura 5.6. Representación visual de regresión simple y múltiple.

Como se puede apreciar en la imagen, aparece el valor ε, el cual es simplemente la nomenclatura referida al error que representa la diferencia entre el valor observado y el generado por la línea de regresión. Es decir, intenta acoger todos los valores influyentes que no se pueden explicar únicamente con las variables independientes. Este se añade como un sumando más dentro de ambas ecuaciones.

Atribuido normalmente al segundo tipo de regresión lineal y relacionado de alguna manera también con el error, se suele hablar de varias casuísticas que pueden afectar al análisis. Varias de ellas son:

- **Colinealidad:** Las variables independientes son combinaciones lineales unas de otras.
- **Multicolinealidad:** Las variables independientes están correlacionadas entre sí. Esto impide detectar un efecto individual claro.
- **Homocedasticidad:** La varianza es igual para todos y cada uno de los valores de las variables independientes. En caso contrario, se denota como heterocedasticidad. Como veremos más adelante, es esencial en los modelos de regresión lineal para predecir cualquier valor, ya que se espera que la varianza de los errores sea constante a lo largo de la predicción, evitando así variaciones indeseadas que no permitan definir un modelo válido.
- **Puntos influyentes:** Valores concretos que tienen gran influencia en el ajuste global como pueden ser valores atípicos (*outliers*) o valores con alto *leverage* (apalancamiento), es decir, valores extremos (muy desviados respecto de su media) de una variable independiente.

Prueba de todo esto es el cuarteto de Anscombe, el cual se puede apreciar en la figura 5.7. Este representa a un conjunto de datos conformado por once valores cuyas propiedades estadísticas son muy similares a pesar de que visualmente difieren notablemente. Con ello se intenta demostrar que siempre que demos una respuesta generalista de un conjunto de datos, es esencial no fiarse únicamente de los números. Deberemos complementarlo habitualmente con la visualización de los datos o con otros análisis complementarios:

- **Conjunto A:** Relación lineal simple relativa a dos variables correlacionadas.
- **Conjunto B:** Aunque no lineal y con un coeficiente de correlación irrelevante, se detecta una posible relación entre los valores.
- **Conjunto C:** Relación lineal simple muy influenciada por un valor atípico que no sigue el comportamiento del resto.
- **Conjunto D:** Correlación alta a pesar de no existir una relación lineal entre las variables por la mera presencia de un valor atípico.

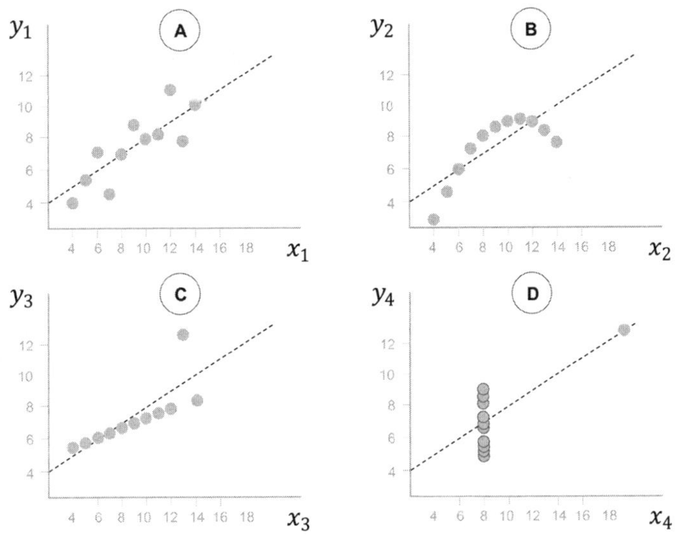

Figura 5.7. Cuarteto de Anscombe.

Por último y antes de finalizar este capítulo dedicado a la estadística, nos gustaría cerrarlo con algo menos técnico y ameno, pero igualmente importante a la hora de realizar cualquier tipo de estudio: las falacias. Estas se refieren a los errores de interpretación de nuestros datos que pueden llevar a conclusiones incorrectas en nuestros análisis. Algunas de las más famosas son:

- ***Cherry picking*:** Selección de solo aquellos datos que nos dan la razón. Imaginemos por ejemplo que la ratio de conversión (CVR) de un *e-commerce* ha crecido en torno a un 20 % con respecto al mes anterior (1.000 visitas y 25 compras), pero las visitas que han generado alguna compra, sin embargo, han caído un 80 % (5.000 visitantes y 104 compras). Aunque el CVR ha mejorado sustancialmente, ha habido un 76 % de pedidos.
- **Falsa causalidad:** Inferencia causal derivada de una correlación. Como se mencionaba previamente, por ejemplo, el hecho de encontrar una relación de causa entre los helados consumidos y el número de practicantes de surf en verano. Otro ejemplo, pero aplicado a un *e-commerce*, puede ser llegar a una conclusión concreta por el hecho de detectar una alta correlación positiva entre el número de imágenes en una página de producto y el número de ventas generadas por ese mismo producto.
- **Sesgo de muestreo:** Conclusiones de un conjunto no representativo. Es decir, extraer valores que solo aplican a una parte de la población. Por ejemplo, si se realiza una encuesta sobre un producto cárnico en una tipología de lugares específica como pueden ser gimnasios o tiendas naturistas.

- **Falacia del jugador:** La frecuencia pasada incide en la probabilidad futura. Supongamos que un *e-commerce* ha superado en ventas y en ingresos en los últimos cinco años a su competidor más próximo. ¿Ocurrirá forzosamente lo mismo este año?
- **Falacia de McNamara:** Desestimar todo aquello que no es medible. Si, por ejemplo, se sospecha que los KPIs (*Key Performance Indicator*) de un negocio están creciendo y sin embargo no hay una mejora evidente en los beneficios.

Terminamos como empezamos, recordando la falacia del sesgo del superviviente, la cual hacía referencia a un análisis centrado en un conjunto incompleto de datos. Por ejemplo, si en un *e-commerce* se analiza únicamente el comportamiento de los productos durante el año pasado con la intención lógica de tener datos de tendencias y estacionalidad de un periodo al completo, y se desea sacar conclusiones válidas y aplicaciones reales en la actualidad sin tener en cuenta las nuevas tendencias del mercado podría obtenerse una conclusión errónea. ¿Podemos inferir el número de ventas de un modelo de videoconsola previo al nuevo modelo recién lanzado al mercado? La respuesta es sencilla: dependerá de otros muchos factores.

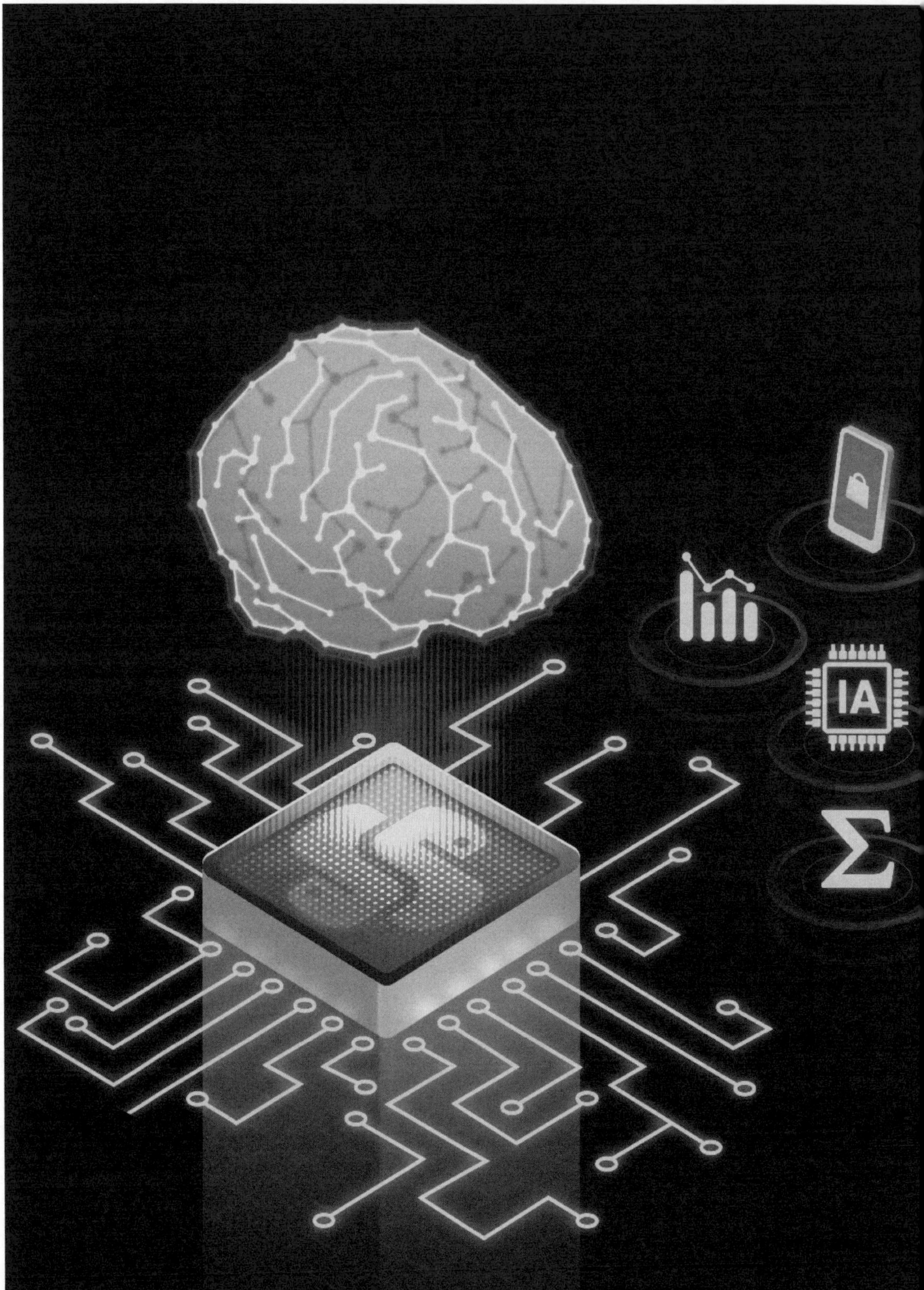
IA

6. Marketing en la era de la ciencia de datos

Introducción

En este capítulo se va a profundizar en algunos aspectos elementales del marketing digital actual. Por supuesto, este no es un capítulo cualquiera en el que el lector podrá aprender los canales más utilizados para generar tráfico en un sitio web, ni siquiera se desea enfocar en cómo optimizar el tráfico procedente de un sitio web. En este capítulo se desea poner el foco en algo más importante: los cambios que a nivel tecnológico, funcional y legal están sucediendo y deben conocer los practicantes de la analítica digital avanzada en el entorno del negocio digital.

Si se tiene en cuenta la agilidad del cambio que existe en marketing digital y la velocidad de adopción de nuevas tecnologías de usuarios y organizaciones, se puede deducir que este es un capítulo de alta caducidad. Nada más lejos de la realidad. **En este capítulo se exponen algunos elementos técnicos que podemos considerar *evergreen* (es decir, que no suelen variar con el paso del tiempo)**, que son parte fundamental del funcionamiento de los sitios web, navegadores, *cookies* y del método de conteo de usuarios de Google Analytics 4, que coincide, si no en forma, como concepto, con el resto de herramientas de medición que no son *cookieless*.

Uno de los puntos de mejora que suelen tener algunos profesionales en marketing digital e, incluso, científicos de datos, es que **desconocen cuán voluble es el dato en el entorno web**, entorno en el que se concentra el principal porcentaje de la economía digital en el mundo. Conocer las características del dato procedente del entorno web va mucho más allá de conocer cómo funciona un *dataLayer*, sino que requiere un conocimiento básico de cómo las herramientas traducen la información desde el navegador hasta la herramienta de analítica.

Además, en este capítulo, se va a intentar dar respuesta a las cuestiones relacionadas con el **plan de medición y el ciclo de vida del dato** para familiarizar al lector más alejado de la analítica (y quizás próximo a otras disciplinas como SEO o *email marketing*) a los procesos propios de la captura, limpieza, transformación y modelización de la nueva materia prima de estas décadas: el dato.

Situación inicial

Quien diga que marketing digital es simple hoy en día se equivoca. De hecho, su complejidad crece con la cantidad de nuevas plataformas que emergen cada año y que representan oportunidades en materia de adquisición de tráfico, optimización general o de toma de decisiones. Si a esto se le une la actualización continua de las herramientas utilizadas por las empresas (de, por ejemplo, analítica digital o adquisición de tráfico entre muchas otras) y los cambios legales que suceden en el entorno que afectan a la manera en cómo se captura información del usuario, podemos entender que el especialista en marketing está sujeto a un espacio de absoluto cambio cuyo ritmo es frenético.

Sin ir más lejos, la llegada de ChatGPT en noviembre de 2022 ha supuesto un cambio rotundo en la industria. En apenas 60 días desde su lanzamiento, esta herramienta alcanzó los 100 millones de usuarios. Para mostrar algo de contexto, Instagram tardó 900 días (más o menos dos años y medio) y Spotify, 1.650 días (cuatro años y medio) desde su lanzamiento a alcanzar la misma cifra. El motivo, además de que son productos digitales muy diferentes, se debe a la velocidad de adopción de las organizaciones y usuarios, sin duda, cada día más ágil.

Esto ejemplifica una cruda realidad: el marketing está sujeto al cambio continuo conforme los usuarios modifican sus dinámicas de consumo al adoptar cada vez más rápido nuevas plataformas (sin entrar en detalle de que existen plataformas más allá de la adquisición de tráfico). Si el marketing, es decir, la actividad cuyo objetivo principal es facilitar la compra de un producto o servicio a través de diferentes técnicas, está sujeto a este entorno tan voluble, **el dato que emerge de este sistema debe ser, en mayor o menor medida, también voluble**.

Así, **la naturaleza del dato digital es muy diferente al de otras industrias o actividades**. Mucho de lo que se ha enseñado sobre Python, Pandas o SQL se puede aplicar no solamente con usuarios y transacciones, sino que se puede aplicar ante el número de butacas llenas en un teatro, el número de pasajeros de un barco, pacientes de un hospital ante un ensayo clínico o las medidas de los pétalos y los estambres de diferentes tipos de flores. Como se puede deducir, estos ejemplos están sujetos a un mundo mucho más físico y *offline* mientras que el número de usuarios, como se verá en las siguientes páginas, está sujeto a toda una serie de consideraciones previas de medición *online* que dificultan en gran medida (o más bien, particularizan) el análisis posterior a la implementación.

Nuevos canales

Mientras se escriben estas líneas, alguien en algún lugar del mundo está desarrollando nuevos espacios de oportunidad para atraer clientes. Estos espacios triunfarán en un lapso muy corto como sucedió con ClubHouse en 2020 o permanecerán en el tiempo como los resultados de búsqueda de Google. Eso nadie lo sabe. La única cuestión que debe tener presente la mayoría de especialistas en marketing es:

- Si los canales de marketing seleccionados van alineados a los objetivos de la empresa.
- Si estos canales seleccionados van alineados a las preferencias del usuario en materia de gustos y hábitos.
- Si efectuar acciones en estos canales seleccionados es razonable en materia de recursos y capacidades y pueden generar un retorno económico o de marca.

Esto pone de manifiesto algo muy simple que expresó Lord Kelvin, matemático y físico británico del siglo XIX: "Lo que no se define no se puede medir. Lo que no se mide no se puede mejorar. Lo que no se mejora se degrada siempre". Aplicado este principio a marketing digital, es necesario establecer técnicas y procesos de medición que permitan mejorar e impidan la degradación de nuestro negocio digital.

Para ello, es necesario conocer cómo funciona este proceso de medición de los canales digitales hasta tu sitio web o aplicación, como se ve en la figura 6.1. Existen excelentes libros de analítica digital en esta misma editorial y no se va a incidir en aspectos básicos como la implementación de Google Tag con Google Tag Manager o de la instalación del *script* de Google Analytics 4 en el sitio web.

Para que el comportamiento de un usuario en tu activo digital pueda ser medido debe haber, previamente a su visita a tu activo (es decir, no es retroactivo), la instalación de un código JavaScript que todas las herramientas de analítica digital ofrecen, así como los diferentes métodos de instalación. Para que la herramienta de analítica digital conozca la procedencia de un usuario existen diferentes métodos, aunque el más utilizado es el etiquetado vía UTM, que permite no solamente distinguir la fuente del usuario, sino también el medio por el que ha visitado el activo digital (pagado, orgánico, referido, entre otros), el contenido específico que ha generado una visita, entre muchos otros.

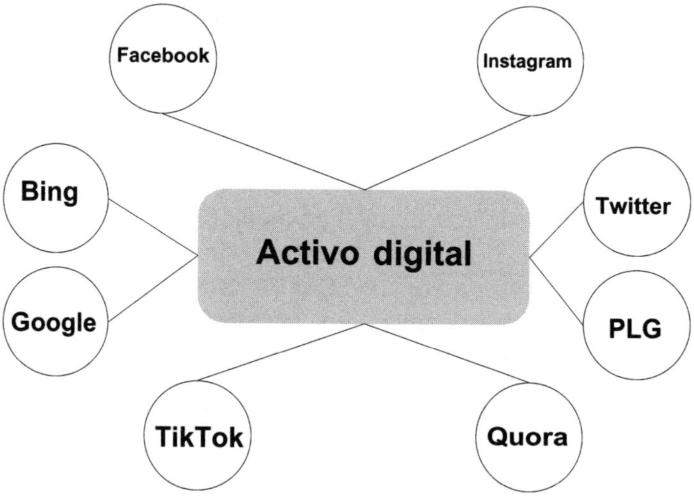

Figura 6.1. En esta gráfica se muestra cómo diferentes canales alimentan de tráfico web un único activo digital que bien puede ser un sitio web o una aplicación móvil. Hay muchas más fuentes de tráfico que las que se muestran en esta gráfica y no se realiza una distinción por medio para advertir si el tráfico es de pago u orgánico.

Todo esto con un único activo digital, por ejemplo, un sitio web, pero esto puede convertirse en algo mucho más complejo cuantos más activos digitales se incorporan al negocio digital. Un negocio que combina dos sitios web diferentes con una aplicación móvil y que, además, conectan entre sí, genera un entorno mucho más complejo, como se muestra en la figura 6.2.

Facebook, Instagram o TikTok (entre otros) pueden generar un tráfico determinado a tu activo digital en función de las acciones que generes en ese canal, lo cual conecta con el hecho de si es más rentable crear contenido o campañas en un canal u otro. Esa decisión solo se puede tomar con datos y para ello debe realizarse un plan de medición.

Elementos básicos de *cookies* y privacidad

Además de la complejidad operativa que se puede deducir procedente de los canales y de su correcta medición, también se debe tener en cuenta el aspecto legal, especialmente si se van a capturar datos de personas en Europa debido a la legislación vigente relacionada con las *cookies* y el seguimiento de los usuarios en los activos digitales.

En esencia, el consentimiento de *cookies* que da el usuario debe ser informado, explícito y haberse obtenido a través de una acción afirmativa inequívoca. Esto pone sobre la mesa algunas cuestiones como el hecho de que el botón de aceptación de *cookies* no puede tener "continuar navegando", sino que debería poner algo similar a "Aceptar *cookies*", como se ve en la figura 6.3, por no mencionar todo lo relacionado con la distinción entre *cookies* de analítica (que permiten la medición a través de Google Analytics 4, por ejemplo) y *cookies* de marketing (que permitirían, por ejemplo, enviar información a Google para optimizar campañas desde sus plataformas de publicidad digital).

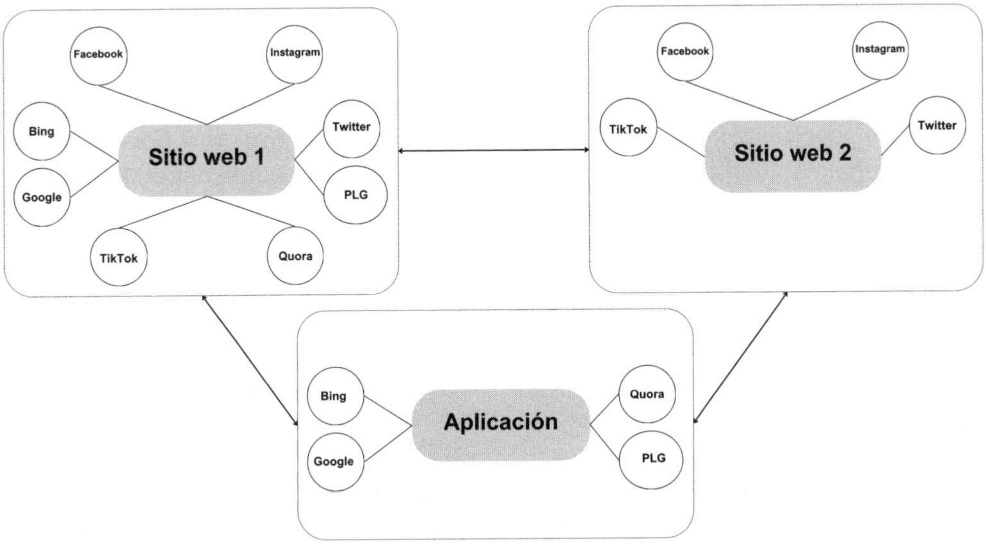

Figura 6.2. En esta gráfica se visualiza cómo tres activos digitales diferentes pueden recibir tráfico de distintas fuentes y pueden alimentar a otros activos digitales. Todo esto conlleva diferentes tipos de medición y consideraciones en materia de privacidad. El lector debe ver que cada activo digital es alimentado por diferentes canales porque cada activo tiene su objetivo específico.

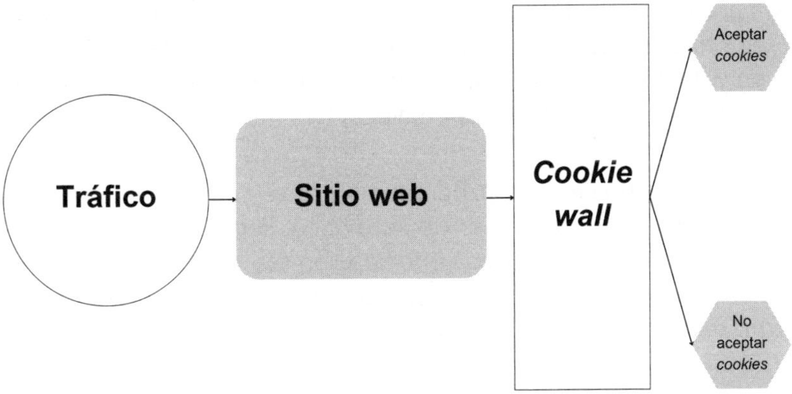

Figura 6.3. Ejemplo de consentimiento de *cookies*.

¿Qué significa todo esto? En esencia, si un usuario rechaza *cookies* no se debe, según la legislación vigente, capturar información de esta persona (dejando a un lado las *cookies* funcionales y técnicas para cualquier activo digital) y enviarla a plataformas como Google Analytics, Facebook, Google, VWO, entre muchas otras. Esto limita la capacidad que tiene la organización de tomar decisiones en base a datos ya que, *a priori*, solamente se puede evaluar el comportamiento de aquellos usuarios que habrían aceptado *cookies* (dejando a un lado todo lo relacionado con aceptación granular del consentimiento y *consent mode*. Este último se explicará brevemente en las siguientes páginas).

¿Cuál es el porcentaje de aceptación de *cookies* en una web? Esta es una pregunta que todo especialista en marketing se ha hecho en algún momento y, por desgracia, no tiene una respuesta única, simple y elegante. En gran medida depende del país, de la cultura digital del usuario, de la industria, de aspectos demográficos como la edad e incluso del navegador que se utilice. Navegadores como Brave bloquean por defecto los rastreadores y anuncios de sitios web, lo que permite navegar en Internet de forma mucho más orientada a la privacidad. Este navegador es muy utilizado en espacios relacionados con *blockchain* o Web3, así que, si una iniciativa va ligada a este ámbito, debe saber que un importante porcentaje del público objetivo utiliza navegadores que van en contra de los intereses del negocio y su capacidad de toma de decisiones.

En la gráfica de la figura 6.4 se visualiza el nivel de consentimiento para el uso de *cookies* en diferentes países en junio de 2021. Por ejemplo, en Reino Unido en junio de 2021 el 61% de los encuestados estuvo de acuerdo en que siempre aceptaba todas las *cookies* cuando abría un sitio web y este les preguntaba sobre las *cookies*. Países como España o Polonia acepta en mayor medida y el país que menos acepta es Estados Unidos con un 32% según estos datos de 2021.

Si el comportamiento de los usuarios que visitan un activo digital a lo que se visualiza en esta gráfica, por ejemplo, de cada 1.000 visitantes ubicados en España, de forma segura habría información de 630 usuarios, de 170 dependería si aceptan *cookies* o no y de 200 personas muy probablemente no se podría obtener ningún tipo de información relacionada con navegación, interacciones ni mucho menos transacciones.

Esto no significa que una empresa, por ejemplo, un *e-commerce*, no pueda recoger información como la dirección de envío para hacer llegar el producto. Eso es obvio que lo necesita y puede recoger esa información (aunque debe darse igualmente consentimiento expreso). Lo que no es legal es insertar una *cookie* de analítica en el navegador del usuario para hacer seguimiento del mismo y sus interacciones en el activo digital.

Country	Strongly agree / tend to agree	Neither agree / Nor disagree	Strongly disagree / tend to disagree
Polonia	64%	12%	24%
España	63%	17%	20%
Reino Unido	61%	12%	27%
Suecia	68 %	14%	18%
Italia	54%	26%	20%
México	54%	17%	29%
Emiratos Árabes	47%	28%	25%
Australia	47%	25%	28%
Estados Unidos	32%	22%	46%

Figura 6.4. Información extraída de Statista: "Level of consent to the usage of cookies in selected countries worldwide as of June 2021".

Para subsanar este impedimento que dificulta la toma de decisiones a través de los datos, se han desarrollado diferentes iniciativas por parte de las empresas que garantizan (a día de hoy) la completa legalidad y los derechos de los usuarios: Consent Mode probablemente es la solución más extendida en la mayoría de negocios digitales, aunque hay muchas más soluciones alternativas como el uso de herramientas de analítica *cookieless* como Seal Metrics o Matomo.

Consent Mode es una funcionalidad de Google que se basa en *pings* y que permite el envío de datos sin la información que se puede obtener con la *cookie*. Cuando un usuario rechaza *cookies*, siempre y cuando esté conectado e implementado Consent Mode con el CMP (plataforma de gestión del consentimiento), las etiquetas envían estos *pings* a, por ejemplo, Google Analytics 4, lo que permite a la herramienta de analítica realizar una inferencia y rellenar estos huecos que quedan vacíos debido al rechazo de *cookies*. En estos *pings* se puede enviar información de todo tipo, desde datos anónimos de URL, *timestamps*, si se ha producido una conversión, entre otros.

Hay que mencionar, además de toda esta vorágine de información relacionada con el consentimiento y las políticas de los navegadores, que hay más elementos que pueden afectar a la calidad del dato, como, por ejemplo, la calidad de la implementación técnica, así como errores de conectividad, dispositivos antiguos, la manera en cómo se ha construido el sitio web (*Single Page Applicaction*, por ejemplo) e incluso clics muy rápidos que cambian de una ventana a otra y por problemas de carga no se envía el 100 % de la información a la herramienta de analítica, entre otros.

Todo esto ayuda a ejemplificar que, cuando se trabaja analítica de datos con este tipo de datos, es decir, el procedente del negocio digital, no se puede considerar que cuando se trabaja con usuarios web y sus variables se está trabajando de la misma manera que, por ejemplo, con otros registros mucho más estáticos y menos volubles como, por ejemplo, el número de pacientes que puede tener el área de obstetricia en un periodo. Como se mencionó al principio, la naturaleza del dato digital es muy diferente al de otras industrias o actividades.

Plan de medición

Para que un negocio digital pueda tomar decisiones se requiere que, en algún momento determinado de su historia, decida qué debe medir dentro de su activo digital. Algo muy común para aquellos profesionales no muy cercanos al ámbito de la analítica web o *app* es pensar que se puede (e incluso que se debe) medir todo y esto es, desde luego, un craso error.

Richard Rumelt, autor del libro *Good Strategy, Bad Strategy*, arroja una frase lapidaria que dice así: "Strategy is renounce". Con esta cita, el autor pone el foco en el hecho de que hay muchas actividades que una organización puede realizar y que potencialmente serían beneficiosas a corto o largo plazo; sin embargo, las organizaciones nunca tienen recursos para desarrollar debidamente todas las actividades potenciales y el ejercicio real de la estrategia consiste en aprender a renunciar sobre aquellas opciones buenas para quedarte con las mejores (según los criterios del profesional al mando).

Con la analítica digital sucede exactamente igual y, de hecho, es recomendable que sea un trabajo iterativo y por fases en la que, en cada nueva fase, se delimitan nuevas interacciones a capturar y, paralelamente, se mantiene, garantiza y trata de mejorar la calidad del dato. Para esto es crítico crear un plan de medición que recogerá no solamente las interacciones y datos que se quieren capturar, sino que se explicará el método por el que se capturará, los *stakeholders* involucrados, objetivos de negocio, entre otros.

Hay que decir que no existe un estándar de trabajo y, ni mucho menos, un plan de medición oficial acreditado por ninguna organización. Habitualmente, cada anunciante o consultora tiene su manera de trabajar, sus propios procesos y documentos que no son otra cosa que un síntoma o consecuencia de la cultura del dato de ese momento. A continuación, se presentan algunos puntos que deberían estar en todos los planes de medición de una manera ordenada.

Contexto inicial

Todo buen plan debería presentar el contexto inicial de la organización que va a disfrutar este plan de medición. Es importante este punto, ya que permite entender la complejidad potencial del proyecto y suele recoger la siguiente información:

- Orientación estratégica actual. ¿En qué punto está el negocio actualmente? ¿Fase de introducción? ¿Madurez? ¿Expansión? ¿Qué objetivos a corto, medio y largo plazo tiene el negocio actualmente? ¿Qué acciones va a ejecutar para llevarlas a cabo?
- Número de activos digitales involucrados en el proyecto de analítica.
- Tecnología sobre la que se apoya cada activo digital. ¿Es una web hecha con WordPress? ¿Con código a medida? ¿Es una aplicación nativa?
- Perfiles involucrados en el proyecto. Además de marketing, ¿la empresa cuenta con un equipo de tecnología capaz de instalar los *dataLayers*? ¿Está involucrado también el equipo de ciberseguridad? ¿Producto digital?
- Estado de la analítica actual. ¿El proyecto parte de cero debido a la migración de la analítica actual de una herramienta a otra o es la primera vez que la organización realiza un proyecto así? ¿Se continúa el trabajo ya realizado para medir algo más específico?
- ¿Cuáles son los canales principales? ¿Se cuenta con un sistema de etiquetado para diferenciar la fuente de cada plataforma?
- ¿Cuál es el *stack* tecnológico? ¿Se utiliza entorno Adobe o entorno Google? ¿Qué herramientas de publicidad digital se utilizan y qué implementaciones de analítica adicionales se deben realizar para alimentarlas?
- ¿Cuál es el objetivo de este plan? Habitualmente es medir para optimizar algunas palancas del negocio, pero hay contextos más particulares e inusuales que, en el caso de estar en uno de ellos, debe conocerse.

Para ayudar al lector a esta parte del plan de medición, se presenta el siguiente ejemplo:

- **Orientación estratégica actual:** Somos Puppy-Care, una aplicación móvil que pone en contacto a paseadores y dueños de mascotas (perros, de momento) que no tienen tiempo para pasearlos o que necesitan que alguien los cuide un tiempo. Somos una *startup* que ya ha salido de fase semilla y ya tenemos un flujo de clientes recurrente. Estamos en *Product-Market-Fit* sin duda. Hemos crecido rápidamente, ahora queremos ordenar un poco las cosas y para ello necesitamos medir.

- **Número de activos digitales:** Tenemos una versión en iOS y otra en Android: Kotlin y Swift. También tenemos una *landing* para que los usuarios aterricen y descarguen la *app*. Está hecha con WordPress.
- **Tecnología sobre la que se apoya cada activo digital:** Ambas a medida.
- **Perfiles involucrados en el proyecto:** Producto digital será el *stakeholder* principal, ya que desean evaluar si las *features* generan el impacto deseado. Tenemos equipo de IT interno: cuatro desarrolladores: dos de iOS y dos de Android.
- **Estado de la analítica actual:** Partimos de cero.
- **¿Cuáles son los canales principales?:** Somos una *startup* y, aunque el boca-oreja y las promociones con *influencers* nos han ido muy bien, empezaremos a trabajar ahora publicidad digital desde Google, Meta y TikTok. A nivel de etiquetado aún no hay nada, pero se encarga la nueva agencia que tenemos contratada.
- **¿Cuál es el *stack* tecnológico?:** Queremos trabajar con Google Analytics 4 y el ecosistema Google, pero, si nos recomendáis otro, estamos abiertos a escuchar.
- **¿Cuál es el objetivo de este plan?:** Medir para tomar decisiones y presentarles estos datos a inversores actuales y potenciales. Actualmente estamos en fase de levantamiento de capital, aunque ya hemos alcanzado *Product-Market-Fit*. Nos gustaría entregar datos a nuestros principales inversores en cuanto antes.

Como se puede ver, el contexto importa. Las necesidades de los interlocutores (los fundadores de la *startup*), del *product manager* y del equipo de IT, aunque alineadas, quizá son diferentes. ¿Y si "en cuanto antes" pone en riesgo la calidad del dato? ¿Quién tiene razón? Es una cuestión puramente contextual y que pone encima de la mesa la necesidad de trabajar por etapas, poner el foco en las diferentes necesidades y en aprender a renunciar.

Estructura del proyecto digital

Cuando se habla de estructura, se habla de los elementos que confluyen con el negocio digital y que pueden ser muy variopintos. Hay proyectos de analítica de datos en los que se requiere una conexión muy específica y fiable con logística y transporte, ya que se busca medir una herramienta interna de la organización. Otro ejemplo, mucho más habitual, implicaría tener en cuenta los diferentes canales que alimentan un sitio web o aplicación determinada o, por ejemplo, la conexión que se puede realizar entre la herramienta de analítica digital y el CRM para tener una visión de inicio a fin del comportamiento del usuario (muy recomendable en B2B).

Otro elemento que se añade en este punto es la estructura de administración de la herramienta de analítica a nivel interno. Esto es más importante de lo que puede sonar en un principio, puesto que algunas de las incongruencias y problemas que suceden después durante el análisis proceden de no disponer la información en un único espacio y tener que trabajar con ella desde, por ejemplo, diferentes propiedades. Esta es una cuestión muy específica y que depende de cómo la herramienta de analítica digital se autoorganice. Se muestra en el ejemplo de la figura 6.5 la estructura que, *a priori*, debería tener Puppy-Care si utilizara GA4.

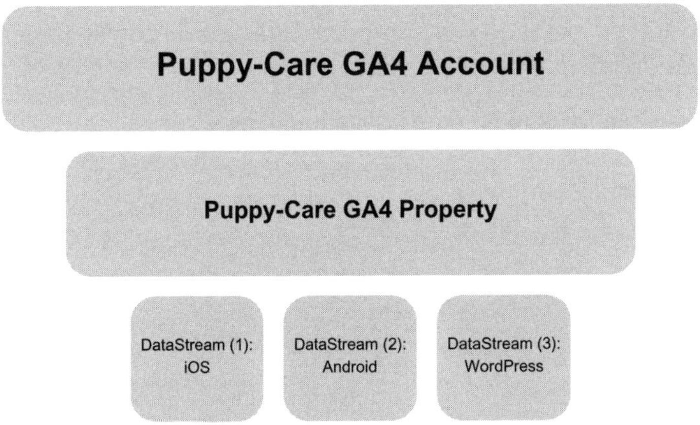

Figura 6.5. Estructura de Puppy-Care con GA4.

En este caso, ante un negocio tan simple con una única propiedad, se podría trabajar perfectamente; sin embargo, se deberían trabajar tres flujos de datos diferentes que alimentaría la misma propiedad de Google Analytics 4: un flujo por cada aplicación y un flujo de tipo web para la *landing* informativa.

Al ser un proyecto de fase inicial, no sería necesario establecer los canales, ya que apenas todo ha sido boca-oreja según los fundadores, han realizado una serie de campañas con *influencers* y la parte de publicidad digital está pendiente de activarse, por lo que únicamente habría que informarse de qué canales específicamente se va a trabajar y, en siguientes fases del proyecto, evaluar si se necesita ayuda específica en etiquetado o directamente ofrecer una guía de etiquetado en el punto cuatro del plan de medición (que se verá en siguientes páginas).

Listado de flujos e interacciones más relevantes

En todo activo digital hay un protagonismo superior en unas zonas u otras. Esto puede deberse al tipo de negocio (en un negocio de *leads*, un formulario suele ser más importante que en un comercio electrónico) o al contexto del proyecto. Esto implica que la persona que realice el plan de medición debe entender la industria, lo que el negocio necesita y los flujos e interacciones más relevantes para realizar la implementación.

En este punto, el plan de medición suele mostrar:

- *User journey* del usuario dentro del activo digital mostrando los flujos más orientados a los objetivos estratégicos del negocio.
- Si procede, flujo orientado a la tipología del usuario. Especialmente en SaaS es recomendable.
- Traducción de ese flujo y sus interacciones a eventos de la herramienta de analítica digital que se va a utilizar.

A continuación, en la figura 6.6 vemos un ejemplo del *user journey* con Puppy-Care.

Figura 6.6. Representación gráfica de un *user journey*.

En la imagen, se ve un flujo muy sencillo de un usuario que visita una *landing page*, descarga la aplicación, se registra, inicia y finaliza el *onboarding*. El *onboarding* es la fase en la que un nuevo usuario llega a la plataforma por primera vez y se le muestra (de forma más o menos interactiva) qué funcionalidades son más atractivas para un usuario promedio con el fin de mejorar la activación de usuarios nuevos que todavía deben probar el activo digital.

Sin embargo, este flujo tiene poco detalle. Está visto desde una visión de águila muy muy arriba y, cuando se realiza un plan de medición, es recomendable mirar desde un poco más abajo. De hecho, el mismo paso de "Registro en Puppy-Care" puede dividirse en micropasos, como se ve en la figura 6.7.

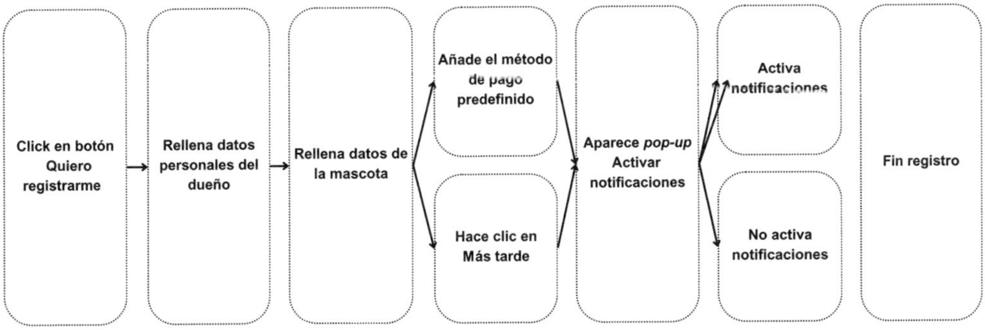

Figura 6.7. División de los micropasos de la fase de registro de Puppy-Care desde el punto de vista de un dueño.

Es innegable que a partir de aquí y con un poco de conocimiento de Google Analytics 4 o Adobe Analytics se puede ya ver qué clase de eventos se necesitan trabajar y demás. Algo recomendable siempre que sea posible es añadir capturas de pantalla de cada una de las fases para asegurar al 100 % que no se está dejando de lado ninguna pantalla o página.

En el caso de Puppy-Care tendríamos dos flujos distintos, como se ve en la figura 6.8: el de los dueños, que tendría un paso adicional para rellenar los datos de la mascota, y el de los paseadores que, *a priori*, no tendrían por qué tener ese paso y, sin duda, sus datos personales tendrían campos extra de experiencia profesional y demás.

Interacción	Event name	Event type	Params
Clic Quiero registrarme	click_register	custom	-
Rellenar datos personales	add_personal_details	custom	-
Rellenar datos de la mascota	add_pet_details	custom	-
Añadir método de pago | más tarde	add_payment_info | click_skip	recommended | custom	skip_type
Aviso *pop-up*	view_popup	custom	-
Activar notificación | no activar	activate_geo | click_skip	custom	skip_type

Figura 6.8. Traducción del *user journey* e interacciones a eventos de Google Analytics 4.

En este ejemplo simple, se puede ver cómo se convierte un flujo en una serie de eventos a capturar. Como muchos de estos datos son de carácter privado, se puede optar por apenas usar parámetros en una implementación inicial, si bien es cierto que la raza de las mascotas se puede capturar y enviar a GA4 sin problemas. Por otro lado, se utiliza el parámetro personalizado "`skip_type`" para diferenciar a partir de esta futura dimensión personalizada de ámbito evento cuando un usuario hace clic en el típico botón de Ahora no o Completar este paso más tarde y no realiza la acción que se desearía que hiciera.

Algo muy recomendable, especialmente para los eventos de tipo "`click`", en este punto del plan de medición es añadir una sección más visual en la que se ve qué botón se pulsa específicamente y en qué pantalla. Esto ayudará a los desarrolladores a implementar los eventos que se necesita que sean instalados en la *app* de Puppy-Care.

Eventos, parámetros y capa de datos

En este paso del documento del plan de medición, se presentarían todos los eventos, parámetros y la capa de datos necesaria para ejecutar y enriquecer la analítica. Es recomendable entregar a los desarrolladores la capa de datos que deban implementar para asegurar que la analítica está alineada a lo que el negocio necesita.

Este listado de *dataLayers* debe estar ordenado y es recomendable mencionar cuándo debe lanzarse (es decir, qué interacción) y en qué pantalla específica. A continuación, se puede ver un ejemplo de un *dataLayer* con el evento `view_item_list`, que en el contexto de los usuarios cuya tipología es dueño en Puppy-Care correspondería a cuando un usuario ve un listado de paseadores desde la aplicación:

```
// Measure product views / impressions
dataLayer.push({ ecommerce: null });  // Clear the previous ecommerce object.
dataLayer.push({
  event: "view_item_list",
  ecommerce: {
    items: [
      {
        item_name: "paseador_8162",  // Name or ID is required.
        item_id: "8162",
        price: 15.25,
        item_list_name: "Search Results",
        item_list_id: "SR123",
        quantity: 1
      }
    ]
  }
});
```

Cronograma

Todo buen plan de medición cuenta con un cronograma aproximado. En el marco de un proyecto de implementación hay que recordar que los desarrolladores, en este caso de Puppy-Care, deberán instalar los *dataLayers* en el propio producto digital y ese es un tiempo que debe contemplarse en el propio plan de medición.

Uno de los problemas más típicos es que el equipo de IT, especialmente si trabaja dentro de Puppy-Care como empleados, no disponga del tiempo suficiente en su jornada laboral para implementar estos códigos y hacer una buena revisión posterior de que los eventos funcionan correctamente. Este es uno de los motivos principales por los que se ralentizan muchos de los proyectos de analítica digital. Es importante mencionar que no es culpa del equipo de IT, sino de una mejorable gestión de los recursos y capacidades disponibles y, en general, de comunicación y franqueza por todas las partes implicadas.

En la figura 6.9 vemos la representación gráfica de los cinco pasos que todo plan de medición profesional debe tener. Es probable que en tu organización añadan más pasos o que, incluso, dividan en dos entregas este documento. Es perfectamente viable y depende de cómo la organización desee trabajar. Lo que es innegable es que realizar un plan de medición es el único método que se conoce para ordenar, priorizar y garantizar que la medición del activo digital se hace de forma correcta, legal y con calidad.

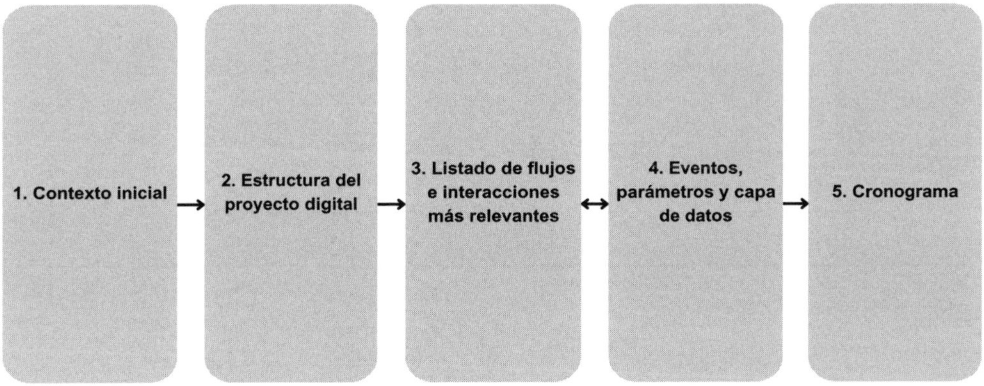

Figura 6.9. Plan de medición estándar en cinco pasos.

Ciclo de vida del dato

El plan de medición que se ha mostrado en el anterior apartado hace referencia a cómo se captura el dato de un negocio digital, en ese caso de una aplicación con una *landing page*. Sin embargo, el área de captura del dato es solamente una única parte de todo un ciclo de vida que tiene el dato. Por desgracia, en los últimos años en analítica web/*app* se ha puesto demasiado foco en la captura del dato y no en su explotación. Es decir, se ha invertido mucho tiempo en configurar herramientas y no en analizar.

No obstante, los interesados en el área de la analítica de datos conocen que la captura es solo un paso de todo un conjunto que permite de forma sistematizada no solo capturar, sino también transformar, modelizar y formar parte activa de la toma de decisiones de la organización. Para ordenar este proceso en analítica de datos sí que existe un *framework* estándar a nivel mundial que permite que todos los equipos de datos puedan, si quieren, trabajar de la misma manera o bajo unos mismos principios, este *framework* se conoce como CRISP-DM.

En la figura 6.10, se puede ver cada uno de los seis pasos de la metodología CRISP-DM. Su nombre proviene de *"Cross-Industry Standard Process for Data Mining"* y en esencia sirve para guiar los recursos y capacidades de tu iniciativa del dato. A continuación, se va a explicar cada uno de estos seis pasos.

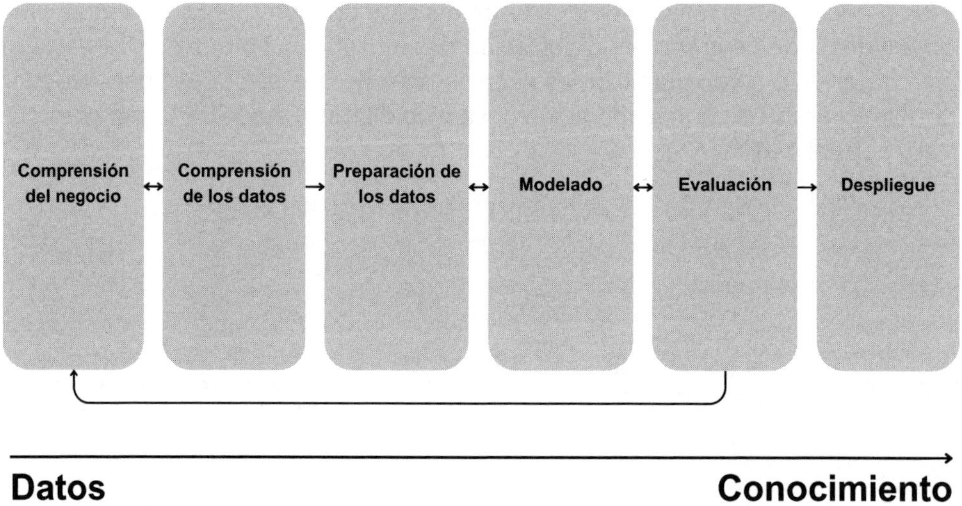

Figura 6.10. Representación gráfica de la metodología CRISP-DM.

Comprensión del negocio

En la mayoría de metodologías de datos, el primer paso siempre suele ser el de la comprensión del contexto inicial y del negocio. CRISP-DM en este caso no es diferente a lo que se ha planteado en el apartado del plan de medición, si bien es cierto que las capacidades de un analista de datos (con conocimiento en Python, SQL, RStudio e incluso Java) son diferentes a las de un analista web (con conocimiento de JavaScript, HTML y de las herramientas de analítica, etiquetado y visualización de Google), lo cual va a redundar en que la naturaleza del proyecto sea muy distinta, como se verá en los siguientes pasos.

Comprensión de los datos

En esta fase se tratará de descubrir la naturaleza de los datos: ¿de dónde proceden?, ¿en qué estado se encuentran cuando llegan?, ¿llegan en el formato que más interesa a la organización para los retos presentes y futuros? ¿Cuál es su estructura? Esta es una fase crítica en la que se trabaja con la calidad del dato y se inician los diferentes procesos de transformación y formateo de datos con diversas librerías, habitualmente, con Pandas y similares.

Normalmente, en esta fase se ejecutarán las siguientes acciones:

- **Captura del dato:** No todos los datos provienen de sitios web o *apps*. También se capturan datos a través de *web scraping* o vía API.
- **Descripción de los datos:** ¿Qué formato tienen? ¿*Boolean*? ¿*String*? ¿Son numéricos? ¿Son datos categóricos?
- **Exploración del dato:** A través de la visualización de datos se puede encontrar oportunidades o puntos de mejora relevantes para el proyecto inicial.
- **Verificación de calidad del dato:** En este paso se deben identificar puntos conflictivos como valores atípicos y, si es posible, el motivo.

La fase de comprensión de los datos es crítica porque en ella se decide qué datos se van a capturar y se va a discernir su calidad. Tener una buena calidad del dato es siempre una condición necesaria, aunque no suficiente, para tener éxito en un proyecto de datos; por ello, se muestra a continuación las siguientes fases de la metodología.

Preparación de los datos

En esta fase se dispondrá del juego final de datos sobre el que se aplicarán los modelos. Si bien es cierto que la calidad del dato suele ser una actividad continua, hay que recordar la frase de Richard Rumelt: "Renunciar y continuar". Por otro lado, hay proyectos de *data mining* en los que la calidad del dato no está tan comprometida en términos de volubilidad como en el negocio digital, como bien puede ser un proyecto de detección de fraude bancario.

Además, en la fase de preparación de los datos deberá escogerse aquellos datos que son más apropiados para alcanzar los objetivos previamente determinados, lo cual implica evaluar la relevancia de los datos, su calidad y las limitaciones técnicas. Al final, también se ejecutarán estas acciones:

- Establecer los datos finales del proyecto.
- Limpiar los datos.
- Obtener unos datos adecuados para responder a las preguntas de investigación.
- Añadir fuentes secundarias si es preciso. Esto puede también realizarse en la fase previa si se considera necesario.

Modelado

En esta fase, la más orientada a la ciencia de datos, se seleccionarán y aplicarán las técnicas de modelado más apropiadas para el proyecto de minería de datos. Hay que entender que un mismo problema puede tener diferentes soluciones. Por ejemplo, un problema de segmentación de usuarios puede solucionarse con técnicas de *clustering*, redes neuronales o una simple visualización fruto de un análisis descriptivo. De la misma forma, un reto de predicción de necesidades de *stock* de un *e-commerce* puede aceptar técnicas como regresión logística, lineal o múltiple, *K-Nearest Neighbours,* entre otros. Algunas de las tareas que deben realizarse en la fase de modelado son:

- Seleccionar la técnica de modelado.
- Desarrollar una prueba. En esta fase se generará un proceso para probar la calidad y validez del modelo para resolver el problema.
- Construcción del modelo.
- Ajustar el modelo.

Evaluación

En la anterior fase, el equipo de analistas de datos se preocupará en asegurar la fiabilidad del modelo; sin embargo, en la fase de evaluación se medirá el grado en que el resultado se acerca a los objetivos de negocio previamente planteado y en la búsqueda, si es posible, de motivos por los que el modelo no funciona.

Es importante tener en cuenta que la fase de evaluación conecta con el primer paso de la metodología. Es fundamental revisar los resultados de los modelos con los responsables del negocio para evaluar, de una forma más cualitativa y basada en la experiencia, si estos resultados corresponden de forma fidedigna a la realidad del negocio. Algunas de las tareas que deben realizarse en la fase de evaluación son:

- Evaluación de los diferentes modelos generados hasta el momento y puntuar sus resultados para iterar sobre ellos e ir ajustando.
- Revisar todo el proceso previo de *data mining*.
- Establecer los siguientes pasos a tomar.

Despliegue

Si los datos son positivos, se podrá desplegar el modelo a través de un plan de despliegue y deberá hacerse un seguimiento *a posteriori* con el consiguiente mantenimiento de la parte operativa del mismo, por no decir que deberá revisarse que se ha alcanzado el objetivo previamente definido y se han identificado los aprendizajes ejecutados a lo largo del camino.

¿Qué clase de tareas pueden resolverse con CRISP-DM?

A través de la minería de datos se pueden trabajar todo tipo de tareas, pero las más típicas son las que están relacionadas con problemas de clasificación, regresión y agrupamiento (más conocido como *clustering*). El sentido de aplicarse metodologías como CRISP-DM sobre este tipo de proyectos es que se pueden aplicar modelos con una utilidad predictiva determinada y aplicarse así a nuevos datos. A continuación, se van explicar brevemente estos tres tipos de tareas.

Clasificación

En la clasificación, se busca clasificar los datos en una serie de distintas categorías. Esto puede ser muy útil en marketing (especialmente cuando se trabaja con CRM), pero se utiliza en todo tipo de industrias. Algunos de los modelos más conocidos que se pueden englobar dentro de la categoría de clasificación serían los árboles de decisión o *K-Nearest Neighbours.* Para ver un ejemplo sencillo de K-NN se puede ver en el siguiente código:

```
from sklearn.model_selection import train_test_split
from sklearn.neighbors import KNeighborsClassifier
from sklearn.datasets import make_classification
from sklearn.metrics import accuracy_score
# 1. Preparación de los datos
# Crear un conjunto de datos de clasificación
X, y = make_classification(n_samples=100, n_features=5, n_classes=2, random_
state=42)
# 2. División de datos
# Dividir el conjunto de datos en entrenamiento y prueba
X_train, X_test, y_train, y_test = train_test_split(X, y, test_size=0.2,
random_state=42)
# 3. Entrenamiento del modelo
# Crear un objeto KNN con 3 vecinos
knn = KNeighborsClassifier(n_neighbors=3)
```

```
# Entrenar el modelo usando el conjunto de entrenamiento
knn.fit(X_train, y_train)
# 4. Evaluación del modelo
# Predecir las respuestas para el conjunto de prueba
y_pred = knn.predict(X_test)
# Calcular la precisión
accuracy = accuracy_score(y_test, y_pred)
accuracy
```

En este código se importan una serie de elementos como `train_test_split`, que sirve para dividir los datos en conjuntos de entrenamiento y prueba; `KNeighborsClassifier`, que es la clase del algoritmo de K-NN, `accuracy_score` para calcular la precisión del modelo y `make_classification` para generar un conjunto de datos de clasificación sintético para un ejemplo sencillo.

En la fase de preparación de los datos, se crea un conjunto de datos sintéticos con 100 muestras, cada una con 5 características y dividido en 2 clases. Un dato sintético es un dato creado artificialmente que permite poner a prueba pequeños modelos y hacer pequeñas pruebas. Actualmente, en raras ocasiones se puede considerar que los datos sintéticos pueden sustituir a datos de usuarios reales; sin embargo, en medicina empieza a utilizarse datos sintéticos para obtener una muestra mayor y así que la inferencia estadística sea más fiable.

En la fase de división de datos, se dividen los datos en conjuntos de entrenamiento y prueba. El 20 % de los datos se utiliza como prueba. Es importante entender que los modelos aprenden de datos pasados, pero también deben ponerse a prueba sus resultados con datos reales que también forma parte del histórico de datos de la empresa.

El resultado de este código es 1. Eso significa que se ha alcanzado una precisión del 100 % en el conjunto de prueba, lo que lógicamente indica que fue capaz de clasificar correctamente todas las muestras de prueba en este conjunto de datos específico, lo cual es un resultado que incluso podría ser un indicio de *overfitting*. Esto significaría que el modelo ha aprendido de detalles e incluso del ruido de los datos de entrenamiento hasta el punto que impacta negativamente en el rendimiento del modelo de datos nuevos, aunque, en este caso, el motivo no es otro que la simplicidad del conjunto de datos.

Agrupamiento

Más conocido como *clustering*, el agrupamiento es una tarea en la que, a diferencia de la clasificación, no existe un conjunto de clases predefinidas. Es decir, en el anterior caso se detalla que hay 2 clases, pero aquí no hace falta, ya que el algoritmo de forma autónoma "descubre" en función del algoritmo de agrupamiento los grupos que hay basándose en patrones de similitud en el conjunto de datos. Es muy interesante para encontrar anomalías, segmentación de clientes, entre otros:

```
from sklearn.datasets import make_blobs
from sklearn.cluster import KMeans
import matplotlib.pyplot as plt
# 1. Preparación de los datos
# Crear un conjunto de datos de clustering sintético
X, _ = make_blobs(n_samples=300, centers=4, cluster_std=0.60, random_state=0)
# 2. Selección del modelo
# Utilizar el algoritmo K-Means con 4 clústeres
kmeans = KMeans(n_clusters=4)
# 3. Entrenamiento del modelo
# Ajustar el modelo a los datos
kmeans.fit(X)
# 4. Resultados del clustering
# Centroides de los clústeres
centroids = kmeans.cluster_centers_
# Etiquetas de clúster para cada punto
labels = kmeans.labels_
# Visualización de los resultados
plt.figure(figsize=(12, 8))
plt.scatter(X[:, 0], X[:, 1], c=labels, s=50, cmap='viridis')
plt.scatter(centroids[:, 0], centroids[:, 1], c='red', s=200, alpha=0.5)
plt.title('K-Means Clustering')
plt.xlabel('Feature 1')
plt.ylabel('Feature 2')
plt.show()
```

En este caso, se crea un conjunto de datos sintético con 300 muestras distribuidas en 4 agrupaciones. Para que el ejemplo sea más interesante, cada agrupación (también conocido como *blob*) tiene una desviación estándar de 0,60 para hacer que los clústeres estén ligeramente superpuestos.

En el punto de selección de modelo se escoge uno muy conocido: K-Means y se decide buscar 4 clústeres. En la vida real, este número no puede escogerse al azar y debe basarse en el conocimiento previo del negocio. Recuerda que estamos mostrando la parte de modernización, pero todo este conocimiento debe provenir de un estudio del contexto y de la naturaleza del dato.

En la fase de entrenamiento del modelo se ajusta el modelo K-Means a los datos y durante ese proceso busca los centroides de los clústeres, de manera que la varianza dentro de cada clúster sea minimizada. Los resultados se muestran en el gráfico de dispersión que se muestra en la figura 6.11.

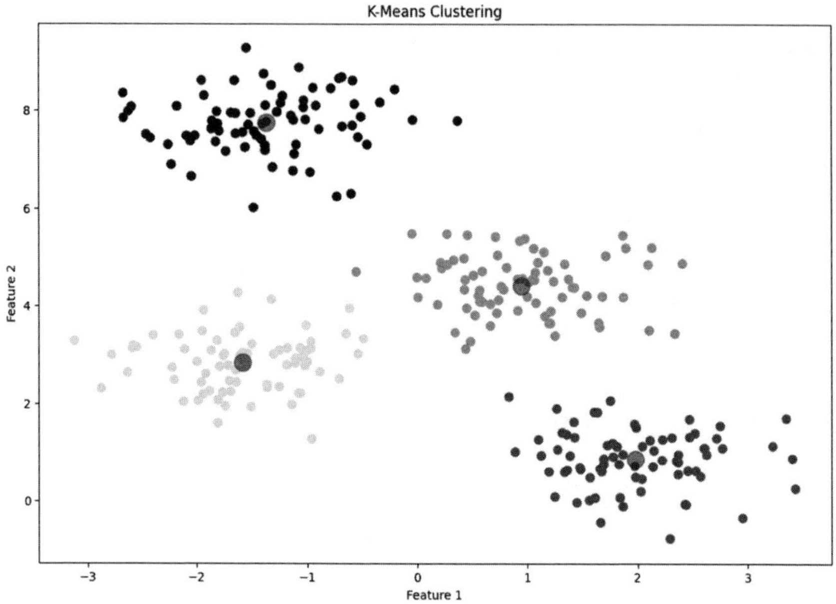

Figura 6.11. Gráfico de dispersión con el modelo K-Means.

Regresión

Siendo puristas, la regresión es un problema de clasificación con clases continuas. Eso significa que los modelos de regresión predicen valores numéricos en lugar de etiquetas de clase discretas. El objetivo de la regresión es asignar valores numéricos a instancias de un dominio dado:

```
from sklearn.linear_model import LinearRegression
from sklearn.metrics import mean_squared_error, r2_score
import numpy as np
# 1. Generación de datos sintéticos
# Crear datos que siguen una línea con algo de ruido
np.random.seed(0)
X = 2 * np.random.rand(100, 1)
y = 4 + 3 * X + np.random.randn(100, 1)
# 2. Creación del modelo de regresión lineal
lin_reg = LinearRegression()
# 3. Entrenamiento del modelo
lin_reg.fit(X, y)
# Coeficientes del modelo
intercept = lin_reg.intercept_
slope = lin_reg.coef_
```

```
# 4. Evaluación del modelo
y_pred = lin_reg.predict(X)
mse = mean_squared_error(y, y_pred)
r2 = r2_score(y, y_pred)
# Visualizar los resultados
plt.figure(figsize=(10, 6))
plt.scatter(X, y)
plt.plot(X, y_pred, color='red')
plt.title('Regresión Lineal Simple')
plt.xlabel('Variable Independiente X')
plt.ylabel('Variable Dependiente y')
plt.show()
(intercept, slope, mse, r2)
```

Se utiliza `LinearRegression` de la librería scikit-learn para definir el modelo, como se ve en la figura 6.12. El objetivo de regresión lineal es encontrar la mejor línea recta que se ajuste a los datos y, como se puede ver en la sección de entrenamiento de evaluación del modelo, se pide el MSE (error cuadrático medio) y el coeficiente de determinación (r2). MSE es la media de los cuadrados de los errores, es decir, la media de las diferencias al cuadrado entre los valores observados y los valores predichos por el modelo. Mientras tanto, el coeficiente de determinación es una medida estadística que mide cuán bien las predicciones se aproximan a los datos reales. Si el resultado fuera un 1, indicaría que el modelo se ajusta perfectamente a los datos.

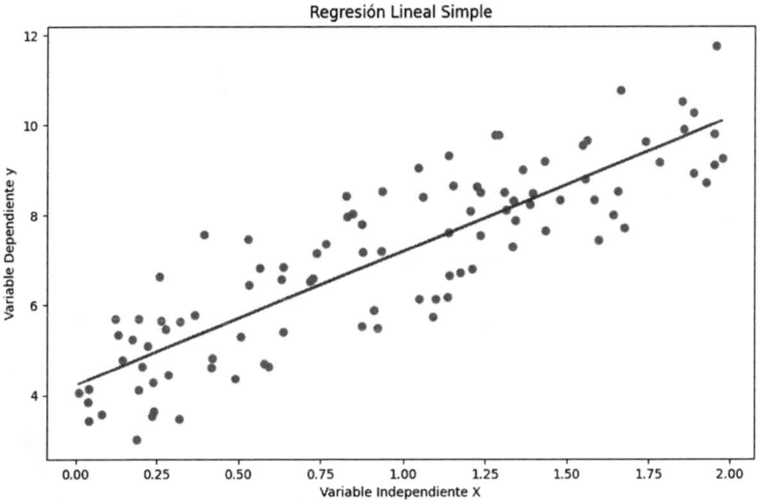


```
(array([4.22215108]),
 array([[2.96846751]]),
 0.9924386487246479,
 0.7469629925504755)
```

Figura 6.12. Modelo de regresión lineal.

Estos son algunos ejemplos de las tareas que pueden realizarse con CRISP-DM. En el capítulo más técnico y basado en *machine learning* se profundizará mucho más en estos aspectos. Hay que recordar que, aunque esta es la parte más deslumbrante, si los datos no cuentan con la calidad suficiente, ni el mejor algoritmo del mundo podrá arrojar buen conocimiento, por ello se puede advertir que queda todavía mucho para que una IA sustituya al 100 % el trabajo de un científico de datos dedicado a la minería.

Errores de *data scientists* en analítica digital

Cada vez es más común que los científicos de datos formen parte de los equipos de explotación del dato y, debido al protagonismo de la economía digital en la economía mundial, tarde o temprano ambos mundos debían conectar. Aun así, hay que recordar que los científicos de datos pueden venir de diferentes áreas como bien puede ser medicina, logística, finanzas o sociología. Al principio de este capítulo se ha puesto el foco en lo voluble que es el dato del negocio digital a causa de las *cookies*, los navegadores y demás; sin embargo, hay más características que el científico de datos debe conocer para realizar bien su trabajo.

Distinción entre sesión y usuario

Muchos especialistas en marketing digital desconocen a qué se están refiriendo exactamente cuando visitan sesiones. Eso no significa que no conozcan la definición (más o menos), sino que lo que significa es que, cuando visitan el reporte de adquisición de tráfico de GA4 y evalúan los canales que han generado una venta evaluando el ámbito de sesión, no perciben que realmente están viendo algo muy diferente a lo que verían si visitaran el *report* de "adquisición de usuarios".

Como se puede ver en la figura 6.13, un usuario que acepta *cookies* es medido por nuestra herramienta de analítica digital y en su primera sesión (que la ha generado un motor de búsqueda de forma orgánica, por lo que la fuente de esa sesión es Organic Search) visita el sitio web y ve un producto determinado. El mismo usuario (sabemos que es el mismo gracias a la *cookie*) inicia una segunda sesión y vuelve al mismo producto, pero esta vez lo añade a carrito. Esta sesión ha sido provocada también por un motor de búsqueda, pero esta vez el usuario hizo clic en una de las secciones superiores con anuncios de la SERP y, por lo tanto, esa sesión la ha generado Paid Search. Al final, en su tercera y última sesión, esta vez provocada por Email, el usuario ve el carrito que dejó abandonado y finalmente compra.

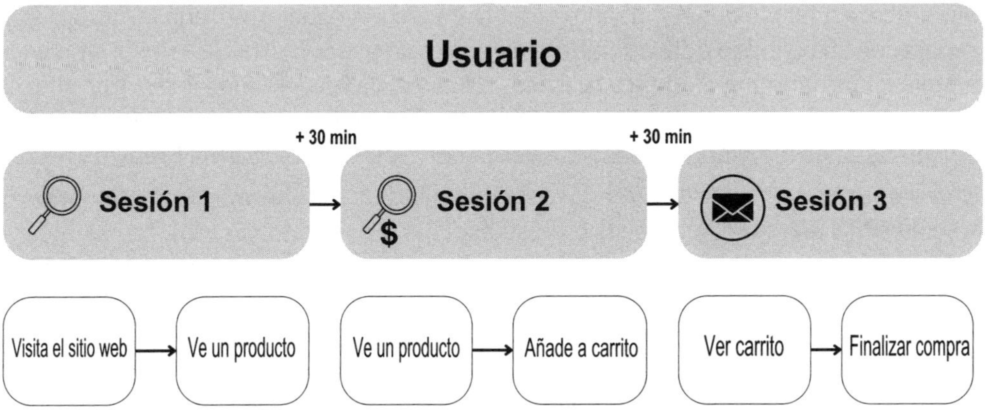

Figura 6.13. Proceso de compra por ámbito sesión.

Este simple proceso sucede todos los días y la cuestión, más allá de atribución (que actualmente con GA4 es bastante más simple que con GA Universal), consiste en evaluar qué sucede cuando navego en la herramienta de analítica digital viendo sesiones o viendo usuarios, es decir, si uso métricas asociadas al ámbito de sesión o al ámbito usuario.

Como puede verse en la figura 6.14, el usuario, es decir, la *cookie* fue generada a través de Organic Search y, si decides visitar el informe de "adquisición de usuarios" y quieres ver a qué canal imputa esa venta de ese día, lo imputará a Organic Search, ya que estás viendo el ámbito de usuario, es decir, el ámbito por el que se crea la *cookie* y se define el usuario como tal.

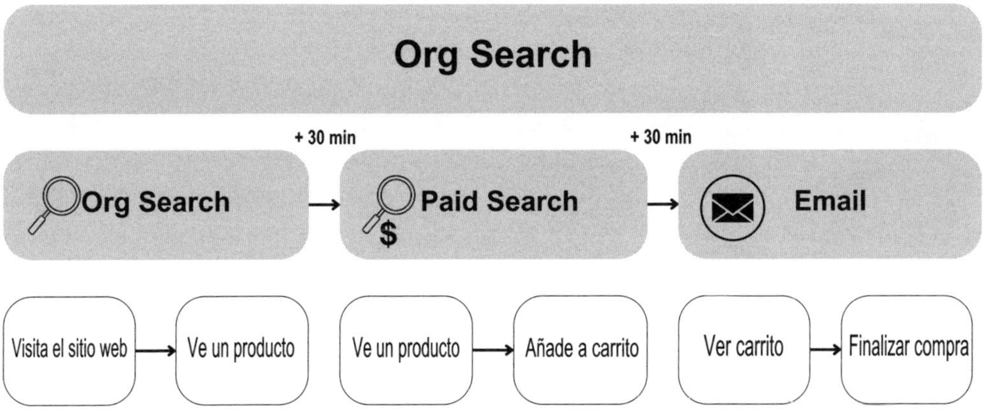

Figura 6.14. Proceso de compra por ámbito usuario.

Sin embargo, las sesiones hacen referencia a las navegaciones individualizadas y separadas en un lapso determinado que realiza un usuario y cada visita al sitio web o aplicación tiene lógicamente fuentes, orígenes o canales diferentes. Por ello, si visitas el informe de "adquisición de tráfico" (que hace referencia al comportamiento de las sesiones individualizadas) esa venta concreta se imputará a Email.

Una pregunta que suele surgir aquí es: ¿qué hay que mirar entonces? ¿Usuarios o sesiones? (Y eso que en este libro no se explicará el ámbito evento). La respuesta es sencilla: monitoriza ambos y elige uno cuando desees ver los comportamientos asociados a ese ámbito concreto.

Un error que suelen cometer los científicos de datos que aterrizan a un departamento de Marketing Analytics es desconocer la naturaleza del dato y las consideraciones que hay alrededor de cómo funciona la herramienta de medición. Actualmente, apenas se pueden hacer cruces entre variedad de dimensiones de diferente ámbito; sin embargo, cuando empiezas a trabajar con Google BigQuery debes vigilar y, *a priori*, entender en qué ámbito estás trabajando y qué clase de información te va a devolver cuando pidas una información u otra, ya que la decisión entre invertir más en un canal u otro puede dar a error solamente por este sutil detalle.

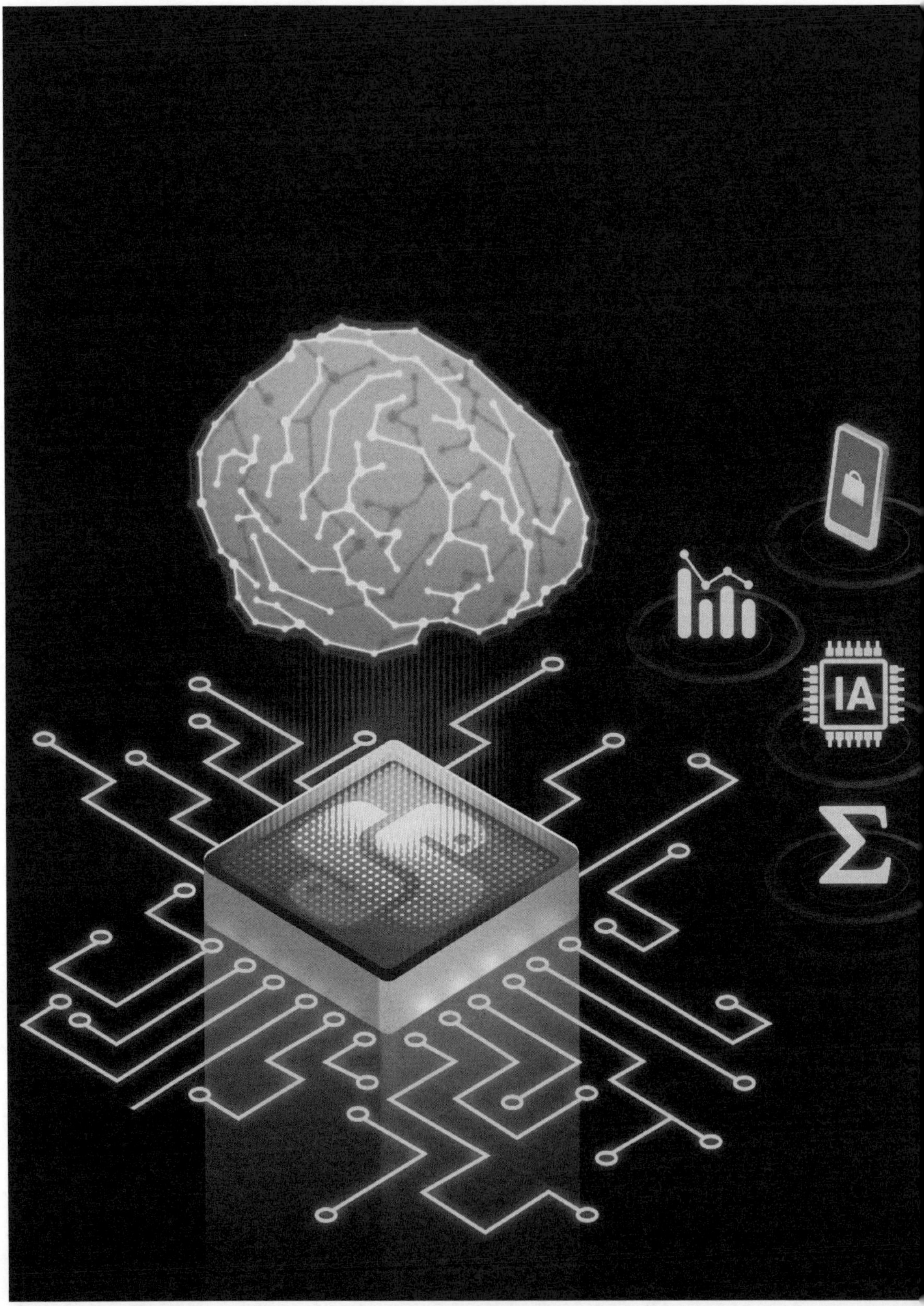
IA

7. Visualización de datos

La analítica visual, también conocida como visualización de datos, es el arte de hacer que un dato cobre sentido. Para la mayoría de personas del mundo de la empresa el dato es algo frío y complejo y es esta subdisciplina de la analítica de datos la que se encarga de comunicar de la forma más adecuada y con el máximo rigor posible los *insights* encontrados.

¿Qué es y para qué sirve?

La visualización de datos tiene dos grandes misiones primordiales. Primero, sirve al analista de datos como método para encontrar patrones de comportamiento entre distintas variables. Este aspecto hace referencia a *exploratory data analysis*, es decir, el uso de técnicas de analítica visual y estadística con el fin de encontrar oportunidades o puntos de mejora.

Como segunda misión, la visualización de datos sirve para explicar historias y hacer que el mensaje técnico y a veces complejo generado por el dato "llegue" al público objetivo. Este aspecto hace referencia a *data storytelling* y es una de las habilidades más críticas para todo analista de datos, ya que, más tarde o más temprano, toca contar aquello que se ha hallado e incluso se deberá convencer sobre los distintos escenarios y opciones que un diagnóstico genera.

Existen numerosas herramientas de visualización de datos y, probablemente, la más conocida por gran parte de los lectores de este libro sea Looker Studio, la herramienta de visualización de datos de Google anteriormente conocida como Data Studio. Esta herramienta ha servido como primer chapuzón al mundo de la analítica visual para la gran mayoría de analistas de negocio digital y es una de las principales soluciones del mercado por cuestiones técnicas, prestaciones y, sobre todo (por qué no decirlo), su gratuidad.

Sin embargo, en el entorno de la analítica de datos con Python, rara vez se utiliza Looker Studio y la mayoría de empresas de la industria abogan por el uso de otras herramientas, como, por ejemplo, Tableau o Microsoft Power BI. La preferencia por una herramienta u otra muchas veces depende del entorno en el que uno trabaja y las integraciones que necesita, pero es relevante conocer un poco el detalle de por qué elegir una herramienta u otra más allá de preferencias particulares, como se ve en la tabla 7.1.

Tabla 7.1. Tabla comparativa de Power BI, Looker Studio y Tableau.

VARIABLE/ HERRAMIENTA	MICROSOFT POWER BI	LOOKER STUDIO	TABLEAU
Integración con sistemas y plataformas	Excelente con Azure, SQL Server, Dynamics 365, y otros productos de Microsoft; integraciones API robustas.	Buena con Google Cloud Platform, BigQuery, Google Sheets; integraciones limitadas fuera del ecosistema de Google.	Excelente con una amplia gama de fuentes de datos, incluyendo SQL, Oracle, AWS, Hadoop.
Capacidad de análisis	Avanzada con DAX y Power Query para modelado y análisis complejo.	Buena para análisis de nivel básico a intermedio. Looker ML, su versión de pago, puede utilizarse para un nivel más avanzado.	Muy avanzadas, con fuertes capacidades en estadísticas y análisis predictivo.
Manipulación del dato	DAX y M (Power Query) para manipulación avanzada de datos.	LookML para modelado de datos y SQL para consultas.	Usa su propio lenguaje de consulta (VizQL) y también SQL.
Automatización	Alta capacidad de automatización con flujos de datos y Power Automate.	Automatización limitada; más enfocado en visualización que en procesamiento de datos.	Automatización de flujo de trabajo de datos con Tableau Prep.

VARIABLE/ HERRAMIENTA	MICROSOFT POWER BI	LOOKER STUDIO	TABLEAU
Near Real Time	Soporte para visualizaciones en tiempo real.	Limitado en comparación con Power BI y Tableau.	Excelente capacidad para visualizaciones en tiempo real.
Rendimiento con grandes volúmenes de datos	Alta; optimizado para grandes volúmenes de datos y rendimiento en la nube.	Buena con Google BigQuery, pero puede tener limitaciones con otros sistemas.	Muy alta; excelente con grandes conjuntos de datos y optimizado para rendimiento.
Personalización	Muy alta y con amplia gama de opciones y extensibilidad.	Moderada; menor en comparación pero con algunas opciones de personalización y extensibilidad.	Alta; extensa personalización y extensibilidad con API y *scripts*.
Análisis predictivo	Integración con Azure ML para capacidades de *machine learning* y AI.	Looker ML ofrece algunas capacidades de *machine learning*.	Integración con Python y R para análisis predictivo y *machine learning* avanzado.
¿Recomendable para proyectos de ciencia de datos?	Power BI, especialmente cuando se combina con Azure y Snowflake, es una herramienta viable para proyectos que se centran en la visualización y análisis de datos a gran escala.	NO; enfocado en visualización y reporte de datos más que en ciencia de datos avanzada.	SÍ; fuerte en análisis estadístico, integración con herramientas de ciencia de datos y capacidades de *machine learning*.

En definitiva, Power BI es una herramienta que puede trabajar con mayor fiabilidad en proyectos más exigentes en aspectos relacionados con el tratamiento del dato, integración y volumen que, por ejemplo, Looker Studio. En cuanto a Tableau, en el marco de un proyecto de ciencia de datos es ideal; sin embargo, presenta una serie de pros y contras con respecto a Power BI, como se ve en la tabla 7.2.

Tabla 7.2. Tabla comparativa de Power BI y Tableau.

CARACTERÍSTICA	TABLEAU	MICROSOFT POWER BI
Análisis y visualización de datos	Excelente para visualizaciones complejas y personalizadas, con flexibilidad en análisis avanzados.	Buenas capacidades de visualización y análisis, pero con menos flexibilidad que Tableau.
Integración con herramientas de ciencia de datos	Integración robusta con R y Python para análisis estadísticos y predictivos.	Integración básica con R y Python, pero menos integrada que Tableau.
Manejo de grandes volúmenes de datos	Maneja eficientemente grandes conjuntos de datos, crucial en ciencia de datos.	Capaz de manejar grandes conjuntos de datos, pero puede tener limitaciones en comparación con Tableau.
Coste	Generalmente más caro, lo cual puede ser un factor limitante para algunos equipos.	Más asequible, lo que lo hace accesible para una gama más amplia de usuarios.
Curva de aprendizaje	Curva de aprendizaje más pronunciada.	Más fácil de aprender y usar, especialmente para principiantes o usuarios no expertos.
Integración con ecosistema Microsoft	Menos integración con productos de Microsoft en comparación con Power BI.	Integración excelente con ecosistema de Microsoft.

Aunque probablemente Tableau cuenta con una serie de ventajas con respecto a Power BI en el marco de un proyecto de ciencia de datos, hay que decir que su integración con el ecosistema Microsoft, su accesibilidad a nivel de precio y su liviana curva de aprendizaje (sin poner en duda sus prestaciones técnicas) hacen que Power BI sea actualmente una de esas herramientas que "hay que conocer". Por este motivo, se decide en este libro enfocar parte del capítulo de visualización de datos en Power BI.

No obstante, no hay que olvidar que la herramienta es un medio parra un fin. Lo importante, además de aprender a manejar una herramienta, es aprender sobre los principios de visualización de datos.

Fundamentos de la visualización de datos

Dominar el arte de la analítica visual es mucho más que aprender una herramienta. Consiste en interiorizar toda una serie de principios y reglas que van más allá del diseño, que engloban áreas como la ética, el negocio, la estadística descriptiva, álgebra lineal, entre otros.

En esta sección, se mostrarán los fundamentos elementos de la analítica visual, un mundo en sí mismo que se aconseja profundizar para toda aquella persona interesada en este ámbito. En la bibliografía de este mismo libro hay grandes ejemplares que se recomienda para profundizar en este campo.

Antes de empezar, imagina que eres el director de marketing de una importante marca que invierte publicidad en TV y decides sobre la distribución de la inversión en diversos canales. Tienes una reunión con el director comercial de una importante empresa de *streaming* (Netflix, Disney Plus, HBO, Amazon Prime Video...) y te presenta los siguientes datos sobre la televisión y el consumo en minutos de los últimos años. ¿Qué interpretación extraes de la imagen de la figura 7.1?

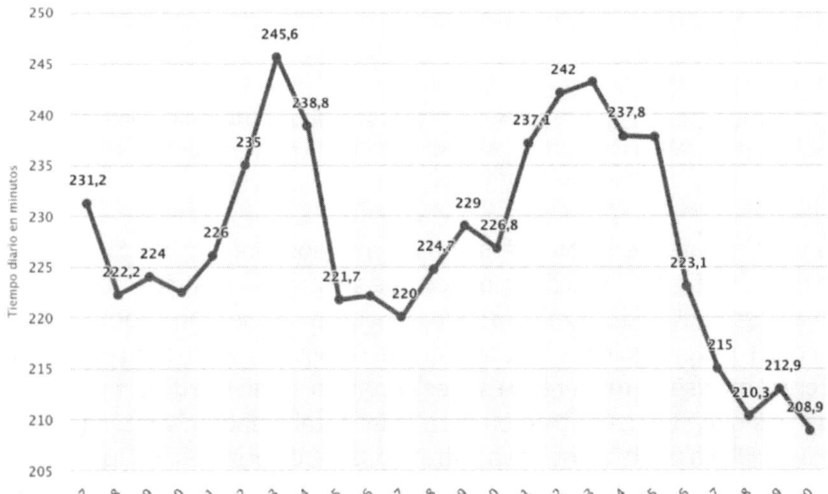

Figura 7.1. Promedio de tiempo diario en minutos de consumo de TV. Gráfica de Statista: `https://es.statista.com/estadisticas/1105257/consumo-diario-de-television-espana/`.

Una posible conclusión podría ser que, ciertamente, cada vez menos personas consumen televisión y que invertir en un medio en declive no es aconsejable. Esta gráfica va alineada a una tónica de consumo y de discurso que no es en absoluto descabellada y (en este ejemplo hipotético) la utiliza el director comercial como parte del discurso para argumentar por qué debería redistribuir la inversión en televisión al contenido creado por su plataforma de *streaming*.

Al día siguiente, tienes otra reunión. Esta vez con el director comercial de un famoso grupo de comunicación de tu país que tiene diversos canales de televisión. En esa misma reunión, muestra el siguiente gráfico (figura 7.2) relacionado con el consumo diario en minutos de la televisión en España.

Figura 7.2. Promedio de tiempo diario en minutos de consumo de TV.
Adaptación de la gráfica de Statista: `https://es.statista.com/estadisticas/1105257/consumo-diario-de-television-espana/`.

¿Lo has visto? Fíjate bien. Los datos son los mismos. Son los mismos puntos en el espacio que en la figura 7.1. El diagnóstico que se puede extraer de una gráfica así (y es lo que en este ejemplo te explica el director comercial de este importante grupo de comunicación) es el siguiente. Es obvio que la televisión, como industria y producto, se encuentra en fase de madurez y este es el comportamiento de la inmensa mayoría de industrias que se encuentran en esta fase: estabilidad en ventas (en este caso minutos) que lleva habitualmente a estrategias de diversificación, por ejemplo.

Con los mismos datos, con el mismo tratamiento y formato e incluso con el mismo tipo de visualización, se puede llegar a dos diagnósticos diferentes y, por ende, a una toma de decisión supuestamente antagónica: invertir en televisión o dejar de invertir en televisión. Este es el verdadero poder de la visualización de datos.

Es importante destacar, para los verdaderos amantes de la exploración del dato, que hay una sutil diferencia: la *y* en la figura 7.1 inicia en 205 y después va de 5 en 5 hasta 250. Sin embargo, en la figura 7.2, inicia en 0 hasta 300 saltando de 50 en 50. Esto hace que cualquier fluctuación en los minutos en la primera figura genere una mayor sensación tanto de aumento como de decremento. Por convención, suele decirse que cualquier gráfica debe iniciar en cero; sin embargo, existen opiniones que apuntan a que esto no es siempre necesario. Resolver esta cuestión (muchas veces más cercana a la opinión que al empirismo) está lejos del alcance de este libro.

¿Cómo saber entonces que uno está tomando una correcta decisión con los datos ante una situación así? Rara vez se puede estar 100 % seguro, ya que en el entorno digital (y prácticamente cualquier entorno) los actores económicos toman decisiones con información incompleta. Es decir, nunca tienen el 100 % de la información necesaria para estar completamente seguros de que la decisión será correcta cuando se implemente. La actividad del negocio digital es similar al póker: el jugador solo conoce sus cartas actuales, la capacidad de inversión de la mesa y el histórico de algunas manos del resto de jugadores, pero no se conocen las cartas del resto de jugadores en ese preciso momento ni tampoco las cartas que aparecerán a futuro. No se dispone de toda la información necesaria para ganar siempre.

Cuando se presenta una situación como la del ejemplo del consumo de televisión, hay una regla de oro, pocas veces mencionada en libros de marketing digital, que todo profesional debería abrazar: ¿qué decisión quiere esta persona que yo tome con este dato? Si el lector se hace esta pregunta antes, durante y después de la presentación del interlocutor (en el ejemplo anterior, los directores comerciales) podrá entender no solamente el *data storytelling* ejecutado, sino también la elección de las gráficas y los datos presentados. Entender la intención es entender el mensaje.

Como se mostró al inicio de este capítulo, la analítica visual es el arte de hacer que un dato cobre sentido, pero el sentido se lo da la persona que genera la visualización y la persona que interpreta la información. A continuación, se presentan fundamentos esenciales de la visualización de datos que son críticos para después ser muy resolutivos con las distintas herramientas y librerías.

Dato, información y conocimiento

Los datos realizan un complejo viaje desde su captura hasta su interpretación que bien pudo ilustrarse en el capítulo de marketing digital cuando se mostró la metodología CRIPS-DM o en el capítulo de Pandas cuando se introdujo el concepto de limpieza de datos o *data wrangling*.

El dato se captura, se transforma, modela y, por supuesto, se debe convertir en información accesible para el receptor de la información, como se ve en la figura 7.3. Para que dos personas puedan entender la información, deben cumplirse una serie de normas alrededor del dato:

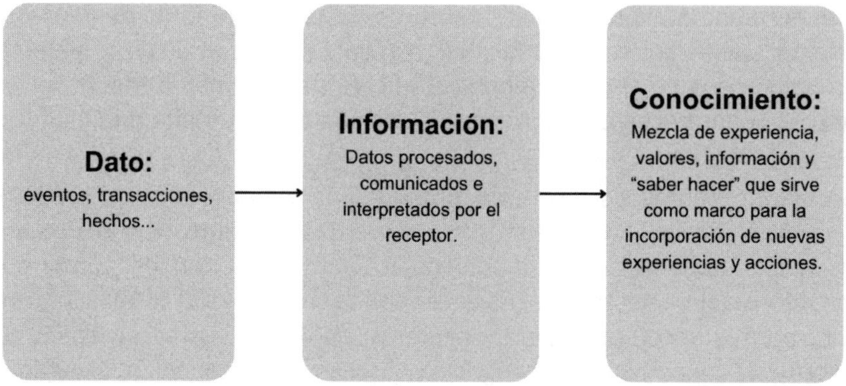

Figura 7.3. Gráfica que muestra el viaje entre el dato, la información y el conocimiento.

- **Inteligibilidad:** Ambos grupos deben entender los conceptos básicos a tratar. Por ejemplo, ante una cuestión relacionada con caída de visitas con Google Analytics 4 debe entenderse el impacto del rechazo de las *cookies*, entre otra serie de cuestiones. El lenguaje y entendimiento común son críticos y suelen ser la fuente principal de malentendidos, desacuerdos y descontentos.
- **Estandarización:** El dato debe ser capturado con un método determinado, conocido y aceptado por ambas partes para que la conversación generada por la visualización de datos sea viable.
- **Relevancia:** El dato y la visualización de datos generada debe ser relevante para la empresa, el departamento y los interlocutores de dicha conversación.

Una vez superada la barrera del tratamiento del dato, el cual se podría definir como el término que se refiere a hechos, eventos, transacciones, entre otros elementos que han sido registrados, toca convertir este conjunto de datos en información que ayuda a la toma de decisiones.

La información se refiere a los datos que han sido procesados y comunicados de tal manera que pueden ser entendidos e interpretados por el receptor. Es en esta área en la que se centra la visualización de datos. Esta subdisciplina convierte el dato extraído, transformado y modelado previamente en una información accesible e inteligible para el público objetivo.

Así, siempre se presentarán diferentes gráficas a distintos *stakeholders* de una organización. Los *product managers* suelen estar interesados en el estado y rendimiento de funcionalidades concretas, mientras que los departamentos más directivos quieren menor nivel de profundidad en el detalle, visión global y alcance de KPIs concretos. Obviamente, el *background* de cada *stakeholder* a nivel de formación y experiencia debe tenerse en cuenta a la hora de trabajar las visualizaciones de datos para no pasarte o quedarte corto en cuanto a profundidad esperada en el análisis.

Sin embargo, el último paso no reside en la fase de información. Hay un último paso que sucede cuando se genera conocimiento nuevo. En este contexto, el conocimiento es una mezcla de experiencia, valores, información y "saber hacer" que sirve como marco para la incorporación de nuevas experiencias y acciones.

El conocimiento se origina y aplica en la mente del interlocutor y es ajeno a la visualización de datos generada. Sucede en su mente y se generará en base a la suma de experiencias y formación que posea. Es importante tener presente que la visualización de datos, *per se*, no genera conocimiento ni *insights* si no se añade conocimiento del sector, de la tecnología, del contexto empresarial, entre muchos otros.

El dato por sí mismo genera poco si no es transformado en información inteligible para un interlocutor que, además, tiene la capacidad de generar conocimiento y acciones fructíferas para la organización. El dato, por sí mismo, nunca fue el nuevo petróleo.

Visualizaciones con Matplotlib y Plotly y cuándo utilizarlas

Existen diferentes métodos para visualizar datos que bien seguro el lector conocerá debido a su experiencia en el negocio digital o el mundo del dato. No obstante, a continuación, se muestran ejemplos realizados con la librería Matplotlib, una de las librerías de Python más utilizadas del mundo, para mostrar cómo se ejecutarían con el lenguaje de programación protagonista del libro. Así, mientras se ejemplifica un tipo de visualización se aprovecha para enseñar Matplotlib.

Gráfico de barras

- **Uso:** Útil para comparar varias categorías diferentes, por ejemplo, la categoría de dispositivo.
- **Característica:** Representa datos con barras rectangulares cuya longitud es proporcional a los valores que representan.
- **Ejemplo:** Comparación del número de clics por *keyword* procedente de Google Search Console.

```
In [1]: import matplotlib.pyplot as plt

keywords = ['keyword A', 'Keyword B', 'Keyword C']
clics = [120, 180, 90]

plt.figure(figsize=(12, 8))
plt.bar(keywords, clics)
```

```
plt.title('Clics por Keyword')
plt.xlabel('Keywords')
plt.ylabel('Clics')
plt.show()
```

Como se puede ver en la figura 7.4, se puede generar un gráfico de barras muy simple utilizando Matplotlib. El procedimiento, en este caso, es el siguiente: se generan dos listas (`keywords` y `clics`) que contienen una serie de valores. Debe tenerse en cuenta, en este caso, que el valor de `clic` y `keyword` debería coincidir con el índice cero de la lista para que a la `keyword` `A` se le asocie el *integer* `120`.

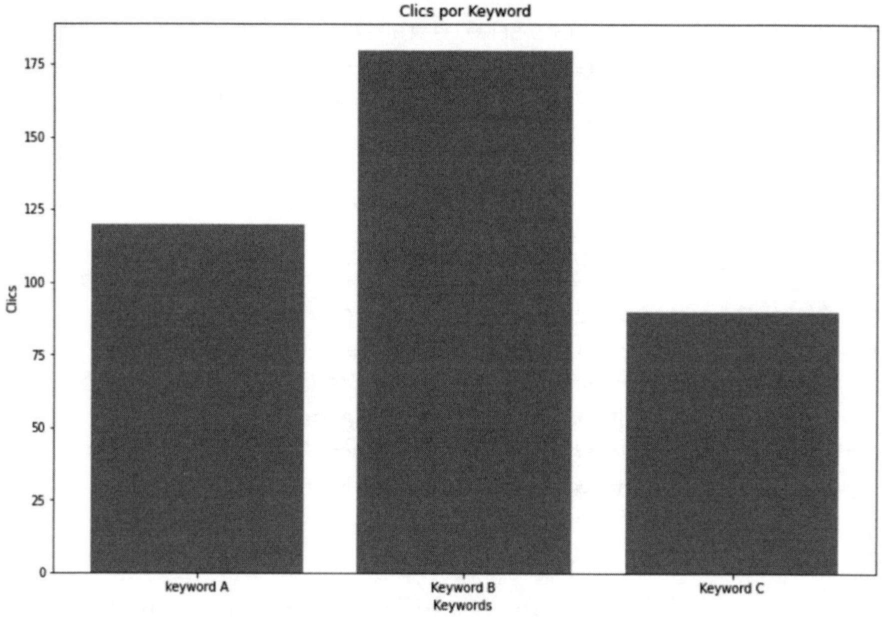

Figura 7.4. Gráfico de barras con Matplotlib.

Después, se utliza `plt.figure` que, en esencia, hace referencia al lienzo de trabajo y en este caso de utiliza el parámetro `figsize` para modificar a voluntad el tamaño de la visualización de datos. A continuación, se utiliza el método `.bar()` de la librería Matplotlib que contendrá las dos listas previamente creadas.

Se establece el título de la *y* y la *x*, así como del título del gráfico general con los métodos `.xlabel()`, `.ylabel()` y `.title()` respectivamente utilizando una simple cadena de texto. Finalmente, el método que permite visualizar el gráfico que se está realizando es `.show()`.

Obviamente, se puede hacer un gráfico a partir de un `DataFrame`. En este caso, se va a seleccionar un CSV extraído de datos del reporte de adquisición de tráfico de GA4 que muestra sesiones, conversiones e ingresos a partir del grupo de canales principales:

```
In [2]: import pandas as pd
import numpy as np

df = pd.read_csv('channels.csv') #recuerda que aquí debes poner el nombre de tu archivo CSV y, probablemente, ubicarlo en la ruta que toque.
df['Total de ingresos'] = df['Total de ingresos'].str.replace('.', '').
astype(int) #al exportarlo, la columna de ingresos no está en formato integer, por ello lo pasamos con astype()
df.head()
```

	Grupo de canales principal de la sesión (Grupo de canales predeterminado)	Usuarios	Sesiones	Sesiones con interacción	Número de eventos	Conversiones	Total de ingresos
0	Organic Search	32440	53776	41440	761951	442	86008146237
1	Direct	17684	25905	19108	453108	533	116485281372
2	Paid Social	3578	4548	2875	50559	10	1459982758
3	Email	3099	6685	4562	109689	111	20031335352
4	Paid Search	2795	4072	3078	73447	51	11420833155

Figura 7.5. Primeras cinco filas de un `DataFrame`.

```
In [3]: # Crear el gráfico de barras para los ingresos por canal
plt.figure(figsize=(10, 6))
plt.bar(df['Grupo de canales principal de la sesión (Grupo de canales predeterminado)'], df['Total de ingresos']) #se seleccionan las columnas de la misma forma que se seleccionan las listas
plt.title('Ingresos por Canal')
plt.xlabel('Canal')
plt.ylabel('Ingresos Totales')
plt.xticks(rotation=45, ha="right") #esto permite que los valores de las dimensiones estén en diagonal para que no se solapen entre sí
plt.show()
```

Los gráficos de barras son muy versátiles y son, sobre todo, utilizados ante datos categóricos como, por ejemplo, canales, categoría de dispositivo, fuente/medio, países, nombre de eventos, entre otros.

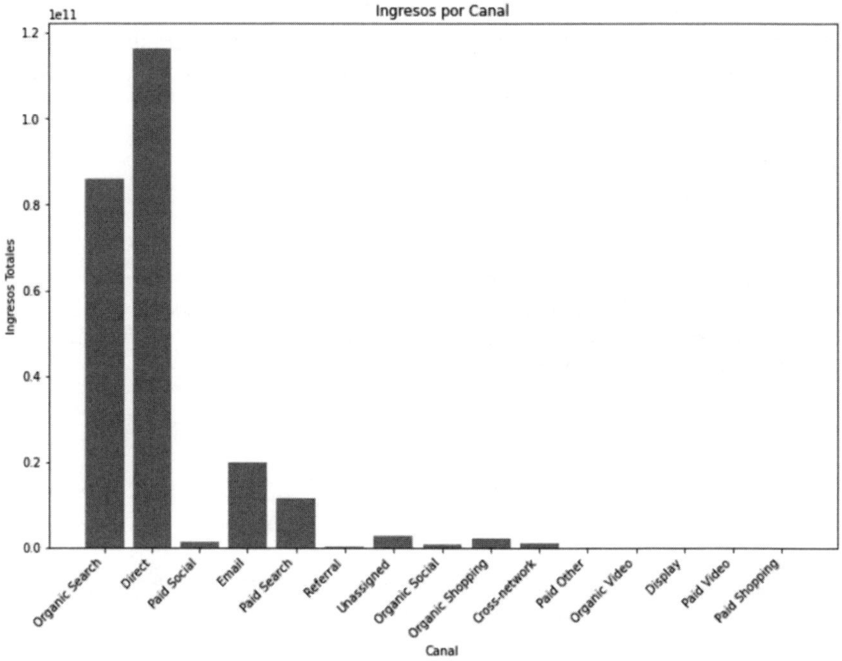

Figura 7.6. Gráfico de barras con Matplotlib a través de un `DataFrame`.

Gráfico de líneas

- **Uso:** Ideal para visualizar tendencias a lo largo del tiempo. Este tipo de gráfico está muy sujeto a la temporalidad.
- **Característica:** Muestra información como una serie de puntos de datos conectados por segmentos de línea recta
- **Ejemplo:** La evolución de las sesiones de un sitio web.

```
In [3]: dias = pd.date_range(start="2024-01-01", periods=30) #con date_range
podemos generar los primeros 30 días del año 2024.
visitas = np.random.randint(1000, 2000, size=30)  # con esto, generamos valores
randomizados para devolver un valor en cada día. El tamaño es 30 porque es el
periodo que hemos establecido previamente
plt.figure(figsize=(12, 8))
plt.plot(dias, visitas, marker='o', linestyle='dotted') #con marker y linestyle
generamos los puntos tanto de cada pico de visitas así como un estilo de línea
basado en puntos respectivamente
plt.title('Visitas al Sitio Web en los Últimos 30 Días')
plt.xlabel('Día')
```

```
plt.ylabel('Visitas')
plt.tight_layout() #este método es útil para hacer que los elementos del gráfico (como títulos, etiquetas de ejes y ticks) se ajusten correctamente y se vean bien, minimizando la superposición de elementos gráficos.
plt.show()
```

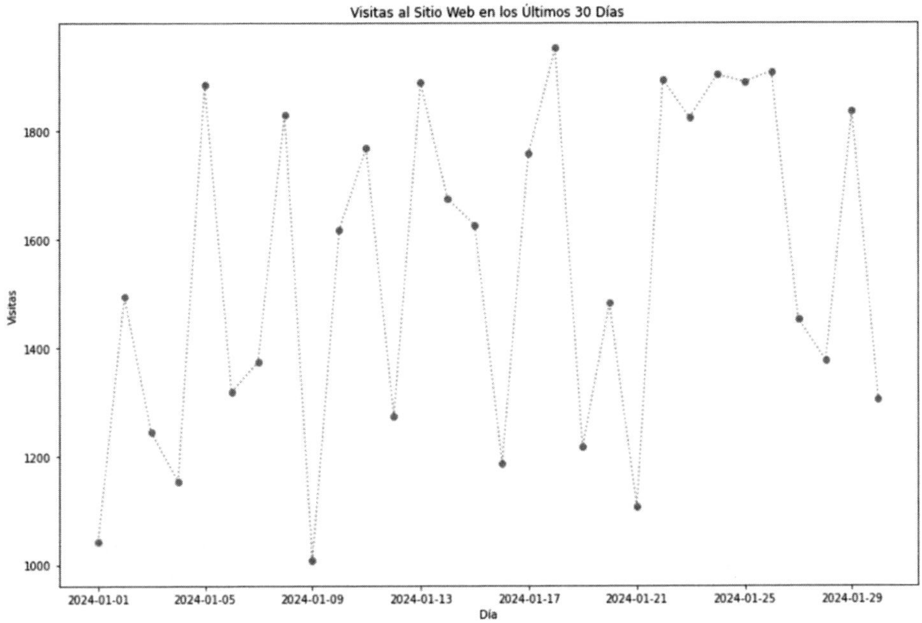

Figura 7.7. Gráfico de líneas con Matplotlib.

¿Y si se deseara que las visitas fueran acumuladas? ¿Cómo se podría hacer? En el siguiente código se muestra cómo:

```
In [4]: dias = pd.date_range(start="2024-01-01", periods=30)
visitas = np.random.randint(1000, 2000, size=30)
visitas_acumuladas = np.cumsum(visitas) #se utiliza el método cumsum() de numpy para calcular las visitas acumuladas
plt.figure(figsize=(12, 8))
plt.plot(dias, visitas_acumuladas, marker='o', linestyle='dotted')
plt.title('Visitas al Sitio Web en los Últimos 30 Días')
plt.xlabel('Día')
plt.ylabel('Visitas')
plt.tight_layout()
plt.show()
```

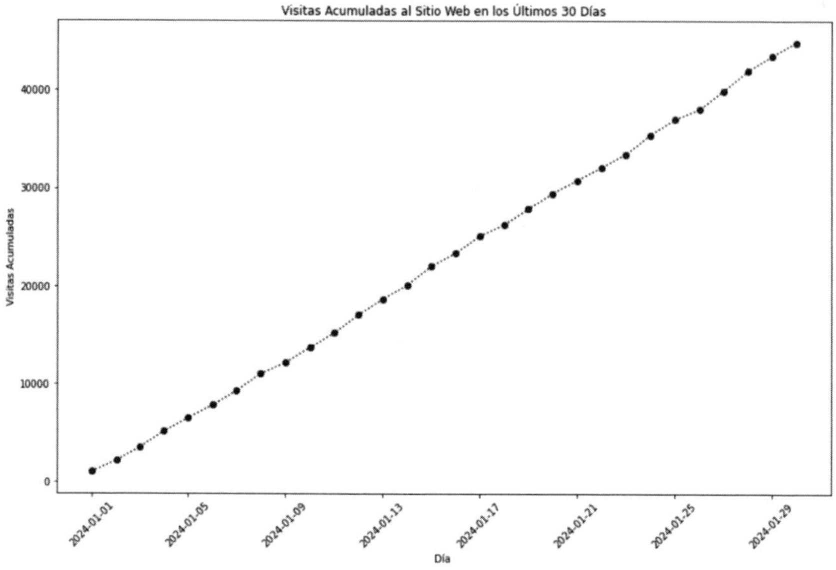

Figura 7.8. Gráfico de líneas con Matplotlib (acumulado).

Se ha conseguido que el gráfico muestre datos acumulados a través del método `cumsum()` de NumPy. Es importante darse cuenta de cómo librerías como NumPy y Matplotlib se unen para poder generar visualizaciones de este tipo.

Gráfico circular

- **Uso:** Útil para mostrar proporciones o porcentajes.
- **Característica:** Divide un círculo en sectores que representan una proporción con respecto al total.
- **Ejemplo:** Distribución del presupuesto en marketing.

```
In [5]: presupuesto_millones = [30, 25, 20, 30, 15]
actividades = ['Publicidad', 'SEO', 'Contenido', 'CRO', 'Analytics']
plt.figure(figsize=(12, 8))
plt.pie(presupuesto_millones, labels=actividades, autopct='%1.1f%%')  #autopct
añade los porcentajes
plt.title('Presupuesto de Marketing')
plt.show()
```

Es bastante similar al método `.bar()`, con la diferencia de que se utiliza el parámetro `labels` para definir cuáles son las variables, mientras que en el gráfico de barras se ubica en primer lugar el eje *x* de las barras y después la *y*.

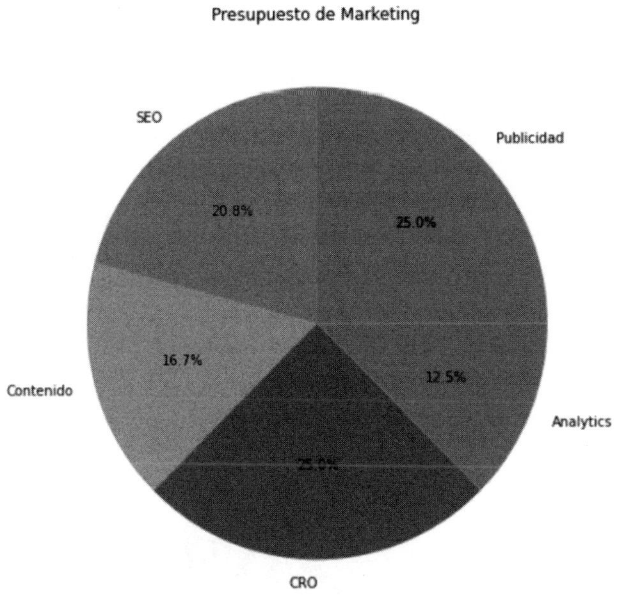

Figura 7.9. Gráfico circular con Matplotlib.

¿Por qué (casi) todo el mundo que se dedica al mundo de los datos odia este tipo de gráfico? El motivo, en esencia, es que existen otros métodos (como la gráfica de barras) más adecuados para ilustrar este tipo de información y que, llegado cierto punto, el gráfico es engañoso, como se puede ver a continuación:

```
In [6]: data_A = [20, 15, 24, 22, 10]
data_B = [20, 20, 20, 20, 19]
data_C = [23, 22, 20, 18, 16]

fig, axs = plt.subplots(2, 3, figsize=(15, 10))

# Gráfico A
axs[0, 0].pie(data_A, labels=labels, colors=colors, startangle=90,
counterclock=False)
axs[0, 0].set_title('Gráfico A')
axs[1, 0].bar(labels, data_A, color=colors)

# Gráfico B
axs[0, 1].pie(data_B, labels=labels, colors=colors, startangle=90,
counterclock=False)
axs[0, 1].set_title('Gráfico B')
axs[1, 1].bar(labels, data_B, color=colors)
```

```
# Gráfico C
axs[0, 2].pie(data_C, labels=labels, colors=colors, startangle=90,
counterclock=False)
axs[0, 2].set_title('Gráfico C')
axs[1, 2].bar(labels, data_C, color=colors)
fig.tight_layout()
plt.show()
```

En el gráfico A se muestra una situación en la que la categoría 3 es la mejor; en el gráfico B, una situación de bastante equidad, y en el gráfico C, una situación en la que la categoría 1 es mejor y la categoría 3 está en medio, como se ve en la figura 7.10.

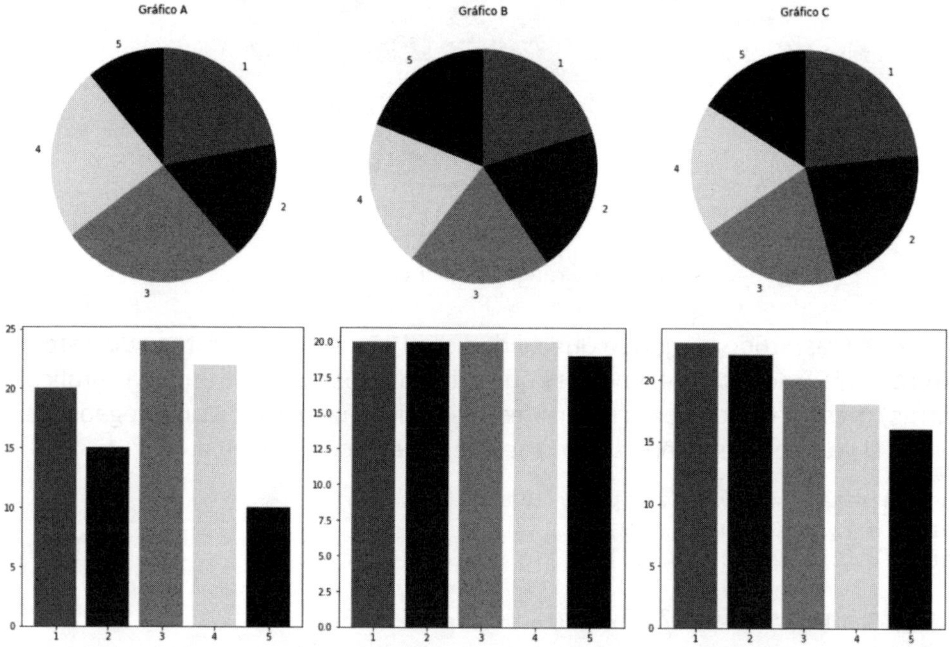

Figura 7.10. Gráfico circular comparado con gráfico de barras con Matplotlib. Basado en un famoso meme de X (anteriormente, Twitter).

Se trata de tres realidades diferentes que sí son rápidamente detectables con el gráfico de barras, pero que requeriría un trabajo extra para detectarlo con los gráficos circulares. El gráfico de barras permite la detección de más matices. Una regla de oro con este tipo de gráficos que, personalmente, me gusta utilizar es que si se tiene una dimensión con más de tres resultados (por ejemplo, canales) no se debería utilizar el gráfico circular, mientras que, si es igual o menos, sí se podría (por ejemplo, categoría de dispositivo).

¿Cómo se ha realizado la figura 7.10? Para mostrar una visualización con diferentes gráficas (en este caso seis *axes*) se debe utilizar la función `subplots()`. Así, se crea una figura (`'fig'`) que actúa como contenedor para estos gráficos.

Después, durante la realización de las gráficas, se puede ver cómo se usa `axs[0, 0]`, por ejemplo. En este caso, se selecciona el primer objeto de ejes (`axes`) de la matriz de ejes `'axs'` previamente declarada. Hace referencia al primer subgráfico en la primera fila y la primera columna de la matriz de subgráficos que se ha creado. Por otro lado, en la gráfica C se puede ver `axs[0, 2]` que hace referencia a la primera fila y a la tercera columna.

Histograma

- **Uso:** Perfecto para entender la variabilidad de un conjunto de datos o su distribución.
- **Característica:** Similar a un gráfico de barras, pero se utiliza para representar la distribución de datos numéricos a través de intervalos.
- **Ejemplo:** Distribución de edades de los visitantes de un sitio web.

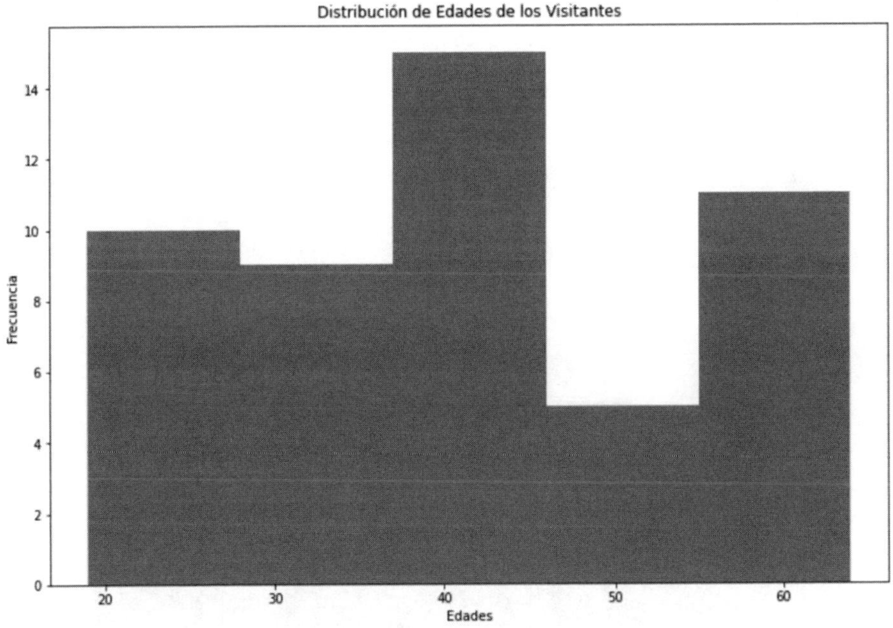

Figura 7.11. Histograma realizado con Matplotlib, `bins = 5`.

```
In [7]: np.random.seed(42)
edades = np.random.randint(18, 65, size=50) #generamos valores randomizados
plt.figure(figsize=(12,8))
plt.hist(edades, bins=5)
plt.title('Distribución de Edades de los Visitantes')
plt.xlabel('Edades')
plt.ylabel('Frecuencia')
plt.show()
```

Para ejecutar un histograma se utiliza el método `hist()` y dentro se ubica la variable en cuestión (en este caso, edades). Dentro de este método hay un parámetro llamado `bins`, que permite especificar cómo se dividen los rangos de datos para crear las barras del histograma. Cada `bin` representa un intervalo de valores y el histograma cuenta cuántas observaciones caen dentro de cada intervalo. Por ejemplo, en la gráfica de la figura 7.12 solamente se modificará `bins`, de 5 a 10 (utilizando los mismos valores, ya que utilizamos la misma semilla (`seed = 42`), que permite reproducir siempre los mismos valores aleatorios siempre.

```
In [8]: np.random.seed(42)
edades = np.random.randint(18, 65, size=50) #generamos valores randomizados
plt.figure(figsize=(12,8))
plt.hist(edades, bins=10)
plt.title('Distribución de Edades de los Visitantes')
plt.xlabel('Edades')
plt.ylabel('Frecuencia')
plt.show()
```

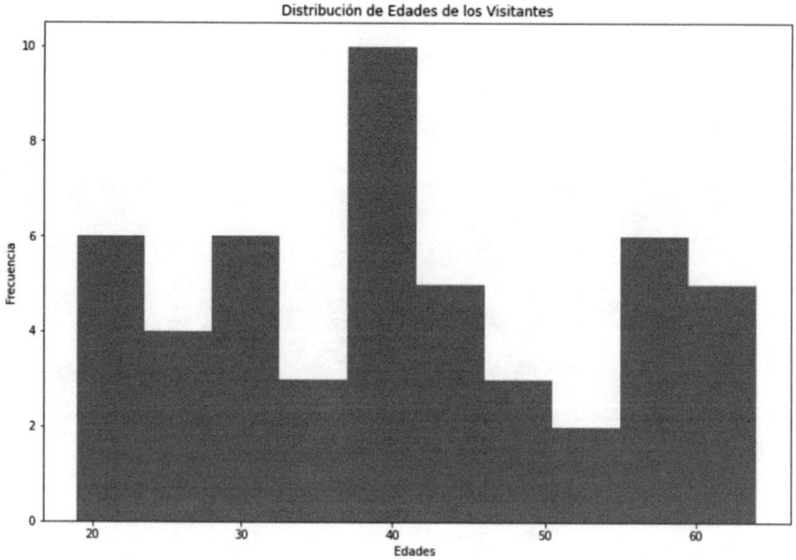

Figura 7.12. Histograma realizado con Matplotlib, `bins = 10`.

Como se puede ver, el número de intervalos ahora es diez. Ajustar este parámetro afecta directamente a cómo se visualiza la distribución de los datos: una mayor cantidad de bienes puede revelar muchos más detalles que un número inferior. Como la mayoría de elementos relacionados con el mundo digital, el número recomendable de `bins` no existe y depende del tipo de conjunto de datos que tengamos y el objetivo del análisis.

Es muy importante recordar que los histogramas y los gráficos de barras, aunque similares visualmente, no son intercambiables. En la tabla 7.3 se muestra la diferencia.

Tabla 7.3. Comparación entre histograma y gráfico de barras.

CARACTERÍSTICA	GRÁFICO DE BARRAS	HISTOGRAMA
Tipo de datos	Categóricos en el eje *x*, numéricos en el eje *y*.	Numéricos continuos.
Propósito	Comparar diferentes categorías o grupos.	Visualizar la distribución de datos numéricos.
Representación	Las barras están separadas para indicar que son categorías distintas.	Las barras están unidas para mostrar la distribución.
Ejemplo de uso	Comparar las ventas de diferentes productos.	Mostrar la distribución de edades de una población.

Gráfico de dispersión

- **Uso:** Identificar relaciones o correlaciones entre variables.
- **Característica:** Utiliza puntos para representar valores de dos variables diferentes.
- **Ejemplo:** Relación entre el gasto en publicidad y número de ventas.

```
In [9]: gasto_publicidad_mes = [200, 150, 300, 250, 500]
ventas_mes = [600, 450, 700, 500, 900]

plt.figure(figsize=(12,8))
plt.scatter(gasto_publicidad_mes, ventas_mes)
plt.title('Gasto en Publicidad vs. Ventas')
plt.xlabel('Gasto en Publicidad')
plt.ylabel('Ventas')
plt.show()
```

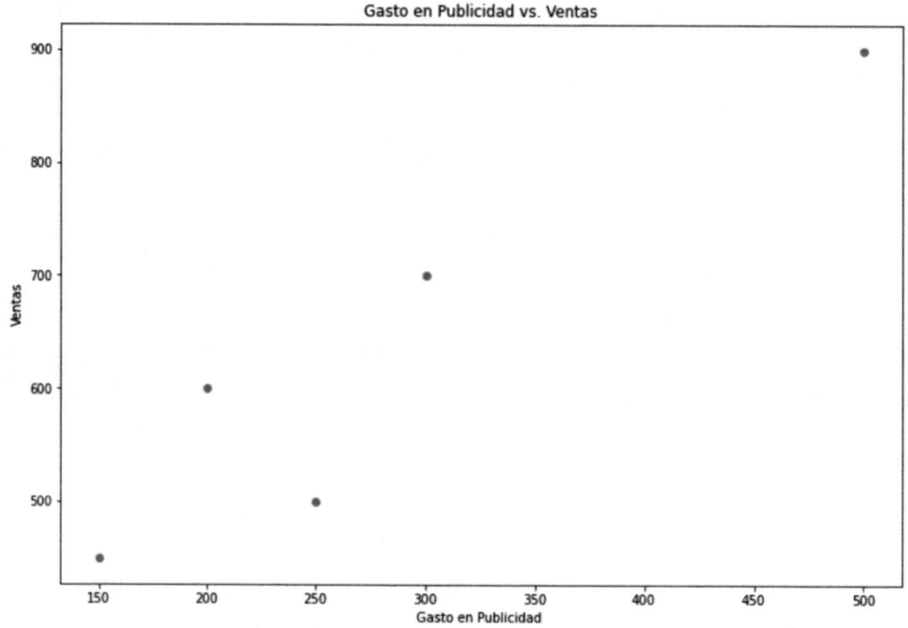

Figura 7.13. Gráfico de dispersión con Matplotlib.

Estos gráficos son muy utilizados y útiles. Por ejemplo, si se descarga el listado de productos vistos, añadidos a carrito y comprados del reporte de "compras en el comercio electrónico" de GA4 se puede llegar a ejecutar un gráfico de dispersión que muestre la relación entre productos vistos y añadidos a carrito, algo muy útil para CRO o analítica digital.

```
In [10]:
df = pd.read_csv('articulos.csv')
df.head()
```

	Nombre del artículo	Artículos vistos	Artículos añadidos al carrito	Artículos comprados	Ingresos del artículo
0	Product 1	4885	144	18	9.120.358.985
1	Product 2	4470	1013	162	4.581.609.977
2	Product 3	4385	178	28	8.424.505.719
3	Product 4	3043	52	4	3.455.968.345
4	Product 5	2645	78	9	5.144.484.969

Figura 7.14. Primeras 5 filas del `DataFrame`.

```
In [11]:plt.figure(figsize=(12,8))
plt.scatter(df['Artículos vistos'], df['Artículos añadidos al carrito'])
plt.title('Relación entre Productos Vistos y Añadidos al Carrito')
plt.xlabel('Artículos vistos')
plt.ylabel('Añadidos al Carrito')
plt.show()
```

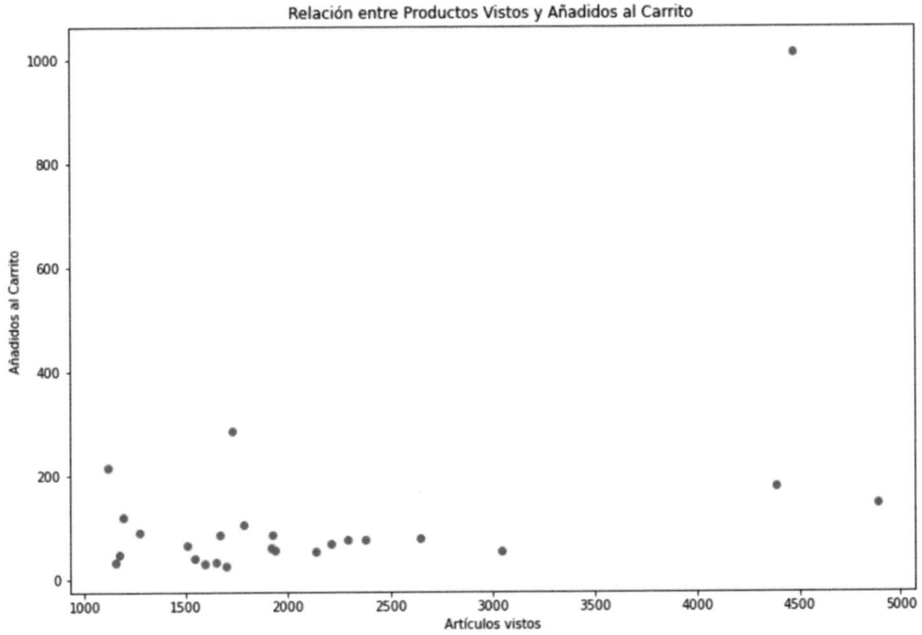

Figura 7.15. Gráfico de dispersión que muestra la relación entre artículos vistos y añadidos a carrito.

Parece que hay dos productos en concreto que se ven mucho, pero que no se añaden tanto a carrito; sin embargo, se puede saber qué productos concretamente son con esta gráfica. Como se ha mostrado al inicio del capítulo, la información debe ser útil y permitir que el interlocutor pueda tomar decisiones.

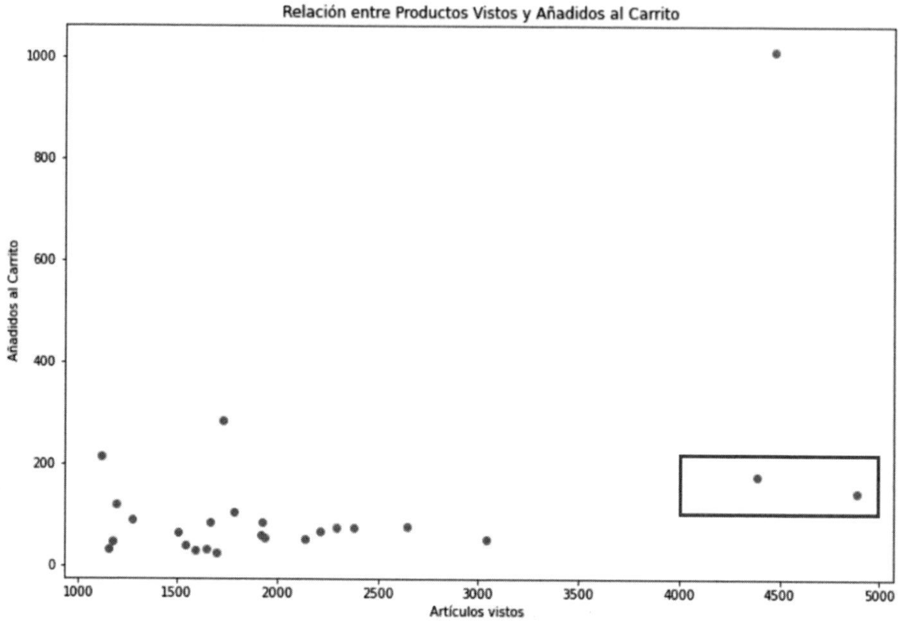

Figura 7.16. Gráfico de dispersión con foco en dos productos en concreto con muchas vistas de producto y pocos añadidos a carrito.

```
In [12]:productos_unicos = df['Nombre del artículo'].unique()
colores = plt.cm.viridis(np.linspace(0, 1, len(productos_unicos)))
mapa_colores = dict(zip(productos_unicos, colores))

# Crear la figura y los ejes
fig, ax = plt.subplots(figsize=(15, 8))

# Crear el scatter plot asignando un color a cada producto
for producto in productos_unicos:
    subset = df[df['Nombre del artículo'] == producto]
    ax.scatter(subset['Artículos vistos'], subset['Artículos añadidos al
carrito'], label=producto, color=mapa_colores[producto])

# Ajustar la leyenda para que esté fuera del área del gráfico
ax.legend(title='Producto', bbox_to_anchor=(1, 1))

ax.set_title('Artículos Vistos vs. Añadidos al Carrito por Producto')
ax.set_xlabel('Artículos Vistos')
ax.set_ylabel('Añadidos al Carrito')

# Ajustar el layout y mostrar el gráfico
plt.tight_layout(rect=[0, 0, 0.75, 1])  # Dejar espacio para la leyenda
plt.show()
```

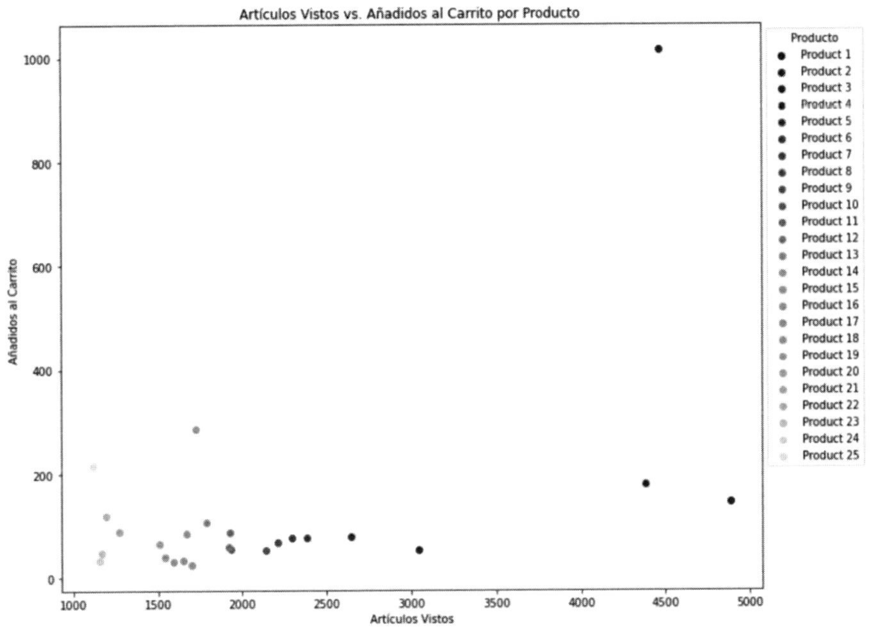

Figura 7.17. Gráfico de dispersión en el que cada producto tiene un color distinto.

Con este código se podría llegar a diferenciar los productos; sin embargo, no queda muy claro exactamente cuáles son esos *outliers* que tenemos ahí, ya que hay un gran número de productos (25 en total). Una manera de lidiar con ello sería no trabajar con colores graduales, pero es inevitable que, ante 25 productos distintos, los colores se repitan. Es por ello que en ocasiones se puede añadir el nombre al lado de cada punto en el espacio; sin embargo, tampoco es una solución porque suelen solapar.

Una buena solución entonces pasa por utilizar otra librería llamada Plotly, que permite crear, entre otras muchas cosas, gráficos de dispersión como estos que resultan ser interactivos. A continuación, el código y la visualización con Plotly:

```
In [13]:import plotly.express as px
fig = px.scatter(df, x='Artículos vistos', y='Artículos añadidos al carrito',
                 color='Nombre del artículo',  # Asigna un color por producto
                 hover_name='Nombre del artículo',  # Muestra el nombre del 
producto al pasar el mouse
                 title='Artículos Vistos vs. Añadidos al Carrito por Producto')
fig.show()
```

Como se puede intuir en la figura 7.18, al ubicar el cursor encima de un producto no solamente indica cuál es, sino que muestra una pantalla con el número de veces que ese artículo ha sido visto o el número de veces que ha sido añadido a carrito.

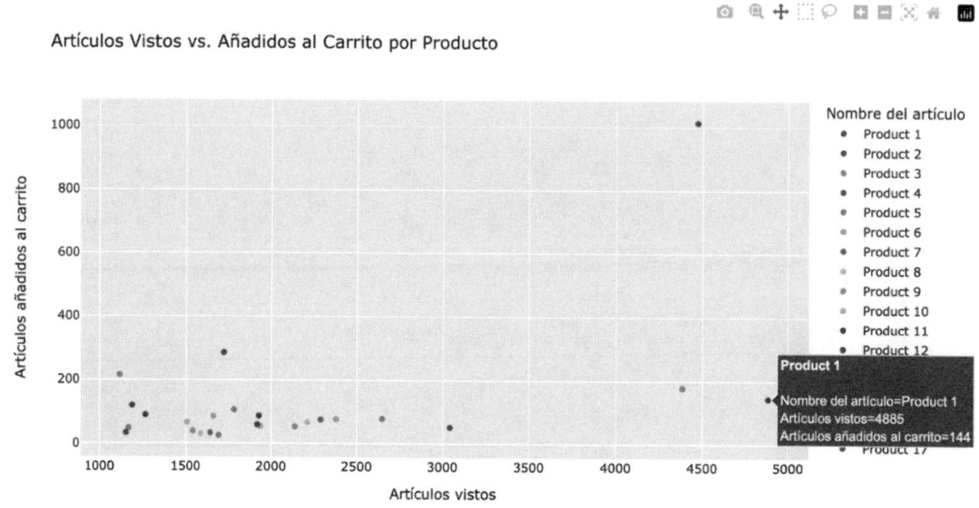

Figura 7.18. Gráfico de dispersión interactivo con Plotly.

Otra práctica común con los gráficos de dispersión es añadir una dimensión adicional a través del tamaño del punto en el espacio, como, por ejemplo, el número de veces que un producto ha sido comprado. Para hacerlo, siguiendo con Plotly, sería con el siguiente código:

```
In [14]:fig = px.scatter(df, x='Artículos vistos', y='Artículos añadidos al
carrito',
                 color='Nombre del artículo',
                 size='Artículos comprados',  # Tamaño de las burbujas basado
en las transacciones
                 hover_name='Nombre del artículo',
                 title='Artículos Vistos vs. Añadidos al Carrito por Producto
Vs Artículos Comprados')

fig.show()
```

Si el lector visita la figura 7.15, podrá ver la evolución que ha llevado este proceso de mejora de la información expuesta. Los datos siempre fueron los mismos ya que siempre se bebió del mismo `DataFrame`, pero la diferencia estuvo en el tratamiento de este dato y en el conocimiento de la tecnología (Matplotlib y Plotly) y los fundamentos de visualización de datos.

La visualización de datos es un campo en sí mismo dentro del mundo de la analítica digital y aprender estos fundamentos iniciales (aunque hay realmente muchos más) servirán para estas siguientes páginas de este capítulo sobre analítica visual.

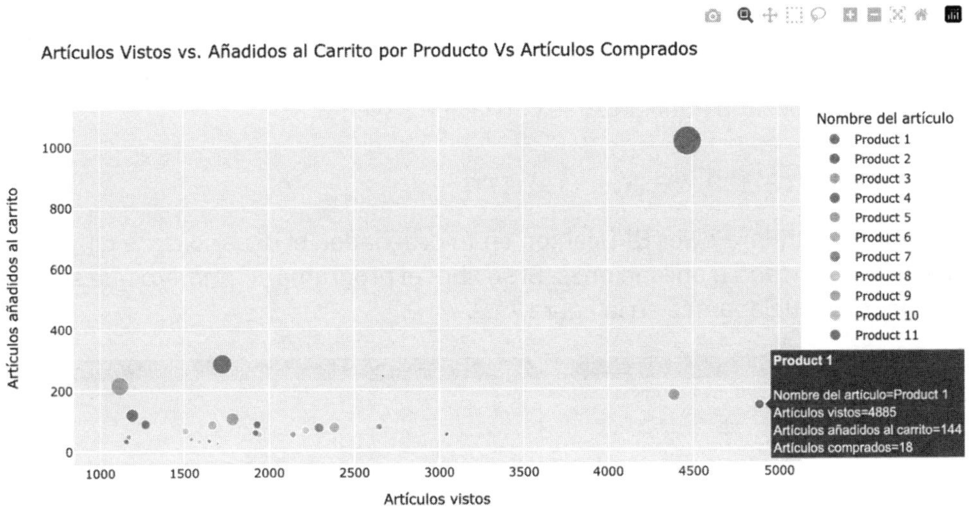

Figura 7.19. Gráfico de dispersión interactivo con Plotly con el tamaño de las burbujas delimitando las transacciones.

Introducción a Microsoft Power BI

El crecimiento de esta herramienta y el aumento de su protagonismo en los últimos años está fuera de toda duda. En esta sección se mostrarán algunos elementos básicos de la herramienta para que el especialista en marketing digital se familiarice y pueda dar unos primeros pasos con esta fantástica herramienta.

Instalación

En primer lugar, dentro de Microsoft Power BI, existen una serie de componentes extras como Power BI Desktop, Power BI Mobile, Diseñador de informes de Power BI, entre otros. Habitualmente, cuando se habla de Power BI se habla de Power BI Desktop, un software que permite conectar, transformar y visualizar datos que contiene multitud de *features* como Power Query o el propio panel de Power BI que en ocasiones se hace llamar "lienzo".

En el momento en el que se escriben estas líneas, Power BI no está disponible en macOS o cualquier sistema operativo de la marca Apple. Sin embargo, existe la manera de utilizar Power BI desde tu dispositivo Apple: utilizando una *virtual machine* como, por ejemplo, Virtual Box o Parallels Desktop. Una vez se instala la máquina virtual se debería instalar el paquete de Power BI.

Si se utiliza Windows, es tan sencillo como acceder a `https://powerbi.microsoft.com/es-es/pricing/` y adquirir la solución que más se ajuste a las necesidades del proyecto. Inicialmente, Microsoft Power BI tiene una solución gratuita que bien puede servir para empezar a familiarizarse con la herramienta.

La herramienta desde dentro

Después de instalar Power BI Desktop en tu ordenador, el usuario debe dirigirse a su espacio dedicado a aplicaciones. Si se abre el programa, lo primero que se verá es la pantalla que aparece en la figura 7.20.

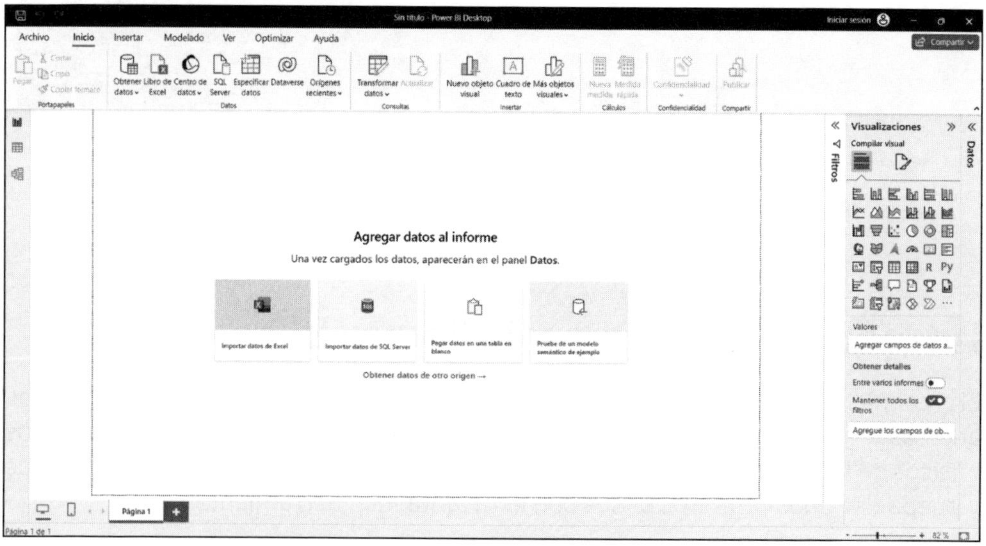

Figura 7.20. Microsoft Power BI desde dentro.

Como se puede ver, existen tres grandes espacios inicialmente:

- **En el centro:** La zona de agregación de datos al informe, es decir, la parte por la que todo proyecto de analítica visual debe empezar: la integración con diferentes fuentes de datos.
- **A la derecha:** Ejemplos de visualizaciones que más tarde se podrán utilizar para ejecutar el plan de analítica visual.
- **En la zona superior:** Secciones con herramientas clave como Centro de datos, Transformar datos, entre otros.

Obtener datos

A continuación, se van a presentar algunas secciones fundamentales (en la figura 7.21) para familiarizarse con la herramienta desde una óptica práctica, con el objetivo de adoptar el lenguaje y las dinámicas internas de Microsoft Power BI.

Figura 7.21. Microsoft Power BI desde dentro: enfocada la parte de datos y consultas.

En la zona superior, se puede ver una de las secciones más importantes dentro de Power BI: Datos. Si haces clic en Obtener datos, como se ve en la figura 7.22, podrás ver la sección completa de todas las integraciones que se pueden llegar a generar: JSON, Libro de Excel, XML e incluso Google Analytics 4.

Obviamente, cada fuente de datos tiene su propia idiosincrasia. En el caso de Google Analytics 4 debe seleccionarse la opción 2.0 (beta) para poder acceder a las propiedades de GA4. Esto puede verse en la figura 7.23.

Debemos decir que esta integración, como ya avisa la propia herramienta, está en beta durante la fecha de escritura de este capítulo. Eso significa que, por ejemplo, puede haber métricas o dimensiones que no estén disponibles o que incluso haya errores o inconsistencias.

Si avanzas, podrás ver todas las cuentas a las que tu correo electrónico tiene acceso. Desde ahí, podrás seleccionar la propiedad de GA4 y deberás seleccionar las métricas y dimensiones que deseas importar. Aquí es muy importante recordar lo que se explicó en el capítulo de marketing digital y que es donde suelen pecar muchos científicos de datos con poca experiencia en marketing digital: la importancia de los ámbitos y conocer la naturaleza del dato de la herramienta de analítica.

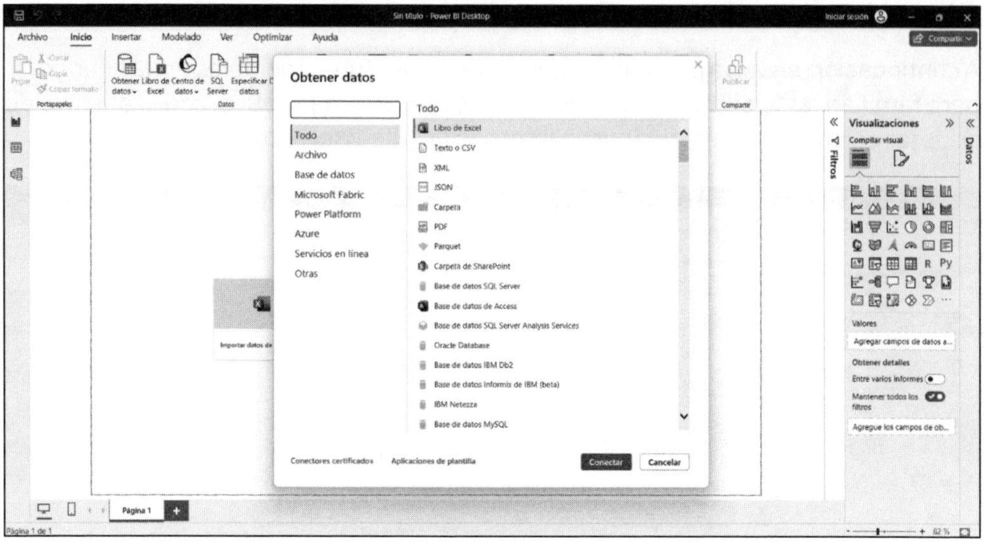

Figura 7.22. Microsoft Power BI: diferentes fuentes de datos.

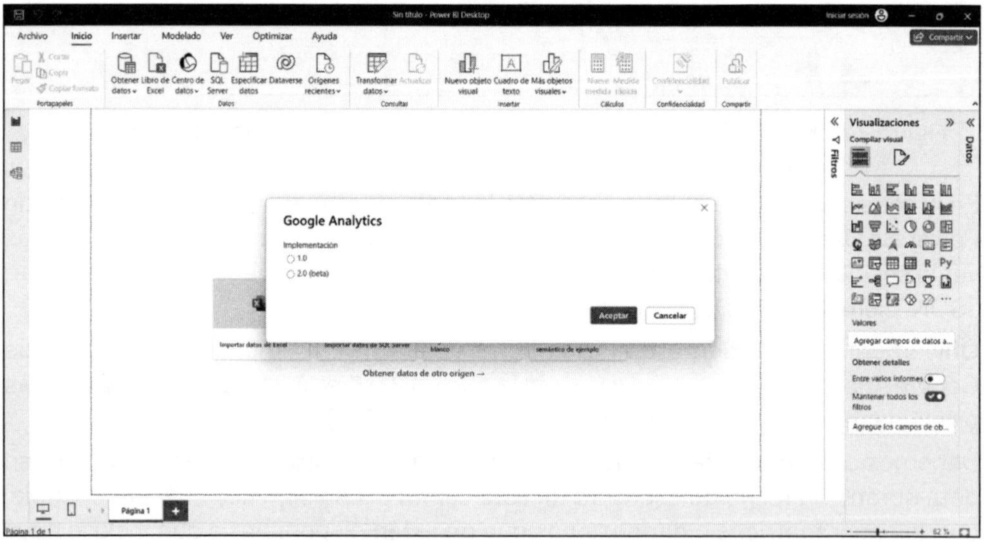

Figura 7.23. Microsoft Power BI y GA4, selección de método.

Una vez se cargan los datos, el usuario llega a la sección inicial de nuevo; sin embargo, en la parte de la derecha, podrás ver cómo aparecerá el nombre de la propiedad de GA4 con un desplegable. Esto puede verse en la figura 7.25 (en la imagen no se ve el nombre de la propiedad porque se ha omitido para la realización del libro).

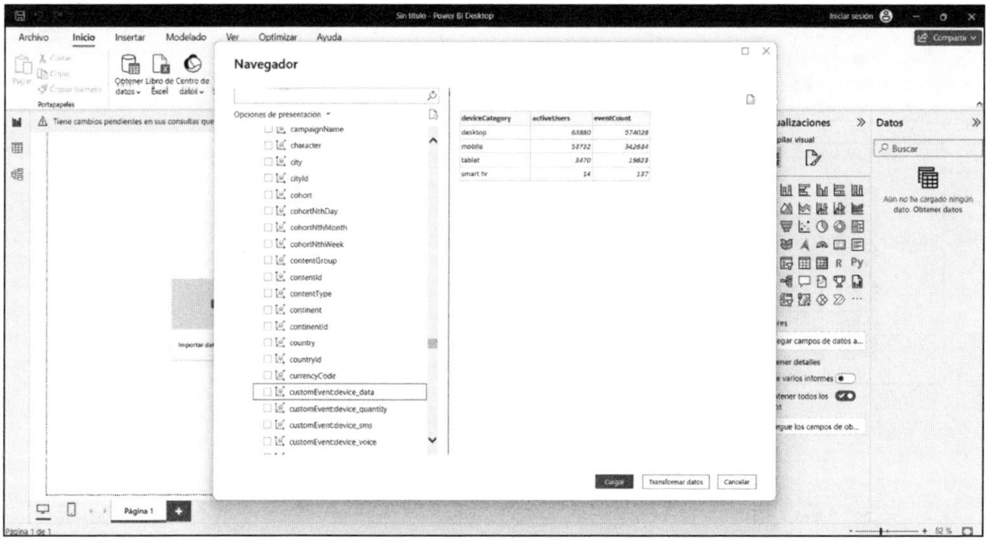

Figura 7.24. Microsoft Power BI y GA4: selección de métricas, dimensiones y previsualización.

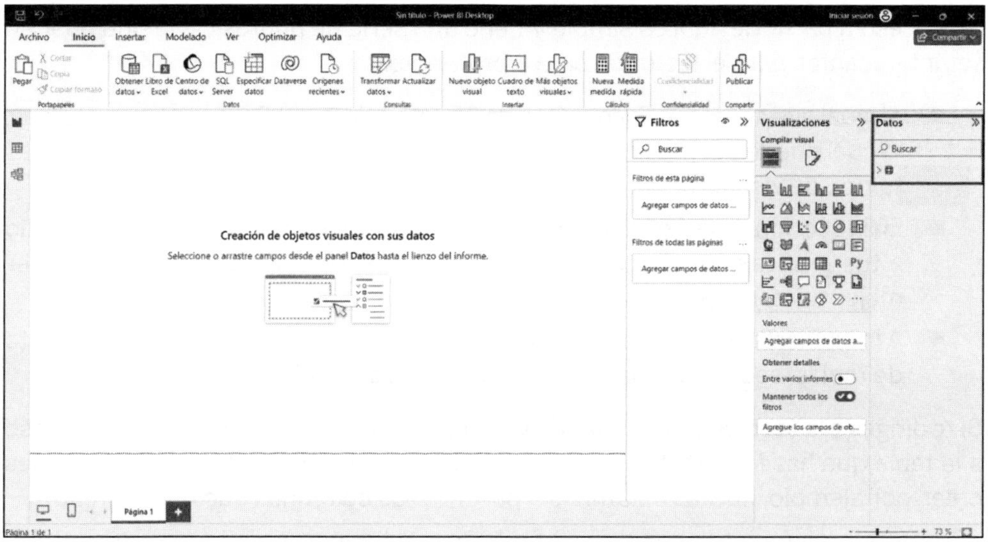

Figura 7.25. Microsoft Power BI con los datos integrados de la propiedad de GA4.

Si haces clic en Device Category y Active Users (que son la dimensión y métrica seleccionadas) aparecerá directamente un gráfico de barras. El motivo por el que directamente Power BI genera esta visualización no es otro que conoce la naturaleza del tipo de dato y consigue inferir qué tipo de visualización puede ir mejor, como se ve en la figura 7.26.

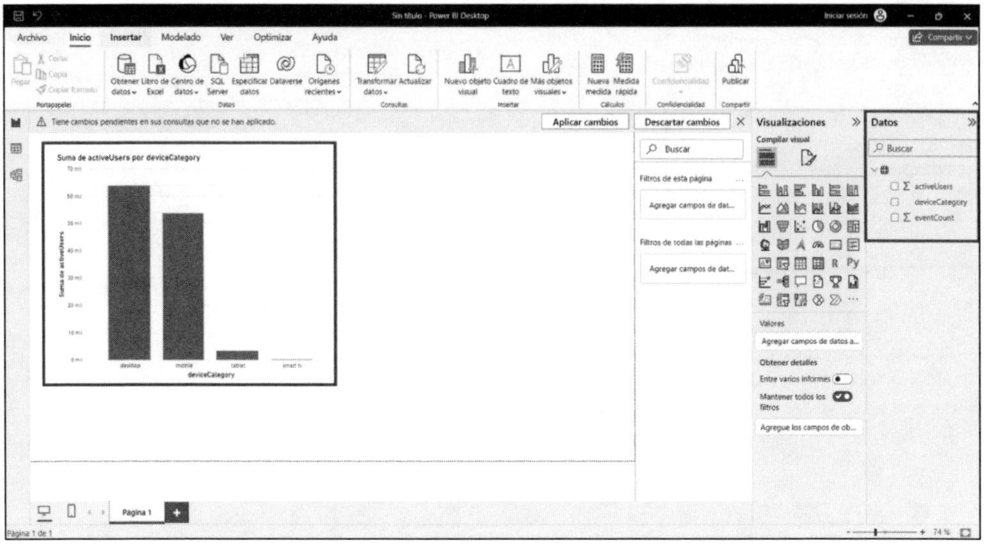

Figura 7.26. Microsoft Power BI con una gráfica de barras.

El proceso a partir de aquí es simple y tiene una serie de puntos clave que pueden ser interesantes para el lector de cara a profundizar:

- Al igual que Microsoft Excel o Google Sheets, Microsoft Power BI tiene páginas, lo cual puede ser muy útil de cara a ordenar por áreas, dispositivos o países tu tipo de visualización.
- En la sección de la derecha (visualizaciones) se puede añadir formato y diseño a tus gráficas, cosa que puede ayudar a tus interlocutores a comprender mejor tu mensaje. También están el resto de tipos de visualización.
- A la izquierda, existe la sección de vistas a la cual se puede acceder a la vista de tablas, sección a la que se accede en la figura 7.27.

Si te diriges a la sección de la izquierda y haces clic en Vista de tablas, tendrás acceso a la tabla que has importado, en la figura 7.28, y aquí viene lo interesante: puedes crear, por ejemplo, nuevas columnas a partir de las columnas que hayas creado.

¿Cómo se crean nuevas columnas? En la sección superior de la misma pantalla, puedes hacer clic en Nueva columna. *Ipso facto*, se abrirá un desplegable en la zona superior que nos abrirá la posibilidad de trabajar Data Analysis Expresiones, más conocidas como DAX, una recopilación de funciones, operadores y constantes que se pueden usar en una fórmula o expresión para calcular y devolver uno o varios valores. DAX ayuda a crear información de datos nueva que ya está en el modelo.

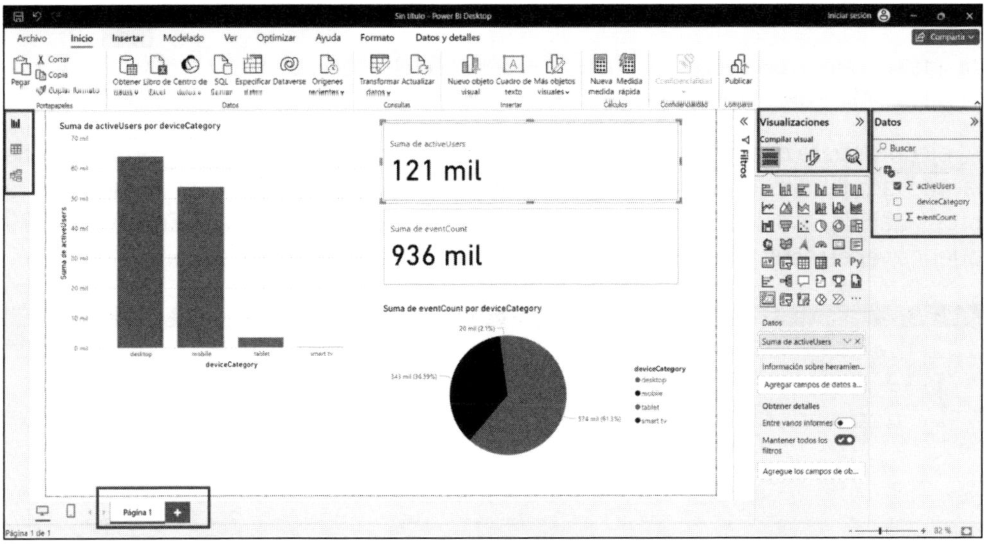

Figura 7.27. Microsoft Power BI: las tres zonas explicadas previamente.

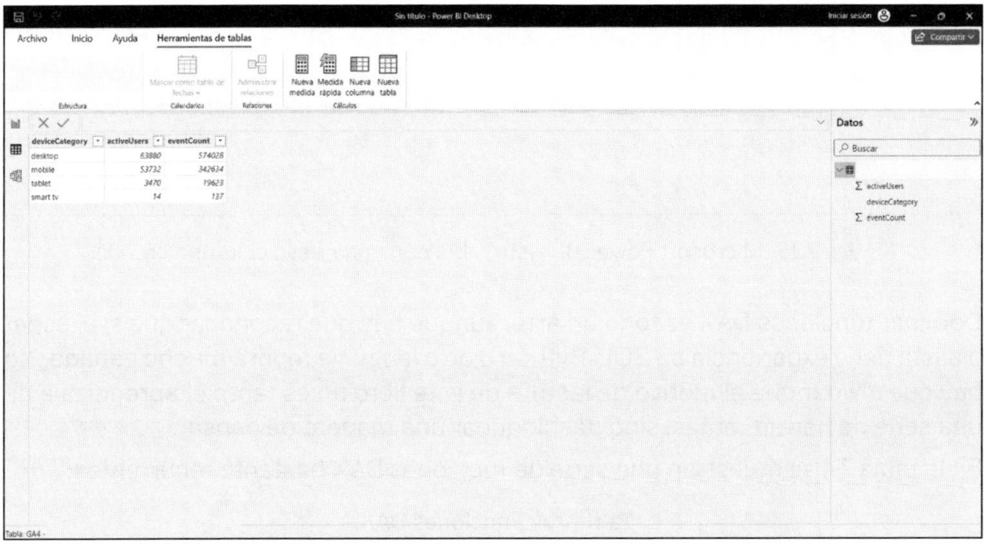

Figura 7.28. Microsoft Power BI: vista de tabla.

En la figura 7.29, se puede ver cómo se aplica una función DAX muy simple tras crear una columna nueva y llamarla events per user. En esta nueva columna se busca calcular el número de eventos por usuario dentro del esquema de este modelo, es decir, desglosado por categoría de dispositivo.

Esto se consigue con el siguiente código:

```
In [15]: events per user = '{{GA4_property_name}}'[eventCount]/'{{GA4_property_
name}}'[activeUsers]
```

Al ejecutar este código, automáticamente se rellenan los valores de cada celda de la nueva columna que has creado. Es importante destacar que el nombre de la propiedad de GA4 dependerá del nombre que tenga dicha propiedad. En la figura 7.29 puedes ver el resultado y cómo, a nuestro modelo, se ha añadido una nueva columna.

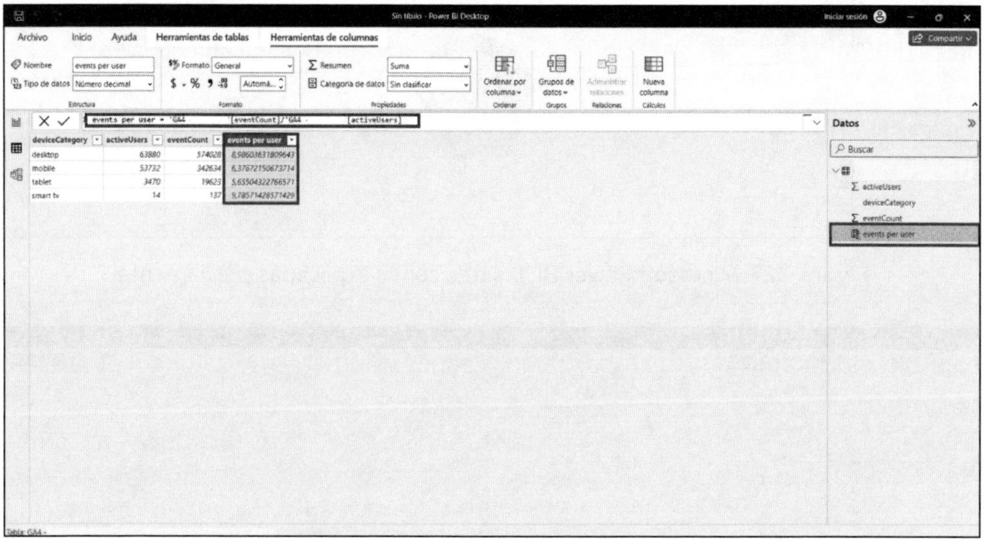

Figura 7.29. Microsoft Power BI: vista tabla con una nueva columna creada.

Dominar funciones DAX es todo un arte, aunque hay que reconocer que si el especialista tiene experiencia en SQL, Python u otro lenguaje tendrá mucho ganado. No hay que olvidar que el motivo de lectura de este libro no es tanto el aprendizaje de una serie de herramientas, sino desbloquear una manera de pensar.

En la tabla 7.4 se muestran una serie de funciones DAX bastante recurrentes:

Tabla 7.4. Funciones DAX.

FUNCIÓN DAX	DESCRIPCIÓN
`SUM(column)`	Suma los valores de una columna.
`AVERAGE(column)`	Calcula la media de los valores de una columna.
`COUNT(column)`	Cuenta el número de valores en una columna. Si no hay valor, no se cuenta.

FUNCIÓN DAX	DESCRIPCIÓN
`MIN(column)`	Cuenta el valor mínimo de una columna.
`MAX(column)`	Cuenta el valor máximo de una columna.
`CALCULATE(expression, filter1,...)`	Evalúa una expresión en un contexto modificado por filtros.
`FILTER(table, expression)`	Retorna una tabla que cumple con la expresión de filtro especificada.
`RELATED(table[column])`	Obtiene el valor de una columna en una tabla relacionada.
`CONCATENATE(text1, text2)`	Combina dos textos en uno solo.

Esta breve introducción a Microsoft Power BI puede servir como punto de inflexión para que el lector pueda profundizar al respecto. Esta herramienta es una de las más utilizadas en el mundo y una de sus ventajas, como se menciona al inicio de este capítulo, es su capacidad de trabajar con grandes volúmenes de datos sin problema.

La visualización de datos, ya sea con herramientas como Looker Studio, Power BI, Tableau o a través de lenguajes como Plotly o Matplotlib, es una de las máximas responsables de la toma de decisiones de las organizaciones. La calidad del dato es importante, pero igual de importante es que este dato se convierta en información inteligible para el receptor y relevante para los objetivos de la organización.

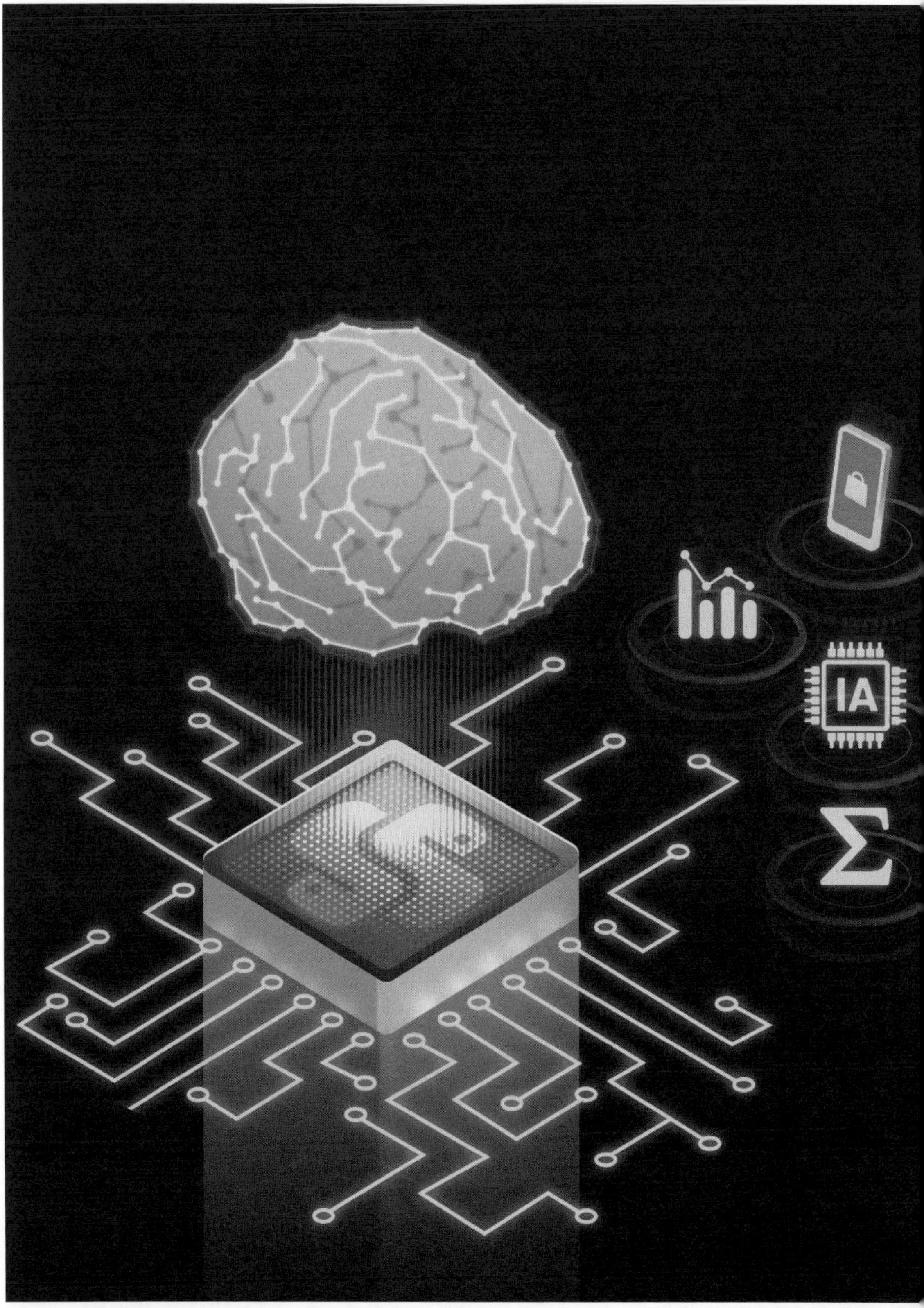
IA

8. *Machine learning* e inteligencia artificial

Inteligencia artificial

Aunque hoy en día está en boca de todos, en realidad es algo que lleva con nosotros desde el año 1950 cuando Alan Turing publicó su artículo más influyente. En pleno auge de los primeros ordenadores, habían surgido diez años atrás, sugirió un "juego de imitación" para entender la capacidad de pensar de estas máquinas. Esto se conocería más adelante como la prueba de Turing, la cual implica a dos individuos y una computadora. Una de las personas se sitúa en otra habitación y la otra persona, la cual actúa como interrogador, realiza preguntas a través de la computadora. El objetivo era saber si las respuestas fueron generadas por la máquina o por la persona. En el momento que no hubiera distinción alguna, la computadora pasaría la prueba. Casi tal y como pronosticó el matemático sosteniendo que a finales del siglo XX se superaría esta prueba, en el año 2014 un programa bautizado como Eugene fue capaz de superar el 30 % de las preguntas generadas por varias jueces haciéndose pasar por un niño de trece años. Previamente a esto, en mayo de 1997, una supercomputadora de IBM llamada Deeper Blue (versión actualizada de Deep Blue) ganó por primera vez a un campeón del mundo de ajedrez como era Garry Kasparov. Se abría así un nuevo camino hasta ese momento inexplorado. Pero fue seis años después del artículo de Turing (1956), mientras preparaba la conferencia de Dartmouth sobre nuevos métodos para que las máquinas razonaran como humanos, cuando el científico John McCarthy acuñó el término "inteligencia artificial", el cual lo definió como "la ciencia y la ingeniería de crear máquinas inteligentes, especialmente programas de computación inteligentes". Aquí es donde empezó esta fantástica aventura y a partir de la cual comienza nuestra siguiente andadura.

Lo primero que debemos saber sobre la inteligencia artificial (IA) es que se trata de una rama de la informática que abarca un conjunto acciones o programas que pueden resolver problemas de manera "similar" a la inteligencia humana. Intenta simular procesos como la interpretación del lenguaje, la toma de decisiones o la comprensión visual entre otros muchos. Esto hace que el concepto de IA se refiera a un campo de gran amplitud donde se conjugan disciplinas como las matemáticas, la estadística, el álgebra, la programación, la ingeniería o incluso el conocimiento del negocio. Esto de por sí implica ya muchas cuestiones, por ejemplo, el tipo de perfiles involucrados. Con el auge de aplicaciones como ChatGPT o Bard, muchas empresas han dado un paso de gigante con respecto al análisis de sus datos que, aunque *a priori* parezca sencillo y fácilmente gestionable, conlleva una evidente ausencia de experiencia y conocimientos previos.

De hecho, muchas personas vinculan la IA directamente con este tipo de herramientas. En verdad, la realidad es muy diferente. La inteligencia artificial es un concepto que engloba a varias disciplinas, tal y como se puede ver en la figura 8.1.

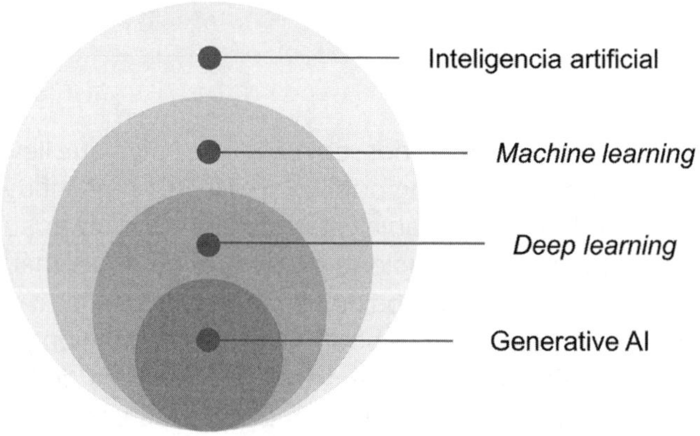

Figura 8.1. Ámbitos de la inteligencia artificial.

Seguramente a muchas de ellas esto les suponga una mejora en su trabajo diario; sin embargo, sin darse apenas cuenta, estarán desestimando muchas de las cuestiones más importantes para poder llevar a cabo análisis en detalle. Al fin y al cabo, estas novedosas herramientas son el culmen de lo que a continuación a lo largo de este capítulo vamos a explicar en detalle.

Machine learning, aprendizaje automático

También denominado como ML por sus siglas en inglés, el aprendizaje automático o *machine learning* es un subcampo de la inteligencia artificial que permite extraer conocimiento de nuestros datos utilizando para ello modelos estadísticos cuyo principal objetivo es encontrar determinado tipo de patrones. Es decir, se trata de promover el estudio autónomo de los datos a partir de un desarrollo humano previo.

Aunque no están claros sus orígenes exactos, este término comienza a popularizarse a finales de la década de los cincuenta, cuando Arthur Samuel desarrolla el primer programa de ordenador capaz de aprender. Este software, además de permitir jugar al *checkers* (juego similar a las damas), era capaz de mejorar a medida que se avanzaban niveles. Pero quizás la referencia más famosa sobre ML es la que trajo consigo Tom Mitchell declarando: "Se dice que un programa de computadora aprende a partir de la experiencia E con respecto a alguna clase de tareas T y alguna medida de rendimiento P, si su rendimiento en tareas de T, medido por P, mejora la experiencia E".

Esta definición es clave para entender el funcionamiento y el flujo básico de trabajo dentro del aprendizaje automático:

1. **Preprocesamiento de datos:** Se llevan a cabo tareas de limpieza y transformación como la modificación o la eliminación de valores ausentes, el tratamiento de anomalías (valores atípicos), la exclusión de duplicados, la normalización o estandarización de los datos, la conversión de variables categóricas si fuese necesario, los análisis univariante y multivariante, etc.
2. ***Feature engineering*:** Más conocido por su terminología en inglés, se refiere esencialmente a la creación y selección de atributos o características que puedan ser usadas a continuación en el entrenamiento y evaluación del modelo a generar.
3. **Entrenamiento del modelo:** Elección y configuración del algoritmo a utilizar en el modelo a implementar. Habitualmente se suele usar una proporción 70 %-30 % u 80 %-20 % del total del conjunto de datos (*dataset*), siendo la primera parte de dicha proporción la usada para entrenar (*train*) el modelo y la segunda parte la referente a la prueba (*test*), de tal modo que se pueda comprobar la predicción desarrollada sobre un conjunto de pruebas diferente.
4. **Evaluación del modelo:** Se intenta buscar la efectividad del modelo creado a través de diferentes métricas de valoración. Nuestro principal cometido será encontrar la menor diferencia entre lo esperable y lo pronosticado.

Estas fases intentan englobar un comportamiento que, como veremos más adelante, requiere ser diseccionado más al detalle. Con esto será suficiente por ahora para poder seguir avanzando.

Como "no todo es color de rosa", cualquier proyecto en estas lides debe enfrentarse a no pocos problemas y retos que superar. Entre todos ellos, destacan los siguientes:

- **Calidad de los datos:** Tanto por tener una baja cantidad de datos, como por tratarse de un conjunto de datos desbalanceado. O, en este último caso y dicho de otra manera, por tener una alta asimetría (*high skewed*) en la distribución de los datos, lo que favorece a la clase (categoría) con mayor número de observaciones. Por lo tanto, es fácil pensar que el rendimiento en las clases minoritarias será más bien bajo.

- **Dimensionalidad:** Aquellas variables que no aporten valor al desarrollo del modelo impedirán su correcto desempeño. Idealmente solo se deben buscar aquellas que influyan en la fiabilidad de la predicción. Si se aumenta el número de dimensiones y de métricas, los datos tienden a dispersarse, aumentando exponencialmente el volumen del espacio muestral y, por lo tanto, reduciendo drásticamente el nivel de significancia estadística del resultado. De hecho, el efecto Hughes o maldición de la dimensión se refiere a este tipo de circunstancias precisamente, fenómenos que se originan en espacios multidimensionales más allá de las tres dimensiones físicas a las que estamos habitualmente acostumbrados.
- **Interpretación de resultados:** Los modelos deben ser entendibles, ya que cualquier duda puede generar un resultado no deseado. Imaginemos que estamos clasificando pacientes a los que se les ha inoculado una nueva vacuna. Algo tan sensible no puede generar dudas. Debemos evitar los modelos de caja negra (*black box*), es decir, aquellos en los que no se conoce del todo su funcionamiento interno y solo se controlan las entradas y salidas. Como detallaremos más adelante, determinados desarrollos contendrán cierto "oscurantismo", véase el funcionamiento de las redes neuronales o de la nueva IA generativa.
- **Arquitectura y recursos:** Seguramente, muchas de las necesidades diarias en el ámbito digital no requieran de modelos complejos; sin embargo, en algún momento deberemos enfrentarnos a entrenamientos y despliegues de modelos mucho más avanzados. En este tipo de situaciones, será necesario tener los recursos computacionales y la arquitectura apropiada. En la actualidad, esta problemática se traduce en una mayor inversión económica. Grandes compañías como Google, Microsoft o Amazon, entre otros, ofrecen decenas de soluciones en la nube hiperoptimizadas.
- **Ética y legalidad:** Es esencial cerciorar el cumplimiento de todas las leyes y reglamentos actuales en torno a la privacidad de los usuarios. Se debe garantizar una gestión escrupulosa de los datos sensibles incorporados al modelo. Para ello, además de anonimizar la información, se generan nuevos datos de manera artificial que tratan de imitar el comportamiento de los originales (mismos patrones, correlaciones y distribuciones). Se les conoce como datos sintéticos.

Además de todas estas dificultades, hay dos casos más que debido a su gran relevancia requieren de una explicación algo más extensa. Ambos están relacionados con el ajuste de un modelo, es decir, cómo de bien se adapta este a la hora de predecir los resultados.

En relación a esto y antes de definirlos, debemos entender los conceptos de varianza y sesgo, más conocido este último como *bias*. Aunque ya se han mencionado a lo largo del capítulo anterior, nada tiene que ver con ellos y, por esta razón, es oportuno redefinirlos amoldándolos al contexto actual. Se puede decir por lo tanto que *bias* es el error originado de suposiciones incorrectas sobre parámetros en los datos y la varianza de igual forma es un error que surge debido a la sensibilidad del modelo a las fluctuaciones derivadas de cambios dentro del conjunto de los datos. Ahora ya sí, podemos volver sobre los dos tipos de problemas existentes cuando de ajustar un modelo se trata:

- ***Underfitting*:** El modelo es demasiado simple, ya que es incapaz de encontrar un patrón óptimo, es decir, hay un subajuste. En la mayoría de casos, se debe a un entrenamiento con pocos datos útiles. Ejemplo de esto puede ser la creación de un modelo de regresión lineal que prediga las ventas basándose únicamente en las generadas a través de canales de publicidad de pago.
- ***Overfitting*:** De distinta manera, el modelo se vuelve complejo puesto que es capaz de adaptarse a la mayoría de datos, lo que da como resultado un sobreajuste. Esto le incapacita para poder generalizar las predicciones. Por ejemplo, con la intención de predecir el comportamiento de compra de un usuario, se implementa un árbol de decisión con demasiados niveles y *features* (más de los estrictamente necesarios). Esto plantea un sobreajuste, ya que podría captar patrones irrelevantes y ruido entre los datos evitando que falle en su propósito de ser un modelo que pueda generalizarse.

Lo que se busca, por tanto, es la compensación de ambos errores (*bias* y varianza) de tal forma que el modelo se ajuste óptimamente a lo esperado, como se ve en la figura 8.2. Esto se conoce habitualmente como *bias-variance tradeoff*.

Además de esto, dentro del aprendizaje automático se pueden distinguir varias tipologías según el enfoque del estudio y la naturaleza de los datos: supervisado, no supervisado y por refuerzo (*reinforcement*), como se muestra en la figura 8.3. A veces también se indica otro tipo más denominado semisupervisado, que no es más que una combinación del supervisado y del no supervisado.

Antes de continuar con la explicación, como va a ser algo recurrente a partir de ahora, es necesario detenerse un instante para describir la librería sobre la que pivotarán las siguientes explicaciones. Estamos hablando de *scikit-learn*. Sin lugar a dudas, una de las más famosas y en gran parte debido a que es de código abierto (*opensource*).

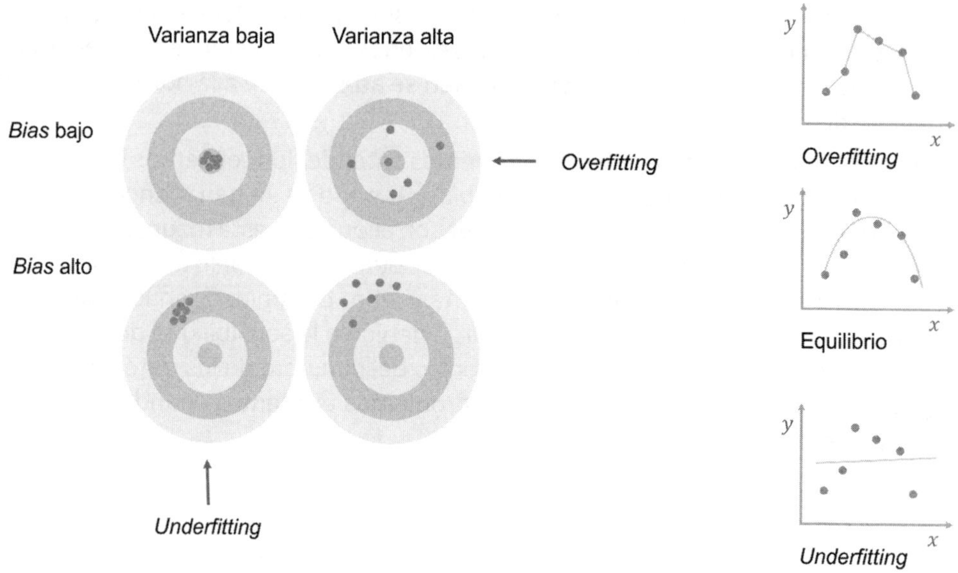

Figura 8.2. *Underfitting* y *overfitting* del modelo basado en *bias* y varianza.

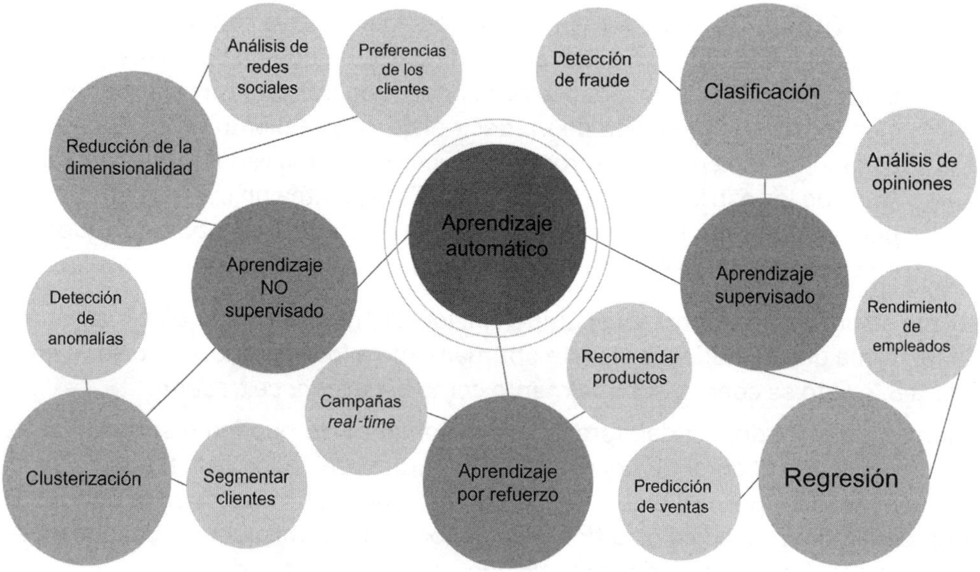

Figura 8.3. Tipos de aprendizaje automático.

Podemos acceder a todos sus métodos y encontrar más ejemplos sobre ella en el sitio web `scikit-learn.org`. Es una herramienta todoterreno, capaz de abarcar tanto desarrollo de modelos de aprendizaje automático como de aprendizaje profundo.

Aunque como veremos en este último caso donde la potencia es primordial y los recursos muchas veces son escasos, existen librerías mucho más óptimas. Aunque existen varias formas de instalar esta librería, para evitar posibles conflictos con otros paquetes, se recomienda utilizar un entorno virtual (*venv*) tal y como se muestra ejecutando las siguientes tres líneas en nuestra consola y utilizando el comando `pip`, el cual seguramente ya esté instalado en nuestro entorno de Python:

```
$ python -m venv sklearn-venv
$ sklearn-venv\Scripts\activate
$ pip install -U scikit-learn
```

O de igual forma, usando un entorno *conda* (`anaconda.com`) tal que así:

```
$ conda create -n sklearn-env -c conda-forge scikit-learn
$ conda activate sklearn-env
```

En caso de que tengas cualquier duda sobre cómo crear un entorno virtual o cuáles son los requisitos mínimos para instalar librerías o paquetes, te recomendamos visitar el siguiente enlace: `packaging.python.org/en/latest/tutorials/installing-packages/`.

Aprendizaje supervisado

Es el proceso por el cual se seleccionan las variables de entrada (`features`) de la muestra de datos y se les asocia una variable de salida "conocida", la cual se denomina habitualmente como `target`. Es decir, se atienen a la equivalencia $Y = f(x)$ o, lo que es lo mismo, se infiere una función a partir de datos previamente etiquetados (`labeled`). Se suelen distinguir dos clases a grandes rasgos dentro del aprendizaje supervisado:

- **Clasificación:** Predecir variables categóricas, es decir, clases discretas que no tienen por qué seguir un orden. Consiste esencialmente en categorizar la variable `target` gracias a otras ya conocidas que se denominan clasificadores (`classifiers`) y que se basan en las características aportadas. Por ejemplo, agrupar los usuarios de un *e-commerce* en compradores y visitantes.
- **Regresión:** A distinción de la anterior, trata de predecir variables numéricas casi siempre continuas en base a los denominados predictores (`predictors`). Valga como muestra, la predicción del LTV (*lifetime value*) de nuestros clientes, también nombrado a veces como CLV (*customer lifetime value*).

Por consiguiente, se puede definir el aprendizaje supervisado como el proceso para predecir una salida numérica o categórica a partir de un conjunto de datos de entrada y con un patrón previamente identificado. Sin embargo, esta parte tan fácilmente entendible se complica con lo realmente importante a lo largo de este desarrollo y que, como veremos, es aplicable a todas las diferentes tipologías dentro de la inteligencia artificial. Estamos hablando de los distintos algoritmos en los que se basan estos aprendizajes. Es difícil profundizar en todos ellos, puesto que evolucionan a la misma velocidad que los avances tecnológicos de nuestra sociedad. Pese a esto, los algoritmos en los que se sustenta cualquier desarrollo de aprendizaje automático siguen siendo los mismos. La base no ha cambiado.

Modelos de regresión

Es un tipo de aprendizaje supervisado utilizado para predecir valores numéricos habitualmente continuos basándose en determinadas características del conjunto de datos. Su funcionamiento se basa esencialmente en la búsqueda de relaciones entre variables de entrada (independientes) y la de salida en el caso de los modelos de regresión lineal (simple o múltiple) o las de salida si se trata de un análisis de regresión multivariante.

Regresión lineal

Método centrado en la predicción gracias a que, tal y como se definió en el capítulo previo sobre estadística para poder explicar las posibles relaciones existentes entre las variables de un conjunto de datos, permite relacionar una variable dependiente (y) con una (regresión lineal simple) o con varias (regresión lineal múltiple) variables independientes (x) a través de una función lineal. Acordémonos de las fórmulas ya explicadas. Mientras que para una única variable independiente se calcula tal que $y = \alpha + \beta x$, para múltiples variables independientes se lleva a cabo la suma de todas ellas como $y = \beta_0 + \beta_1 x_1 + \beta_2 x_2 + \cdots + \beta_n x_n$. Además, como también se ha mencionado, ninguna línea que explique la relación entre las variables podrá pasar por todos los puntos. Este error representa la discrepancia entre el valor observado (y_i) y el valor a predecir $\hat{y}$. En este ámbito del aprendizaje automático se le denomina como error absoluto o residuo y se calcula tal que $(\Delta y) = |y_i - \hat{y}|$.

A continuación, se muestra un ejemplo de código básico para intentar explicar y visualizar una regresión lineal simple. Para no generar código superfluo y repetitivo, se va a obviar la importación de librerías recurrentes como NumPy, Pandas o seaborn, entre otras muchas, así como la inserción o carga de datos de ejemplo a través de valores aleatorios que cumplan con lo esperado o incluso el uso de *datasets* públicos y accesibles para todos. Se trata al fin y al cabo de mostrar fragmentos de código simplificados que se centren en mostrar el desarrollo del algoritmo que corresponda en cada momento:

```
from sklearn.linear_model import LinearRegression

# Generar datos de prueba
np.random.seed(42)
```

```
X = np.random.rand(100, 1) * 10
y = 3 * X.squeeze() + np.random.randn(100) * 5 # Relación lineal con algo de ruido

# Elección del algoritmo y entrenamiento del modelo
reg = LinearRegression()
reg.fit(X, y)

# Predicción basada en un modelo lineal
y_pred=reg.predict(X)

# Visualización con las librerías seaborn y matplotlib
sns.scatterplot(x=X.squeeze(), y=y)
plt.plot(X, y_pred, color='red')
plt.show()
```

En este caso concreto, se está usando el método `LinearRegression`, el cual hace referencia al cálculo de los mínimos cuadrados ordinarios (MCO o más conocido como OLS en inglés). Básicamente, este trata de minimizar la suma residual de los cuadrados de las distancias entre los valores observados y los predichos por el modelo (errores residuales), como se ve en la figura 8.4.

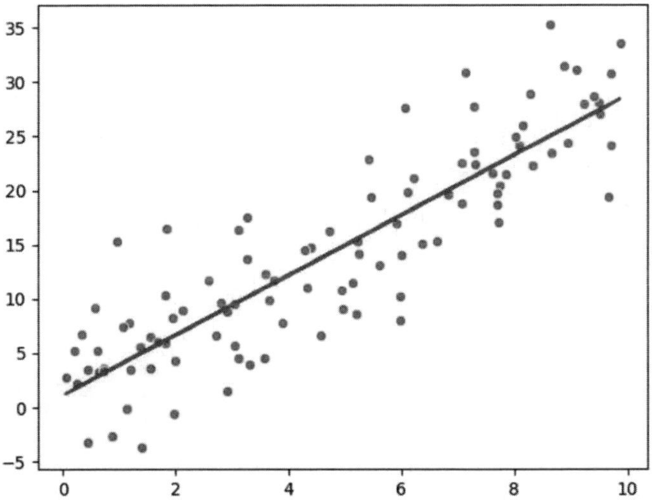

Figura 8.4. Modelo de regresión lineal.

Además, en determinados momentos podremos usar métodos ya existentes y vinculados a otras librerías, como en el caso de seaborn. Sin embargo, esta forma de actuar nunca llegará al nivel de detalle y de especificidad de paquetes como scikit-learn. Deberemos usarlo para cuestiones muy concretas, como en este caso: visualización de datos:

```
sns.regplot(x=X.squeeze(), y=y)
```

Conviene explicar en ambos códigos la aparición de la función squeeze, la cual, dado un *array* o matriz, elimina cualquier entrada unidimensional. Por ejemplo, dada una matriz con 2 filas y 1 columna (2,1), si se aplica esta función se convertirá en (2,), eliminando la entrada unidimensional. Esto permite reducir las dimensiones redundantes con el objetivo de generar un *array* unidimensional que pueda ser gestionado por muchas de las funciones que se usan en scikit-learn o librerías similares.

Como el objetivo que buscan estos fragmentos de código fundamentalmente es aumentar nuestros conocimientos en este ámbito como sí ocurrirá en el siguiente capítulo, todos los métodos, atributos, parámetros y demás objetos explicados *inline* no se volverán a repetir o a incidir en ellos, intentando así generar un entorno de aprendizaje continuo sin caer en un lenguaje aburrido y repetitivo.

Asimismo, aunque en la mayoría de casos tenderemos a explicar la gran mayoría de modelos a través de regresiones líneas simples o múltiples, hay otro tipo de regresión que puede considerarse como un caso especial de estas últimas. Nos estamos refiriendo a la regresión polinómica, la cual, aunque los datos se ajustan a un modelo no lineal (variables independientes de distinto grado) como los que veremos un poco más adelante, en realidad se considera lineal, ya que la función se estima como si de una regresión lineal múltiple se tratase. De hecho, la regresión polinómica puede transformarse fácilmente a lineal múltiple. Simplemente conociendo su fórmula original $y = \beta_0 + \beta_1 x_1 + \beta_2 x_i^2 + \cdots + \beta_n x_n^i$ $(i = 1,2,...,n)$ se puede convertir como $y = \beta_0 x_0 + \beta_1 + \beta_2 x_2 + \cdots + \beta_n x_n$, siendo $x_i = x^i$. Como curiosidad y sin necesidad de profundizar en ello, la fórmula de la regresión polinómica puede expresarse de la siguiente manera usando matrices y vectores:

$$\begin{bmatrix} y_1 \\ y_2 \\ y_3 \\ \vdots \\ y_n \end{bmatrix} = \begin{bmatrix} 1 & x_1 & x_1^2 & \dots & x_1^m \\ 1 & x_2 & x_2^2 & \dots & x_2^m \\ 1 & x_3 & x_3^2 & \dots & x_3^m \\ \vdots & \vdots & \vdots & \ddots & \vdots \\ 1 & x_n & x_n^2 & \dots & x_n^m \end{bmatrix} \begin{bmatrix} \beta_0 \\ \beta_1 \\ \beta_2 \\ \vdots \\ \beta_m \end{bmatrix} + \begin{bmatrix} \varepsilon_1 \\ \varepsilon_2 \\ \varepsilon_3 \\ \vdots \\ \varepsilon_n \end{bmatrix}$$

Por último, antes de continuar con la teoría del resto de algoritmos habituales, cabe la necesidad de explicar el término regularización. Este es esencial para prevenir el *overfitting* de tal forma que se puede llevar a cabo una generalización del modelo añadiendo simplemente una oportuna penalización a la función de pérdida (o función de costo), que en el contexto concreto de la regresión lineal se refiere al cálculo de los mínimos cuadrados (diferencia entre los valores observados y los predichos). En otros términos, impulsar patrones más sencillos que puedan ayudar a realizar predicciones o clasificaciones imparciales. Además, de igual forma ayuda a paliar los problemas derivados de la multicolinealidad (definida en el capítulo previo). Para ello, existen al menos dos técnicas de regresión muy conocidas:

- **Lasso (Regularización L1):** Se utiliza en escenarios de muy alta dimensionalidad actuando como un selector de características `features` descartando aquellas irrelevantes.
- **Ridge (Regularización L2):** De gran ayuda cuando se percibe multicolinealidad entre determinadas características, ya que es capaz de reducir los coeficientes (*model weights*) asociados a dichas variables. Es decir, relativiza la importancia de las `features` correlacionadas.

A modo anecdótico y que sirva como apreciación de su utilidad en casos reales, por ejemplo, el Marketing Mix Model (MMM) de la compañía Meta conocido como Robyn utiliza la regresión de Ridge precisamente con esas intenciones.

Regresión no lineal

Se refiere a todos aquellos modelos que, al contrario que en la tipología anterior, no existe una relación lineal entre las `features` y el `target`. No hay un patrón rectilíneo, lo que permite entender comportamientos más complejos entre estas variables. Bajo este apelativo, se pueden encontrar muchos tipos de regresiones, e incluso algunos de los algoritmos que veremos a lo largo de este capítulo pueden incorporar algunas de las consideradas funciones no lineales. Pero quizás, refiriéndonos de manera ortodoxa y pura al término regresión no lineal, las más conocidas y habituales sean las que aparecen en la figura 8.5: exponencial ($y = a + bc^x$), logarítmica ($y = \log(x)$), cuadrática ($y = x^2$) y cúbica ($y = x^3$), las cuales, como sus propios nombres indican, se amoldan al comportamiento de sus correspondientes funciones matemáticas.

En este caso, no se ha mencionado a una de las más importantes con la intención de poder detallarla a continuación dentro de la categoría de modelos de clasificación; nos estamos refiriendo a la regresión logística.

Métricas de validación

Otra de las partes esenciales de cualquier desarrollo, que suele llevarse a cabo después de entrenar cualquier modelo, es evaluarlo con el objetivo de confiar en los resultados generados. Es algo inherente a cualquier implementación. Para ello y dependiendo de cuál sea el algoritmo usado y su objetivo, se deben comprobar siempre varias métricas. Estas son esenciales para certificar la validez de los resultados obtenidos:

- **Error cuadrático medio (MSE):** Más conocido por su acrónimo en inglés MSE, intenta calcular la precisión de la predicción penalizando los errores más destacados, lo que le hace sensible a valores atípicos. Su fórmula es:

$$MSE = \frac{1}{m}\sum_{t=1}^{m}\left(x_t - \hat{x}_t\right)^2$$

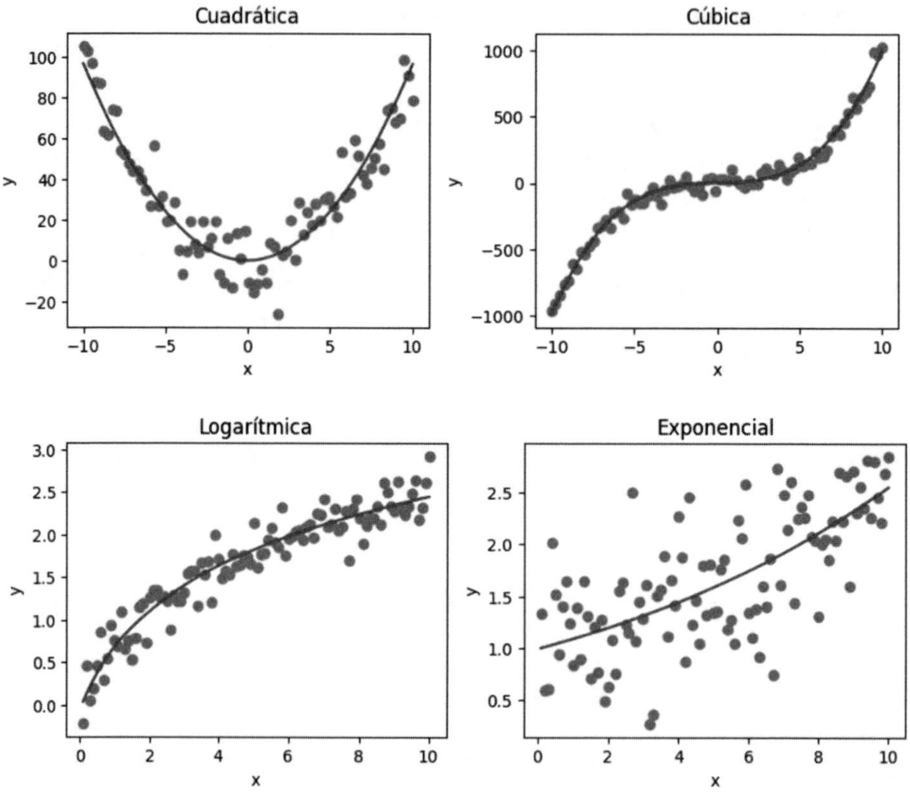

Figura 8.5. Modelos puros de regresión no lineal.

- **Raíz del error cuadrático medio (RMSE):** Al igual que explicamos con el cálculo entre la varianza y la desviación estándar, el también conocido como la desviación cuadrática media es simplemente la raíz cuadrada del MSE. Esto permite generar una medida con unidades en la misma escala y por lo tanto no penaliza tanto los errores como el MSE.
- **Error absoluto medio (MAE):** Mide las diferencias absolutas promedio entre las predicciones y los valores reales. A distinción del MSE, es menos sensible a los valores atípicos y se calcula tal que:

$$MAE = \frac{1}{m}\sum_{t=1}^{m}\left|x_t - \hat{x}_t\right|$$

- **R-cuadrado (R^2):** El coeficiente de determinación señala la proporción de variación en la variable dependiente (`target`) a partir de las variables independientes (`features`). Cuando es cercano a 1 indica un ajuste perfecto;

si, por el contrario, se acerca a 0, denota la imposibilidad de llegar a modelar los datos con precisión. En el código previo, por ejemplo, se podría haber utilizado el método `score()` de scikit-learn para calcularlo. Su fórmula es:

$$R^2 = 1 - \frac{\frac{1}{n}\sum_{i=1}^{n}\left(Y_i - \hat{Y}_t\right)^2}{\frac{1}{n}\sum_{i=1}^{n}\left(Y_i - \bar{Y}_t\right)^2}$$

Existe una variación que se denomina R^2 ajustado que intenta realizar la estimación de manera algo más pesimista y que se atiene al siguiente cálculo:

$$\text{Adjusted } R^2 = \left\{1 - \left[\frac{(1-R^2)(n-1)}{(n-m-1)}\right]\right\}$$

```
from sklearn.metrics import mean_squared_error
print("MSE:",mean_squared_error(y, y_pred))
print("RMSE:",np.sqrt(mean_squared_error(y, y_pred)))

from sklearn.metrics import mean_absolute_error
print("MAE:",mean_absolute_error(y, y_pred))

from sklearn.metrics import r2_score
print("R2:",r2_score(y, y_pred))
```

Modelos de clasificación

Al mismo nivel que las regresiones y por lo tanto dentro del aprendizaje automático supervisado, su principal objetivo es predecir la categoría o la clase a la que pertenecerán las variables teniendo en cuenta unas características (`features`) del conjunto de datos escogido. Dicho de otro modo, definir a qué grupo pertenecerá la variable `target`. Valga como ejemplo adicional al planteado al inicio, la necesidad de cualquier negocio de poder ordenar de manera automática nuevos productos en base a unas categorías ya existentes (inventario).

Regresión logística

A distinción de la regresión lineal, la regresión logística, en la figura 8.6, es un método de clasificación que calcula la probabilidad de que un valor pertenezca a una de las dos categorías propuestas (clasificación binaria). Se basa en una función sigmoide, cuyo nombre viene determinado por su similitud con la forma en "s" de la letra griega sigma. La fórmula que la define es:

$$\phi(z) = \frac{1}{1 + e^{-z}}$$

siendo $z = \beta_0 + \beta_1 x_1 + \beta_2 x_2 + \cdots + \beta_n x_n$ la función lineal de entrada.

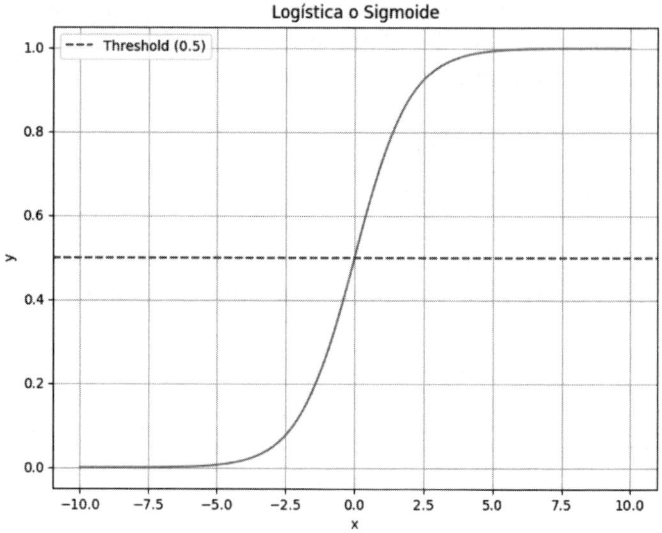

Figura 8.6. Modelo de regresión logística.

```
from sklearn.datasets import load_iris
from sklearn.linear_model import LogisticRegression

# Carga de datos desde el dataset público 'Iris Colors'
iris = load_iris()

X = iris.data[:, :2] # Uso de dos características (longitud y anchura del sépalo)
y = iris.target

# Elección de solo dos clases para realizar la clasificación binaria (0 o 1)
X = X[y!=2]
y = y[y!=2]

logreg = LogisticRegression()
logreg.fit(X, y)

sns.scatterplot(x=X[:, 0], y=X[:, 1], hue=iris.target_names[y]) # 'hue' indica
cómo colorear los datos
plt.xlabel('Longitud')
plt.ylabel('Anchura')
plt.show()
```

Ejecutando este código con datos extraídos del *dataset* de acceso público Iris (información sobre tamaños de varias especies de flores) y moldeándolos según nuestra conveniencia para poder generar la clasificación binaria, podemos apreciar lo fácil que es generar este tipo de taxonomización, como vemos en la figura 8.7.

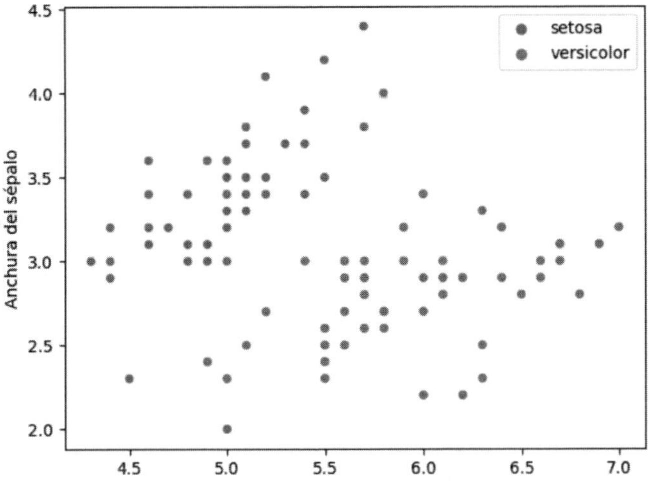

Figura 8.7. Clasificación tipo usando un modelo de regresión logística.

La regresión logística, como veremos más adelante, también es una parte importante en la creación de determinadas redes neuronales de clasificación.

Árboles de decisión

Es un método sencillo que, como su propio nombre indica, divide recursivamente un conjunto de datos en diferentes subconjuntos hasta llegar a los nodos finales conocidos como hojas y los cuales son los responsables de establecer la clasificación. Cada una de estas particiones se define por un nodo donde se evalúa una decisión por medio de una regla previamente definida, con el ánimo de ir generando diferentes ramas a las que vincular un comportamiento concreto:

```
from sklearn.datasets import load_iris
from sklearn.tree import DecisionTreeClassifier, plot_tree

# Carga de datos desde el dataset público 'Iris Colors' y asignación de variables
iris = load_iris()
X = iris.data
y = iris.target

dectree = DecisionTreeClassifier(random_state=42)
dectree.fit(X, y)

plt.figure(figsize=(12, 8))
plot_tree(dectree, feature_names=iris.feature_names, class_names=iris.target_
names, filled=True)
plt.show()
```

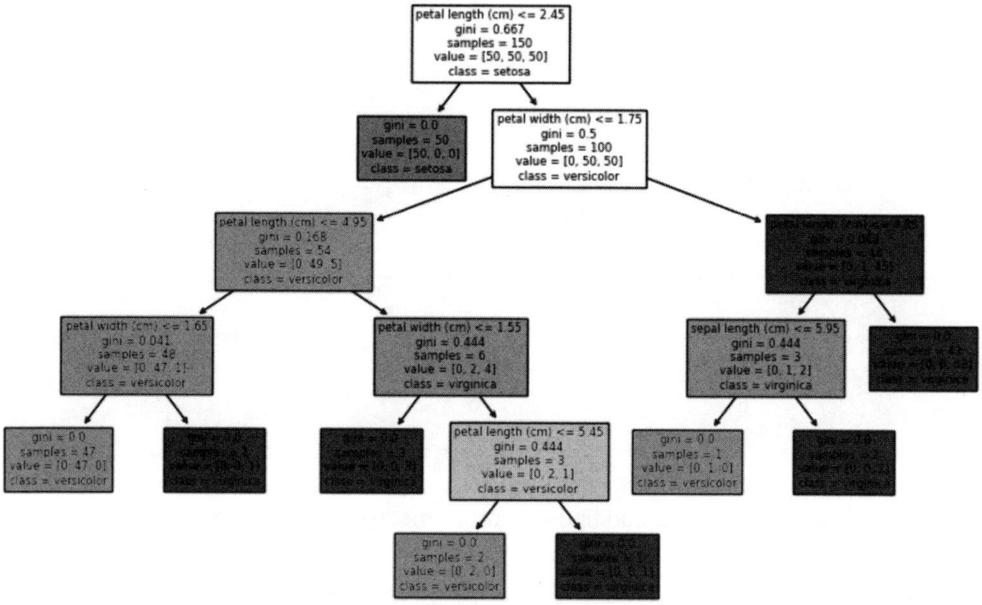

Figura 8.8. Visualización de un árbol de decisión.

Como se puede observar en la figura 8.8, es más sencillo explicar su funcionamiento de manera visual que enredarse en explicaciones complejas. Aun así, hay determinados términos que son necesarios detallar. En concreto, en la construcción de los árboles de decisión con el objetivo de llevar a cabo clasificaciones se utilizan varias métricas cuyo objetivo es reducir la impureza del sistema o, dicho de otro modo, minimizar la mezcla y el desorden entre las diferentes clases.

- **Coeficiente Gini:** Métrica que debe su nombre al estadista Corrado Gini y cuya función principal en el contexto de los árboles de decisión es determinar la pureza de la división en cada nodo. Se calcula como:

  $$G = 1 - \sum_{i=1}^{c} (p_i^2)$$

  siendo p_i la probabilidad de que un conjunto de valores pertenezca a una clase. Mientras que un valor cercano a 0 denota mucha pureza, uno cercano a 0,5 sería todo lo contrario (impureza).

- **Entropía:** Evalúa el desorden existente en el conjunto de datos, es decir, la incertidumbre. Su fórmula es $E = -\sum P(X) \cdot \log P(X)$, donde X representa la clase y $P(X)$ la proporción de valores pertenecientes a la clase con respecto al total de los datos. En un rango de 0 a 1, 0 significa pureza y 1 impureza.

- **Ganancia de información:** Como su propio nombre indica, mide la cantidad de información ganada o, lo que es lo mismo, trata de encontrar la característica más adecuada para maximizar cada división de los datos y que esto se revierta en subconjuntos más homogéneos. Se calcula comparando la impureza previa y posterior a la partición tal que $IG(Y, X) = E(Y) - E(Y \mid X)$. Si el resultado es próximo a 0 hay poca ganancia; de manera opuesta, si es cercano a 1 hay mucha ganancia.

Hay que tener en cuenta que un árbol de decisión también podría llegar a usarse como una regresión con la intención de buscar relaciones entre variables no lineales. En este caso concreto, la impureza obedece a la varianza como métrica principal (dispersión de los datos) y se atiene a la siguiente fórmula $V = \Sigma(x - \mu)^2/N$.

Al fin y al cabo, el objetivo de todo esto es poder clasificar la variable `target`, de tal forma que podemos agrupar los datos según sus características. Los árboles de decisión, en la figura 8.9, tienen grandes ventajas: fáciles de interpretar (*open box*), muy versátiles (variables numéricas y categóricas) o capacidad para otorgar importancia a las características de manera automática y "natural". Sin embargo, también tienen algunas desventajas como la falta de robustez (cualquier pequeño cambio en el *train dataset* puede suponer una alteración grande en la predicción), limitaciones para reconsiderar alternativas ya evaluadas o la posibilidad de crear árboles muy complejos (*overfitting*), lo cual motivará la poda de sus ramas o el desarrollo de bosques aleatorios (más conocidos como *Random Forests*).

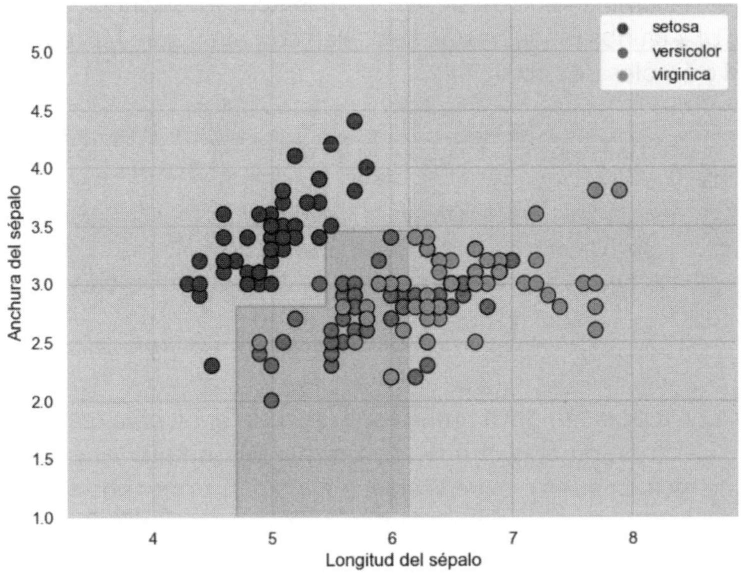

Figura 8.9. Clasificación básica usando un árbol de decisión.

Ensemble learning: *Random Forest*, *AdaBoost* y *Gradient Boosting*

El método de aprendizaje conjunto o combinado, más conocido como *ensemble learning*, utiliza varios algoritmos combinados entre sí para obtener un mejor modelo resultante, uno que pueda ser generalizable y robusto. Pero, antes de profundizar en cualquiera de ellos, es necesario definir e interiorizar los siguientes conceptos que se ven en la figura 8.10.

- ***Bagging*:** Contracción del término "*bootstrap aggregating*". Es una técnica que genera un resultado a partir de la combinación de los valores de salida de otros modelos independientes entre sí, evitando así un sobreajuste durante el entrenamiento. Utiliza para ello muestras con reemplazo (*bootstrap*). La respuesta final se genera a través de un proceso de selección y asociación (*averaging* para regresión o *voting* en clasificación) de las variables. Una de sus grandes ventajas es su capacidad para optimizar cualquier sistema ya de por sí inestable, por ejemplo, en el caso de los *Random Forests*.
- ***Boosting*:** Desarrollo secuencial que intenta corregir los errores del modelo anterior, generando una mejora gradual durante todo el proceso. O, dicho de otra manera, se centra en corregir las predicciones previas que sean incorrectas. Por ejemplo, los algoritmos *Gradient Boosting*, *AdaBoost* o *XGBoost*.
- ***Stacking*:** Se entrenan los modelos de manera diferenciada y luego se combinan sus resultados mediante técnicas como la validación cruzada (*cross-validation*), la cual trata de dividir un conjunto de datos en diferentes partes denominadas *folds*. De hecho, su método más conocido es la validación `k-fold`. Algunos modelos que se suelen combinar son: regresiones lineales, SVM o árboles de decisión.

	BAGGING	*BOOSTING*	*STACKING*
Objetivo	Reducir la varianza	Reducir el sesgo (*bias*)	Mejorar la precisión
Tipos	Homogéneo (mismos modelos)		Heterogéneo (diferentes)
Entrenamiento	Paralelo	Secuencial	Modelo-*Meta*
Agregación	Voto mayoritario y promedio	Promedio ponderado	Promedio ponderado

Figura 8.10. *Ensemble learning*: *bagging*, *boosting* y *stacking*.

Bajo estos conceptos, es decir, como métodos de *ensemble learning* podemos diferenciar un sinfín de algoritmos cuyo principal objetivo es combinar varios modelos para mejorar nuestras predicciones, aunque son unos pocos los que pueden servirnos para entender todo esto: *Random Forest*, *AdaBoost* y *Gradient Boosting*. Sin lugar a dudas, los más conocidos y utilizados.

Empecemos por el primero de ellos. Como podríamos llegar a intuir, los bosques aleatorios están relacionados de alguna forma con los árboles de decisión. De hecho, son un conjunto de ellos cuyo fin es la mejora de nuestro modelo de clasificación o incluso también de regresión, como veíamos previamente. Sin embargo, nos centraremos en la primera tipología. Sabiendo esto, se puede detallar el algoritmo de bosques aleatorios como un método que genera una colección de árboles de decisión usando muestras aleatorias del conjunto de datos original, como se muestra en la figura 8.11. De cada uno de estos árboles se selecciona aleatoriamente un conjunto de características con las que llevar a cabo la mejor división. Para ello se usan las mismas métricas previamente descritas en los árboles de decisión. Es decir, utiliza para ello la técnica de *bagging* anteriormente citada:

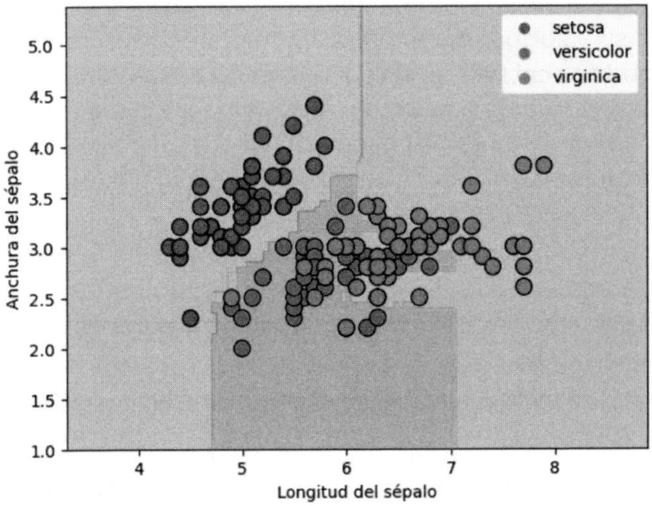

Figura 8.11. Clasificación básica usando *Random Forest*.

```
from sklearn.datasets import load_iris
from sklearn.ensemble import RandomForestClassifier

iris = load_iris()
X = iris.data[:, :2]
y = iris.target

randfor = randtree = RandomForestClassifier(n_estimators=100,
criterion='entropy')
randfor.fit(X, y)

# Creación de una cuadrícula para trazar los límites de decisión
h = 0.01 # Granularidad de la cuadrícula
```

```
x_min, x_max = X[:, 0].min() - 1, X[:, 0].max() + 1
y_min, y_max = X[:, 1].min() - 1, X[:, 1].max() + 1
xx, yy = np.meshgrid(np.arange(x_min, x_max, h), np.arange(y_min, y_max, h))
Z = randfor.predict(np.c_[xx.ravel(), yy.ravel()])
Z = Z.reshape(xx.shape)

plt.contourf(xx, yy, Z, cmap='Set2', alpha=0.6)
sns.scatterplot(x=X[:, 0], y=X[:, 1], hue=iris.target_names[y], edgecolor='k',
s=50)
plt.xlabel('Longitud')
plt.ylabel('Anchura')
plt.show()
```

Cabe destacar en este fragmento de código el atributo `n_estimators`, el cual especifica el número de árboles que contendrá el bosque. En versiones previas a la 0.22 de scikit-learn, su valor por defecto era 10. Ahora es 100. También es necesario mencionar el atributo `criterion`, el cual referencia a lo ya explicado en los árboles de decisión y cuyos valores pueden ser: `gini`, `entropy` o `log_loss`, siendo `gini` el valor por defecto. No obstante, se pueden añadir otros hiperparámetros más como `max_depth ()`, `min_samples_leaf ()` o `min_samples_split ()` con la intención de configurar el modelo según nuestro propio criterio.

Es esencial entender la importancia de la aleatoriedad a la hora de extraer las muestras y las características. Esta es sin duda la gran ventaja de este algoritmo, ya que posibilita la creación de árboles de decisión muy diversos y en consecuencia el desarrollo de un modelo generalizable, que, al fin y al cabo, es de lo que se trata.

Con respecto a la técnica de *boosting*, caben destacar dos algoritmos de los ya mencionados:

- ***AdaBoost*:** Abreviatura de *adaptive boosting*, su cometido es ajustar secuencialmente los modelos de entrenamiento enfatizando en aquellos que generaron clasificaciones incorrectas en los pasos previos, centrándose de esta forma en los casos más complicados.
- ***Gradient Boosting*:** A distinción del anterior, donde el ajuste se determina con los datos de entrenamiento, en este caso el modelo es entrenado a partir de los errores residuales provenientes del anterior. Es similar al *AdaBoost*, de hecho, es considerado como una generalización de este y por lo tanto es algo más robusto frente a valores atípicos o *outliers*:

```
grboostcla = GradientBoostingClassifier(n_estimators=100, learning_rate=0.1)
grboostcla.fit(X, y)
```

Al igual que *Random Forest*, tanto *AdaBoost* como *Gradient Boosting* utilizan internamente árboles de decisión, por lo que a nivel programático en Python es similar, siendo la principal diferencia el uso de la clase de scikit-learn correspondiente:

`GradientBoostingClassifier()` o `AdaBoostClassifier()`, y el uso de los atributos propios de cada método. En este sentido, más allá de entender todos y cada uno de ellos, es oportuno introducir el parámetro `learning_rate`, el cual se refiere a la tasa de aprendizaje. En este contexto, especifica cuál será la contribución de cada árbol de decisión, indicando un valor bajo un aprendizaje más lento y habitualmente un mayor número de árboles para poder entrenar al modelo. Por el contrario, un valor alto incrementará la contribución de cada clasificador. En el caso de *AdaBoost* por defecto es 1,0, mientras que en el de *Gradient Boosting* es 0,1. En cualquier caso, no es un concepto único de este ámbito, ya que por ejemplo es algo muy utilizado en redes neuronales como veremos más adelante.

Naive Bayes

Algoritmo que calcula la probabilidad que cada característica (conocida como atributo o señal en este ámbito) de manera independiente puede definir una clase. Imaginemos que en un *e-commerce* un usuario se considera un posible comprador cuando genera una visita a un producto y lo añade al carrito durante su sesión. Ambos eventos cronológicamente ordenados pueden conllevar una intencionalidad evidente de compra; sin embargo, ¿qué ocurriría si solo se analizan las visitas a un producto? De ahí precisamente deriva el término *naïve* (ingenuo) por considerar que cada una de las características tendrán más o menos influencia en la predicción, aunque no tengan relación alguna entre sí. Pura inocencia.

A pesar de ello, es un método muy utilizado debido a su efectividad ante determinadas circunstancias como clasificación de texto (organización de documentos o análisis de sentimientos), filtrado del correo no deseado (*spam*), diagnóstico preliminar de acuerdo a sintomatología o sistemas de recomendación, entre otras muchas. La simplicidad muchas veces no está reñida con la utilidad.

Como su propio nombre indica, se basa en el teorema de Bayes, el cual ya pudimos detallar en profundidad en el capítulo anterior. Recordemos que establecía la probabilidad de que pudiese ocurrir un evento A habiendo sucedido previamente un evento B. En resumen, se puede decir que Naive Bayes aplica este teorema teniendo en cuenta además el supuesto de independencia entre las características.

Con respecto a scikit-learn, lo único que tenemos que saber por ahora es la posibilidad de elegir entre cinco tipos de clases según la distribución de las características de nuestro modelo:

- `BernoulliNB()`: Variables binarias (booleana).
- `CategoricalNB()`: Variables categóricas.
- `ComplementNB()`: Utilizado en conjuntos de datos desequilibrados.
- `MultinomialNB()`: Especialmente útil para clasificación de textos.
- `GaussianNB()`: Distribución normal o gaussiana.

KNN

Aunque también utilizado en problemas de regresión, debido a su fácil comprensión, seguramente es el algoritmo más utilizado dentro del aprendizaje automático supervisado. Se basa en el principio de proximidad, es decir, los valores más cercanos deberían ser similares. Estos se denominan como "vecinos" y se agrupan como tal según la distancia que hay entre estos y el punto observado. Además, se tiene en cuenta el parámetro K, el cual indica el número de observaciones en torno a un dato, es decir, el número de vecinos existentes. Precisamente, a partir de todo esto se puede entender mejor el origen de su nombre *K-Nearest Neighbors*. Es un algoritmo cuyo funcionamiento se puede simplificar en unos pocos pasos:

1. **Cálculo distancia:** Hallar el espacio existente entre el elemento a clasificar (clase) y el resto de datos.
2. **Selección *K* elementos:** Elegir el número de elementos en torno a la clase.
3. **Asignación:** Se elige la clase más votada, la que tiene una mayor frecuencia.

El cálculo de las distancias suele atenerse a diferentes métricas de longitud dependiendo de lo que se requiera en cada modelo:

- **Euclídea:** Distancia entre dos puntos en línea recta $d(r, s) = \sqrt{\sum_{i=1}^{n} (s_i - r_i)^2}$.
- **Manhattan:** Es la suma de las diferencias absolutas de sus coordenadas. Se la conoce también como *city block*, ya que representa la distancia consecutiva que existiría al realizar el recorrido entre calles. Su fórmula es: $$D = \sum_{i=1}^{n} |r_i - s_i|$$
- **Minkowski:** Generalización que incluye a las dos anteriores y que se calcula tal que: $$\mathrm{D} = \left(\sum_{i=1}^{n} |x_i - y_i|^p \right)^{1/p}$$
- **Similitud del coseno:** Mide el coseno del ángulo formado por dos vectores, señalando además su orientación. Su fórmula es algo más compleja:

$$\cos(\theta) = \frac{\mathbf{A} \cdot \mathbf{B}}{\|\mathbf{A}\|\|\mathbf{B}\|} = \frac{\sum_{i=1}^{n} A_i B_i}{\sqrt{\sum_{i=1}^{n} A_i^2} \sqrt{\sum_{i=1}^{n} B_i^2}}$$

En este caso, se han definido los cálculos de las distancias más habituales pero, como se puede ver en la figura 8.12 o en la propia definición de la clase `DistanceMetric()` de la clase `KNeighborsClassifier` del módulo `neighbors` de la librería scikit-learn, existen otros muchos. Es en estas situaciones donde la experiencia del científico o del analista de datos es clave para el éxito del proyecto.

El algoritmo KNN, como se ha podido observar, permite una gran diversidad de configuraciones parametrizadas (hiperparámetros). Una de sus grandes ventajas es su fortaleza frente a datos a típicos o ruido dentro de los datos; sin embargo, en el caso de querer utilizarlo dentro de un conjunto grande de datos, puede llegar a tener un coste computacional alto, ya que hay que calcular distancias para cada una de las predicciones y características.

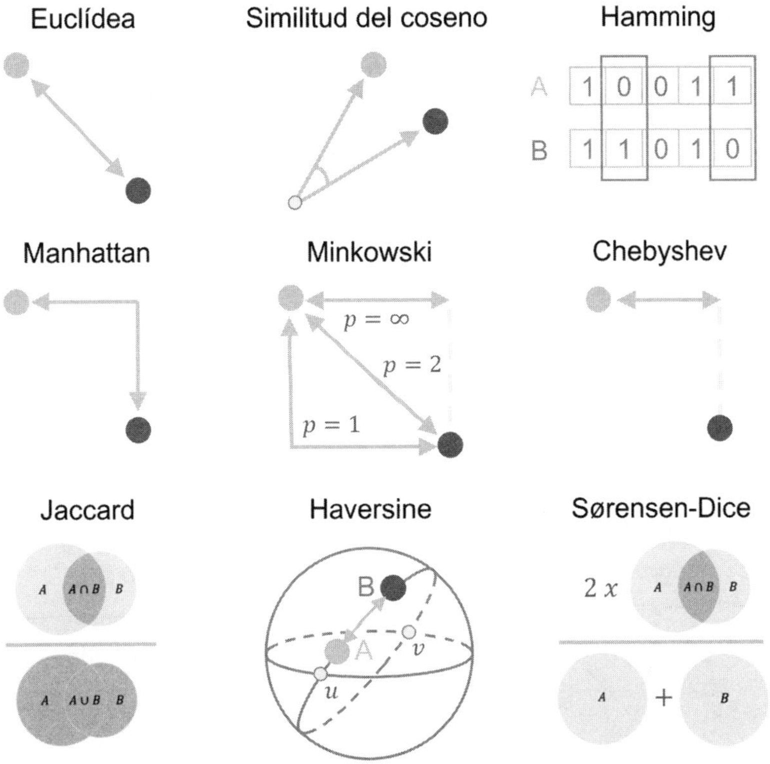

Figura 8.12. Distancias utilizadas para KNN y para otros algoritmos.

Support Vector Machine

La máquina de vectores de soporte es un algoritmo muy útil tanto para problemas lineales como no lineales. Funciona de una manera similar a la regresión logística, tratando de separar los datos en clases a través de una línea de decisión (hiperplano) que intentará focalizarse en aquellos valores más cercanos a su delimitación.

Profundizando un poco más en esto último, los vectores de soporte se refieren específicamente a los valores que están próximos al hiperplano que separa las clases y son, por tanto, fundamentales para entender la distribución de los datos y poder así generalizar nuestro modelo. Para encontrar este límite de decisión (*decision boundary*) óptimo, se suelen distinguir dos enfoques:

- **Margen rígido:** El margen duro o *hard margin* es el adecuado cuando los datos están perfectamente apartados. Es decir, ningún dato puede situarse en el lado incorrecto del hiperplano. Esto le hace muy sensible a valores atípicos o ruido.
- **Margen blando:** El *soft margin* permite cierta flexibilidad, generando algunos errores en la clasificación. Para compensar esto, intenta penalizarlos a través de un parámetro de regularización C, el cual controla el equilibrio entre la maximización del margen y la permisividad en la clasificación.

El SVM, en la figura 8.13, suele utilizarse para problemas binarios debido a su bajo coste computacional; no obstante, también es igualmente usado para clasificaciones con más de dos clases. Al fin y al cabo, estos podrán reducirse a través de diversas iteraciones comparando las diferentes particiones de cada uno de los subconjuntos analizados.

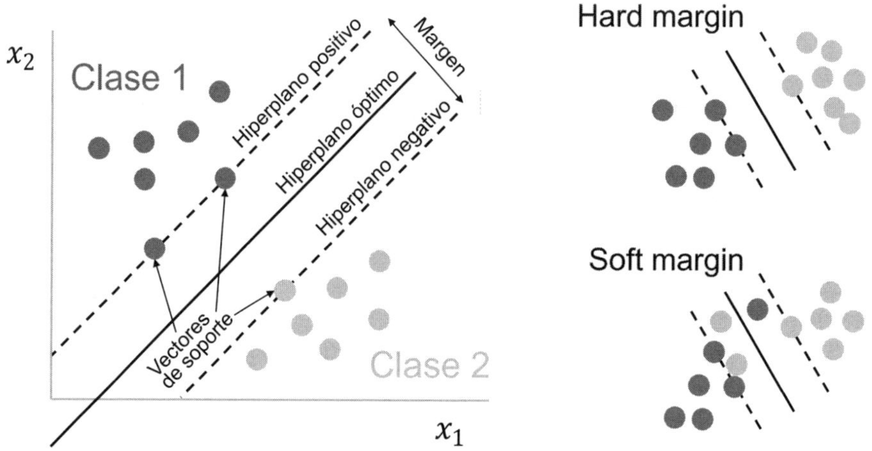

Figura 8.13. Límite de decisión y tipologías de SVM.

En scikit-learn existe el módulo `svm`, el cual contiene a su vez numerosos estimadores dependiendo el tipo de problema. Encontraremos los referidos a regresión (`SVR`, `NuSVR` y `LinearSVR`) por un lado y los asociados a clasificación (`SVC`, `NuSVC` y `LinearSVC`) por otro. E incluso la posibilidad de utilizar un estimador de aprendizaje no supervisado para detectar valores atípicos (`OneClassSVM`). Se recomienda acudir a la documentación de la librería para entender cada uno de ellos y cuáles son sus diferencias, las cuales en algunos casos será meramente una distinción en la formulación matemática o en los parámetros a utilizar.

LDA y QDA

Aunque en el caso del análisis discriminante lineal (LDA) también puede ser utilizado como una técnica de reducción de la dimensionalidad como las que se detallarán más adelante, en este caso hemos decidido incluirlo como método de clasificación por dos motivos esencialmente: para poder explicar el método "hermanado" QDA y por tratarse de algoritmos de aprendizaje supervisado.

El análisis discriminante cuadrático (*Quadratic Discriminant Analysis*), al igual que el LDA, es un modelo probabilístico simple capaz de predecir las clases usando el teorema de Bayes. En ambos casos los resultados son modelados como si de una distribución normal multivariante se tratase. Sin embargo, en el caso del QDA, cada clase tiene su propia matriz de covarianza, a distinción del LDA que comparte una única. Y, como es lógico, el QDA es un método cuadrático de clasificación y el LDA es lineal, lo que supone entre otras cosas que este último tenga un coste computacional más bajo y normalmente permita una menor flexibilidad. En el siguiente extracto de código se pueden apreciar las clases de scikit-learn utilizadas para ambos métodos:

```
# LDA
lda = LinearDiscriminantAnalysis(n_components=2)
X_lda = lda.fit_transform(X, y)

# QDA
qda = QuadraticDiscriminantAnalysis()
X_qda = qda.fit (X, y)
```

Métricas de evaluación

Al igual que con los modelos de regresión del aprendizaje automático supervisado, en el desarrollo de clasificación también existen determinadas métricas que nos permiten conocer la fiabilidad de nuestro desarrollo, pero, antes de definir cada una de ellas, es necesario explicar qué es la matriz de confusión.

Como explicábamos en el capítulo anterior en relación al planteamiento de hipótesis, concretamente refiriéndonos a la tabla resumen con sus posibles escenarios (rechazo y aceptación), la matriz de confusión, en la figura 8.14, es una representación del rendimiento del modelo de clasificación donde se muestran cuatro resultados posibles:

- **Verdadero positivo (VP):** Resultado predicho correctamente como positivo.
- **Verdadero negativo (VN):** Resultado predicho correctamente como negativo.
- **Falso positivo (FP):** Resultado predicho incorrectamente como positivo.
- **Falso negativo (FN):** Resultado predicho incorrectamente como negativo.

En realidad, estos valores se utilizan únicamente para obtener las siguientes métricas, las cuales serán fundamentales para conocer la "salud" de nuestro modelo:

- **Exactitud:** Habitualmente descrita como *accuracy* en inglés, mide la proporción entre valores predichos correctamente y el total en el conjunto de datos. Su fórmula es: $$\frac{VP + VN}{VP + FP + FN + VN}$$
- **Precisión:** Porcentaje de predicciones correctas clasificadas como positivas, con respecto al total de predicciones correctas. Se calcula tal que: $$\frac{VP}{VP + FP}$$
- ***Recall*:** También conocida como sensibilidad o TPR (tasa de verdaderos positivos), es la relación entre valores positivos correctamente predichos y todos los positivos verdaderos. Responde al cálculo: $$\frac{VP}{VP + FN}$$
- **F1:** Es la media armónica entre precisión y *recall*. O, dicho de otra forma, el número de elementos dividido entre la suma de los inversos de cada uno de ellos. Esta media es muy útil para calcular promedios entre valores relacionados de manera multiplicativa como pueden ser el cálculo de velocidades o resistencias eléctricas. Por lo tanto, se puede calcular como: $$\frac{2 * \text{Precision} * \text{Sensibilidad}}{\text{Precision} + \text{Sensibilidad}}$$
- **Especificidad:** La tasa de predicciones negativas correctas con respecto al número total de valores negativos. Es justamente lo contrario a *recall* y se calcula tal que: $$\frac{VN}{FP + VN}$$
- **Tasa de falsos positivos:** Ratio entre los valores negativos que fueron estimados como positivos y el total de datos negativos. Se halla tal que: $$\frac{FP}{FP + VN}$$

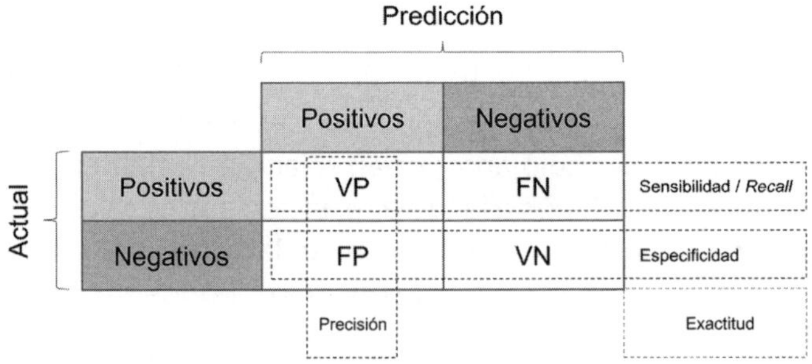

Figura 8.14. Matriz de confusión y métricas asociadas.

Además de estas métricas, existe una representación gráfica denominada curva ROC (*Receiver Operating Characteristics*), que permite visualizar el rendimiento del modelo de clasificación a lo largo del umbral de discriminación, es decir, a partir de qué valor se considera un caso como positivo. Esta curva, dibujada entre dos ejes con valores de 0 a 1, muestra la tasa existente entre verdaderos positivos (VP) y falsos negativos (FN) o, lo que es lo mismo, determina dónde se alcanza la sensibilidad y la especificidad más altas. A veces, a esta curva se le conoce como ROC-AUC, donde el término AUC hace referencia al área bajo la curva. Cuando su valor es cercano a 1 significa que las clases se pueden diferenciar sin apenas errores; sin embargo, si está por debajo de 0,5, se considera un modelo impreciso y poco efectivo. A continuación, y siguiendo el *dataset* de pruebas Iris (es necesario ver cómo se han añadido estos datos en *scripts* previos), se muestra cómo visualizar esta curva ROC usando para ello scikit-learn:

```
from sklearn.svm import SVC
from sklearn.metrics import roc_curve, auc
from sklearn.model_selection import train_test_split

# Se elimina la tercera clase de Iris para poder generar una clasificación binaria
X, y = X[y != 2], y[y != 2]
n_samples, n_features = X.shape

# Se añade algo de ruido a los datos del dataset
X += np.random.normal(0, 0.5, size=X.shape)

X_train, X_test, y_train, y_test = train_test_split(X, y, test_size=0.3,
random_state=42)

# Elección del algoritmo y entrenamiento del modelo
svm = SVC(kernel='linear', C=1.0, probability=True)
Z = svm.fit(X_train, y_train).predict(X_test)

# Calcular la Curva ROC y su área
fpr, tpr, thresholds = roc_curve(y_test, Z)
roc_auc = auc(fpr, tpr)

# Dibujar la curva y el umbral de rendimiento
plt.clf()
plt.plot(fpr, tpr, label='Curva ROC (área = %0.2f)' % roc_auc)
plt.plot([0, 1], [0, 1], 'k--')
plt.xlabel('Tasa de Falsos Positivos')
plt.ylabel('Tasa de Verdaderos Positivos')
plt.legend(loc="lower right")
plt.show()
```

Puede parecer complicado llegar a dominar este tipo de algoritmos; no obstante, la curva de aprendizaje se suaviza rápidamente a través de la práctica sobre casos reales, como veremos en el siguiente capítulo. A distinción de otros libros similares donde se explican los algoritmos a la vez que se programan, nuestro propósito pasa por entender primero la teoría. Después, a través de ejemplos reales aderezados con más explicaciones y muchos más matices, se podrá terminar de interiorizar todo. ¿De qué sirve mostrar códigos con numerosas líneas programadas y con funciones desconocidas si no se entiende antes cuál es su utilidad? A menudo, este es uno de los grandes problemas a los que se enfrentan muchas de las empresas en la actualidad. Dan por hecho que lo importante son los resultados, obviando casi siempre el proceso previo. Tengamos en cuenta que, al igual que podemos visualizar los datos de una u otra forma más adecuada y que estos expliquen mejor o peor un análisis, también la elección, el desarrollo y la validación del modelo podrá ser muy diferente según la experiencia, el tiempo dedicado y el conocimiento de quienes lo lleven a cabo. En ningún caso, debemos conformarnos únicamente con el resultado.

Aprendizaje no supervisado

Como su propio nombre indica, a distinción del anterior, no requiere de ninguna variable etiquetada para generar la predicción. Su objetivo es encontrar patrones dentro de los datos intentando encontrar relaciones entre características comunes. En este caso concreto, a distinción del aprendizaje supervisado, los algoritmos pertenecientes a esta tipología tratan de aportar soluciones para agrupar datos (*clustering*) o para reducir la dimensionalidad de un conjunto:

- ***Clustering*:** Un clúster es un conjunto de elementos similares entre sí, pero diferentes a otros posibles grupos. Para llevar a cabo esta agrupación de datos se miden las distancias entre ellos o se calcula la probabilidad de pertenencia, intentando de esta manera generar grupos que compartan características similares.
- **Reducción de la dimensionalidad:** En la práctica, en el mejor de los casos, los proyectos de aprendizaje automático (*machine learning*) suelen requerir decenas de `features` con las que poder obtener un modelo detallado y útil. No obstante, en muchos casos hablaremos de miles e incluso millones de variables, como en el caso de ChatGPT que supera el trillón. En estos escenarios tan complejos, reducir el número de características puede ayudarnos a simplificar significativamente el desarrollo: menor coste computacional, facilidad para representar los datos, eliminación de ruido, sencillez para interpretar el modelo, reducción de la multicolinealidad, etc. Sin embargo, su uso intensivo y sin criterio puede acarrear algún que otro resultado inesperado. Como dice ese antiguo adagio, más popularizado hoy en día a través de las palabras del tío Ben (*Spiderman*): "Un gran poder conlleva una gran responsabilidad".

Modelos de clusterización

Aunque existen varios algoritmos, como veremos enseguida, podemos congregarlos todos ellos según cuatro tipos de métodos básicos: densidad, jerarquía, partición y cuadrícula (*grid*).

K-Means y K-Medoids

A pesar de que nadie en nuestro idioma conozca al algoritmo K-Means como K-Media, su nombre es fundamental para entender su funcionamiento. Este algoritmo divide un conjunto de datos en *K* grupos para que cada dato del conjunto puede ser asociado al grupo con la media más próxima (centroide), como se ve en la figura 8.15. Al igual que el KNN, esta cercanía se basará en alguna de las distancias mencionadas. Esta configuración es esencial para determinar el resultado final. Al fin y al cabo, parte de la validación pasará por nuestro criterio humano, siendo nuestra agudeza visual primordial para la consecución y afinación del modelo.

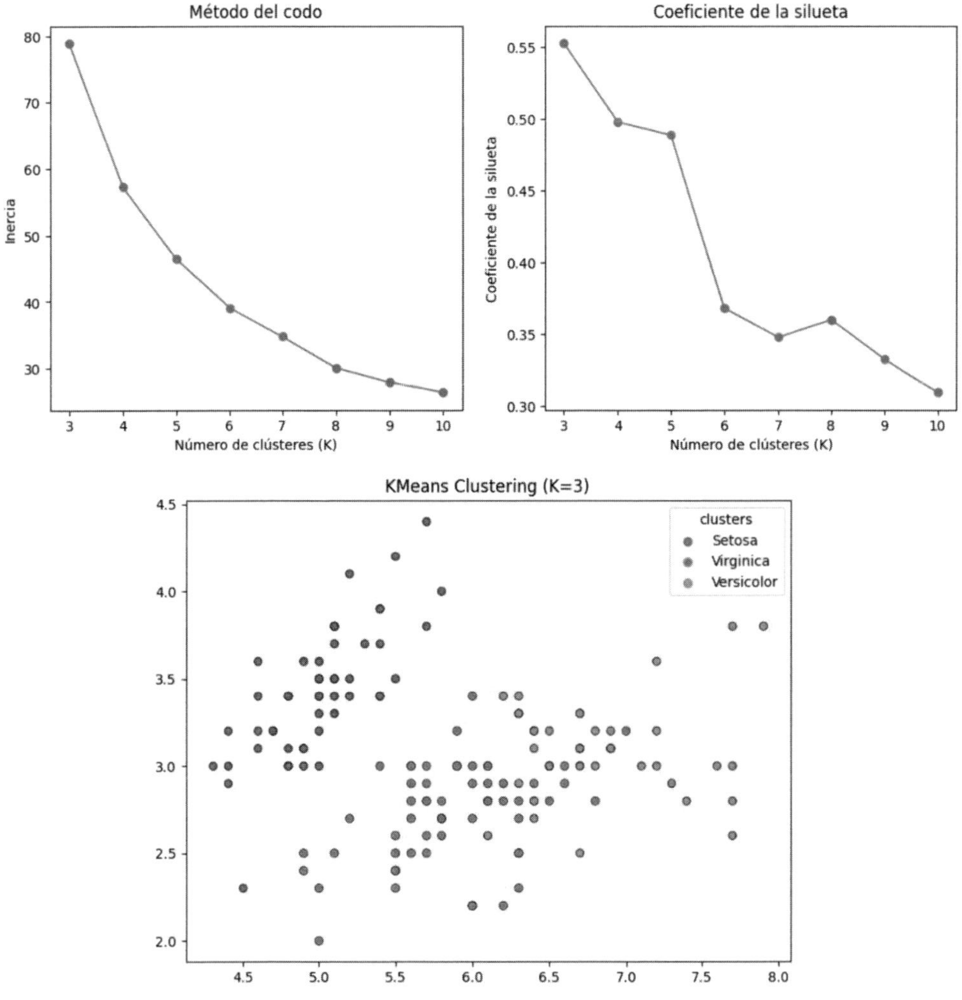

Figura 8.15. Clusterización con K-Means y elección del número de grupos.

Pero, antes de nada, deberemos saber cómo elegir el número de grupos (*K*) necesarios en que se particionará el conjunto de datos. Para ello existen numerosas técnicas, pero sin lugar a dudas las dos más conocidas son:

- **Método del codo:** El *elbow method* se refiere a la representación gráfica donde la disminución en la suma del cuadrado de las distancias entre los distintos puntos de datos y sus centroides (inercia) sufre una desaceleración evidente, lo que visualmente conforma una especie de "codo" o esquina donde se dobla la tendencia de la línea dibujada. Su fórmula es: $$\text{Inercia} = \sum_{i=0}^{N} \|x_i - \mu\|^2$$
- **Coeficiente de la silueta:** Más conocido por su nombre en inglés, el *silhouette score* intenta describir, a través de la cohesión entre los datos, el nivel de calidad de cada agrupación. Su valor va desde +1 (grupos claramente distinguibles), pasando por el 0 (no hay una distinción significativa), hasta -1 (asignación incorrecta). Se calcula tal que: $$s = \frac{b - a}{\max(a, b)}$$

```
from sklearn.cluster import KMeans
from sklearn.metrics import silhouette_score
import warnings
warnings.filterwarnings('ignore')

# Carga de datos del dataset Iris
iris = load_iris()
X = iris.data

# Método del codo para determinar el número de clústeres (K)
sse = []
for k in range(3, 11):
    kmeans = KMeans(n_clusters=k)
    kmeans.fit(X)
    sse.append(kmeans.inertia_)

# Dibujo de la curva generada por el método del codo
plt.figure(figsize=(12, 5))
plt.subplot(1, 2, 1)
plt.plot(range(3, 11), sse, marker='o')
plt.title('Método del codo')
plt.xlabel('Número de clusters (K)')
plt.ylabel('Suma de los cuadrados de las distancias')
plt.xticks(range(3, 11))

# Análisis de la silueta para determinar el número de clústeres (K)
sil_scores = []
for k in range(3, 11):
```

```
    kmeans = KMeans(n_clusters=k)
    cluster_labels = kmeans.fit_predict(X)
    silhouette_avg = silhouette_score(X, cluster_labels)
    sil_scores.append(silhouette_avg)

# Dibujo de los coeficientes de la silueta
plt.subplot(1, 2, 2)
plt.plot(range(3, 11), sil_scores, marker='o')
plt.title('Coeficiente de la silueta')
plt.xlabel('Número de clusters (K)')
plt.ylabel('Coeficiente de la silueta')
plt.xticks(range(3, 11))

# Número óptimo de K usando ambos métodos. Se añade +3 porque el rango empieza
en ese valor
optimal_k_elbow = sse.index(min(sse)) + 3
optimal_k_silhouette = sil_scores.index(max(sil_scores)) + 3
print(f"Método del codo: {optimal_k_elbow}")
print(f"Coeficiente de la silueta: {optimal_k_silhouette}")

# Visualización de los clústeres aplicando el coeficiente de la silueta
plt.figure(figsize=(8, 6))
kmeans = KMeans(n_clusters=optimal_k_silhouette)
cluster_labels = kmeans.fit_predict(X)

iris = pd.DataFrame(data=X, columns=iris.feature_names)
iris['cluster'] = cluster_labels # Se añade una etiqueta para identificar a los grupos
class_names = {0: 'Versicolor', 1: 'Setosa', 2: 'Virginica'}
iris['clusters'] = iris['cluster'].map(class_names)

# Se visualizan y se agrupan por colores únicamente las features longitud y
anchura del sépalo de la flor
sns.scatterplot(data=iris, x=X[:,0], y=X[:,1], hue='clusters', edgecolor='k')
plt.title(f'KMeans Clustering (K={optimal_k_silhouette})')
plt.show()
```

Además del K-Means, existe otra variación muy similar, pero mucho menos sensible a valores atípicos, denominada K-Medoids. La principal diferencia reside en que, en el caso de este último, los grupos están representados por un valor real (medoide) y no por uno ficticio como es la media (centroide) de los distintos datos involucrados. Esto hace también que el coste computacional sea mayor. Y, al igual que ocurre con casi todos los algoritmos, el K-Medoids tiene a su vez una subversión conocida como PAM (partición alrededor de medoides), la cual, en vez de realizar una búsqueda exhaustiva, lleva a cabo una que encuentra una solución óptima y por lo tanto más rápida. De esta forma palía el problema del rendimiento.

Jerárquica

Desde un punto de vista visual, agrupa los datos como si de un diagrama de árbol o dendrograma se tratara, de tal forma que, según se profundiza en cada uno de los niveles, mayor será el grado de similitud entre los puntos de datos. Existen dos tipologías según el orden en que se realiza dicho proceso:

- **Aglomerativa:** Comienza en cada uno de los datos y continúa de abajo hacia arriba agrupando cada vez más valores según su proximidad.
- **Divisivo:** Al contrario que la anterior, empieza en la parte superior donde todos los datos pertenecen a un único grupo y prosigue hacia abajo particionando cada subgrupo en cada uno de los niveles.

Aunque es un algoritmo relativamente fácil de implementar y sencillo de entender, sobre todo cuando se representa de manera visual, como se ve en la figura 8.16, con grandes cantidades de datos genera un coste computacional alto que en muchos casos puede convertirse en un quebradero de cabeza.

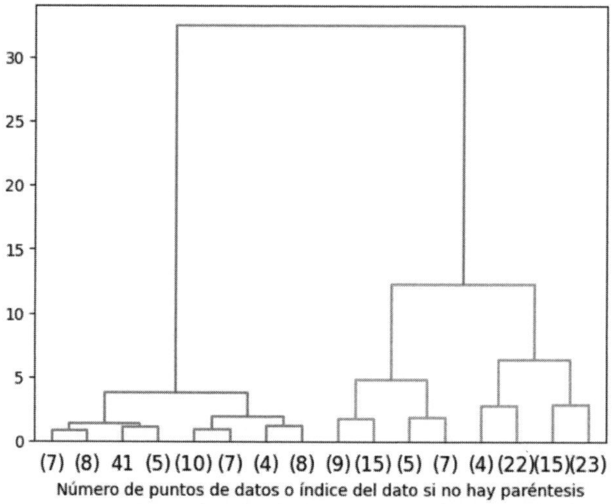

Figura 8.16. Dendrograma visualizando diferentes clústeres coloreados.

Podemos encontrar la clase `AgglomerativeClustering()` dentro de la librería scikit-learn. Entre todos los parámetros, destaca el denominado como `linkage`, el cual, a través del cálculo de la distancia entre cada conjunto de datos, determina cómo serán las agrupaciones finalmente generadas. Sus valores pueden ser:

- `ward`: Trata de minimizar la varianza en los clústeres que se están fusionando. Es el valor por defecto en caso de no especificarse ninguno.
- `complete`: Se usa la distancia máxima o más larga entre clústeres.

- `average`: Distancia media entre clústeres.
- `single`: Distancia mínima o más corta entre clústeres.

```
from scipy.cluster.hierarchy import dendrogram
from sklearn.cluster import AgglomerativeClustering

def plot_dendrogram(model, **kwargs):
    # Crear una matriz linkage y dibujar el dendrograma

    # Crear el conteo de muestras en cada nodo
    counts = np.zeros(model.children_.shape[0])
    n_samples = len(model.labels_)
    for i, merge in enumerate(model.children_):
        current_count = 0
        for child_idx in merge:
            if child_idx < n_samples:
                current_count += 1  # Nodo hoja
            else:
                current_count += counts[child_idx - n_samples]
        counts[i] = current_count

    linkage_matrix = np.column_stack(
        [model.children_, model.distances_, counts]
    ).astype(float)

    # Dibujar el correspondiente dendrograma
    dendrogram(linkage_matrix, **kwargs)

iris = load_iris()
X = iris.data

# El atributo distance_threshold=0 garantiza que se calcule el árbol al completo
model = AgglomerativeClustering(distance_threshold=0, n_clusters=None)
model = model.fit(X)

plt.title("Hierarchical Clustering Dendrogram")
plot_dendrogram(model, truncate_mode="level", p=3)
plt.xlabel("Número de puntos de datos o índice del dato si no hay paréntesis")
plt.show()
```

En este *script* se ha utilizado, además de scikit-learn, la librería SciPy. También de código abierto, contiene decenas de módulos, funciones y algoritmos para ciencia e ingeniería de datos relacionados con la ciencia computacional, el álgebra lineal, el procesamiento de señales y de imagen, y un largo etcétera. A diferencia de scikit-learn, la cual se focaliza en algoritmos de aprendizaje automático (ML) y profundo (DL), SciPy se centra en soluciones matemáticas y de computación científica.

DBSCAN

A distinción de los anteriores, los cuales se fundamentan de una u otra forma en el cálculo de distancias, el agrupamiento espacial basado en densidad de aplicaciones con ruido o *Density-Based Spatial Clustering of Applications with Noise* en inglés genera las agrupaciones basándose en la densidad de los datos. Entre otras ventajas, esto permite ser insensible a los valores atípicos, así como no atenerse a formas de clústeres predeterminadas. Aunque *a priori* pueda parecer complicado de configurar, en realidad solo requiere de dos parámetros:

- **Radio de vecindad (e):** Máxima distancia entre dos muestras. Habitualmente y en scikit-learn también se denota como eps.
- **Número mínimo de puntos (minPts):** Cantidad mínima de puntos a considerar para establecer una región densa o clúster. En scikit-learn es el atributo `min_samples`.

```
from sklearn.cluster import DBSCAN

iris = load_iris()
X = iris.data[:, :2]

dbscan = DBSCAN(eps=0.3, min_samples=5)
cluster_labels = dbscan.fit_predict(X)

plt.figure(figsize=(8, 6))
sns.scatterplot(x=X[:, 0], y=X[:, 1], hue=cluster_labels, palette='viridis')
plt.xlabel('Longitud')
plt.ylabel('Anchura')
plt.show()
```

Como en el algoritmo previo, existe una variación simplificada y generalizada de DBSCAN conocida como *Optics* (*Ordering Points To Identify the Clustering Structure*), la cual intenta ordenar los datos reemplazando el parámetro e con un valor máximo que afecta principalmente el rendimiento. A lo largo de los últimos años se han creado numerosas variaciones de este algoritmo como GDBSCAN o HDBSCAN. En este caso, bastará con mencionarlos.

Modelos de reducción de la dimensionalidad

Cuando afrontamos la realidad en nuestras empresas, observamos muchas veces ingentes cantidades de datos con una alta dimensionalidad o, lo que es lo mismo, con muchas *features* o columnas. Esto supone enfrentarnos a problemas de gran calado como la dificultad para analizar y visualizar los datos (imposibilidad para encontrar patrones) o los diferentes niveles de importancia de cada característica.

PCA

Su objetivo no es otro que simplificar la estructura de un conjunto de datos con un gran número de variables relacionadas entre sí, ya sea de manera más o menos evidente, es decir, preservar la diversidad existente en los datos mientras se reduce la complejidad del conjunto. Su funcionamiento se basa en la transformación lineal de las variables originales en unas nuevas que recojan la dirección donde existe una mayor varianza. A estas variables se les conoce como componentes principales (*Principal Component*, PC) y siempre son perpendiculares entre sí. Es por ello que siempre el primer componente principal (PC1) hará referencia al que más variabilidad acoja, reduciéndose esto poco a poco a través del resto de componentes principales. Precisamente de esta nomenclatura procede el significado de PCA: *Principal Component Analysis* (análisis de componentes principales).

Desde un punto de vista del álgebra lineal y el cual en este caso es oportuno de desarrollar, los componentes principales son los vectores propios de la matriz de covarianza. Más conocidos como *eigenvectors* en inglés, son vectores cuya dirección no se modifica tras haber llevado a cabo una transformación lineal (multiplicación de matrices) sobre ellos, como se ve en la figura 8.17. Adherido a este vector resultante, surge un valor que especifica la escala adquirida y que se le conoce como valor propio o *eigenvalue*.

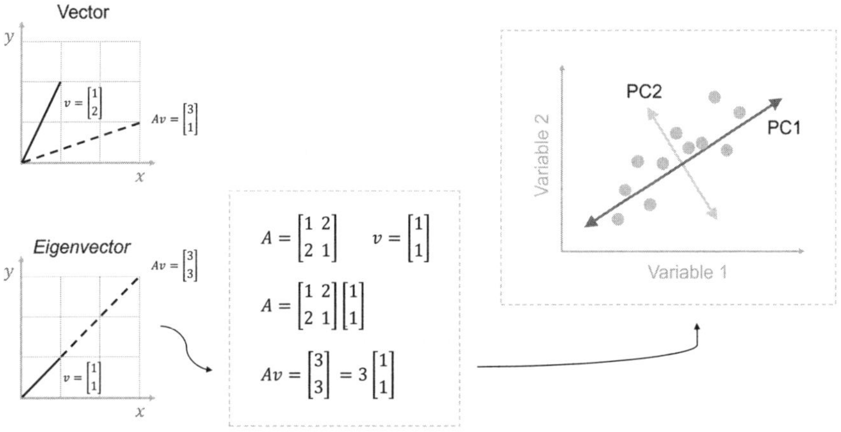

Figura 8.17. Multiplicación de matrices y vectores.

Puesto que scikit-learn es capaz de llevar a cabo todos estos cálculos a la hora de aplicar el método PCA, en la figura 8.18, o ya que la librería NumPy tiene integradas estas funciones (por ejemplo, `numpy.linalg.eig`), no es necesario profundizar en su desarrollo algebraico.

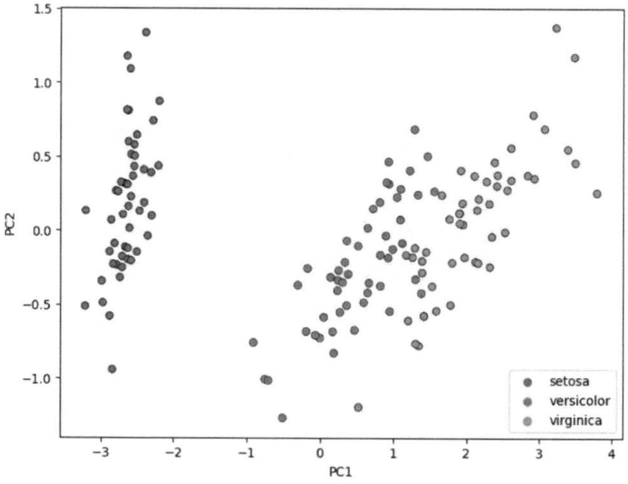

Figura 8.18. Análisis de componentes principales (PCA).

```
from sklearn.decomposition import PCA

iris = load_iris()
X = iris.data
y = iris.target # En este caso (unsupervised) solo se usará para colorear los clústeres

pca = PCA(n_components=2)
X_pca = pca.fit_transform(X)

plt.figure(figsize=(8, 6))
sns.scatterplot(x=X_pca[:, 0], y=X_pca[:, 1], hue= iris.target_names[y],
edgecolor='k')
plt.xlabel('PC1')
plt.ylabel('PC2')
plt.show()
```

Como se desean visualizar todas las características del *dataset* Iris en un gráfico de dos dimensiones, se indica `n_components=2`. Sin embargo, como es lógico intuir, esto no podrá llevarse cabo tan fácilmente en la mayoría de casos. Viéndonos obligados a utilizar el método del porcentaje de varianza explicada, el cual cuantifica la proporción de la varianza total del conjunto de datos que se atribuye a cada componente principal, la forma más común de aplicarlo es a través de un gráfico de varianza explicada acumulativa, que no es más que la versión evolucionada de un gráfico de sedimentación (*scree plot*), donde se muestra el número de componentes principales con respecto a su *eigenvalue* correspondiente, como se ve en la figura 8.19.

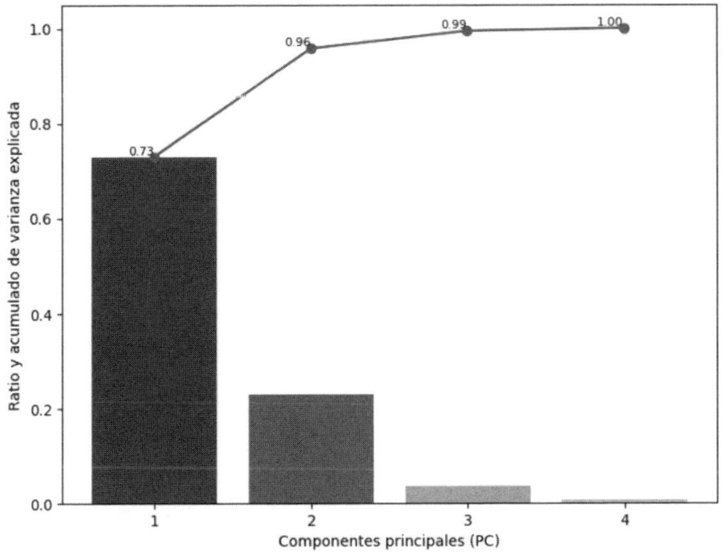

Figura 8.19. Porcentaje de varianza explicada y *scree plot*.

Al fin y al cabo, lo que se representa en dicho gráfico de varianza acumulativa es la aglomeración de estos valores a lo largo del número de componentes principales necesarios.

T-SNE

La incrustación de vecinos estocásticos distribuidos en T (*T-distributed Stochastic Neighbor Embedding*) es una técnica de reducción de la dimensionalidad no lineal que fundamentalmente se utiliza para visualización en espacios minimizados en 2D o en 3D, como se ve en la figura 8.20. Su funcionamiento es probabilístico, es decir, intenta equiparar las probabilidades del espacio de baja dimensionalidad a las del espacio original de alta dimensionalidad. Para ello, se usa normalmente la divergencia de Kullback-Leibler. Es una medida que determina la diferencia entre dos funciones de distribución de probabilidad. Aunque habitualmente se la considera como una distancia, en realidad no lo es, ya que puede darse el caso que el valor de la divergencia de una función de distribución de probabilidad P a una Q no sea igual a la de Q a P (asimetría). En el caso que nos concierne, se formula como:

$$\int f(x) \log \frac{f(x)}{f_\lambda(x)}$$

donde f es la distribución original y f_λ es la familia de distribuciones parametrizadas por λ.

```
# Espacio 3D
tsne = TSNE(n_components = 3, random_state = 1)
dtsne = tsne.fit_transform(X)

# Conversión a formato DataFrame
dtsne = pd.DataFrame(dtsne, columns = ['X1', 'X2', 'X3'])

# Dibujando los 3 componentes
fig = plt.figure(figsize = (5, 5))
ax = fig.add_subplot(111, projection = '3d')
x = dtsne['X1']
y = dtsne['X2']
z = dtsne['X3']
ax.scatter(x, y, z)
plt.show()
```

Generar la visualización en 2D, en vez de 3D, como se muestra en la parte de código previo, es muy similar. Solo se deben llevar a cabo tres modificaciones: `n_components = 2`, eliminar la columna X3 y configurar la visualización para mostrar únicamente dos componentes.

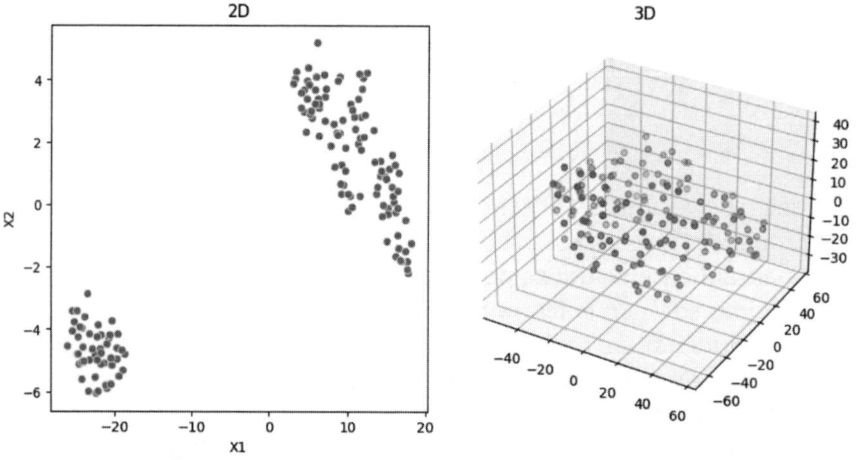

Figura 8.20. Visualización de los espacios 2D y 3D aplicando T-SNE.

Con respecto a su implementación a través de la librería scikit-learn, además de otros parámetros y atributos, hay que destacar el denominado como `perplexity` (por defecto 30,0). Este valor, también utilizado en otros algoritmos y análisis, establece el número de vecinos próximos que debería haber en torno a un punto de datos. De hecho, como medida derivada de la entropía, la perplejidad determina cómo de bien una distribución de probabilidad puede predecir una muestra. Cuanto menor sea su valor, menor será la incertidumbre. Sin embargo, cuanto mayor sea el *dataset*, mayor será la perplejidad teniendo en cuenta a su vez que siempre deberá ser menor al número de muestras. Por todo esto, se considera que un número adecuado es un valor entre 5 y 50. En este sentido, será importante la visualización de los datos y la experiencia del analista o científico de datos, ya que distintos valores pueden conllevar resultados muy diferentes:

```
plt.figure(figsize=(30,10))
index=0
for i in range(5, 55, 5):
    tsne = TSNE(n_components = 2, random_state = 1, perplexity = i)
    dtsne = tsne.fit_transform(X)
    dtsne = pd.DataFrame(dtsne)
    dtsne.columns = ['X1', 'X2']
    plt.subplot(2, 5, index + 1)
    index += 1
    sns.scatterplot(x = 'X1', y = 'X2', data = dtsne)
    plt.title("perplejidad = {}".format(i))
plt.show()
```

Métricas de optimización

Aunque algunas ya han sido mencionadas con la intención de profundizar en el correcto desarrollo del algoritmo, como en el caso del coeficiente de silueta o del método del codo (detalladas durante la explicación del K-Means y K-Medoids), existen otras muchas no tan conocidas que también pueden ayudarnos a optimizar y mejorar la precisión del modelo. Como es lógico pensar, sus aplicaciones y efectividad dependerán del algoritmo utilizado, por lo que nos centraremos únicamente en sus definiciones sin necesidad de hacer referencias a su formulación matemática. Entre todas ellas destacan las siguientes:

- **Índice de Davies-Bouldin:** Determina la calidad de las agrupaciones generadas centrándose en la relación que hay entre la dispersión de los datos en cada uno de los clústeres y la separación entre dichos clústeres. Cuanto menor sea su valor, mejor definidos y más distanciados estarán los clústeres.
- **Índice de Dunn:** Especifica la relación entre la distancia mínima entre los distintos clústeres (intergrupo) y la distancia máxima (intragrupo) dentro de cada uno de los clústeres. Valores altos representan mejores agrupaciones.
- **Índice de Calinski-Harabasz:** A distinción del anterior, detalla la dispersión entre clústeres y en cada uno de ellos. Al igual que el índice Dunn, a valores más altos, grupos mejor delimitados.
- **ARI y NMI:** El índice Rand ajustado y la información mutua normalizada miden la similitud y la información entre dos clústeres respectivamente. Valores próximos a 1 denotan agrupaciones casi idénticas en el caso del ARI y una correlación casi perfecta en el de la NMI.

- **Medida-V:** Es la media armónica entre homogeneidad y completitud, es decir, el inverso del promedio de los inversos de los valores formulándose tal que:

  $$H = \frac{n}{\sum_{i=1}^{n} \frac{1}{x_i}}$$

  o, dicho de otra forma más simple, el "recíproco" de la media aritmética. La media armónica suele utilizarse para promediar distancias equitativas con tiempos diferentes o promediar múltiplos y cocientes. En el caso de la *v-measure*, los valores cercanos a 1 señalan que los datos están correctamente agrupados.

Estas métricas son poco conocidas y por ello muchas veces olvidadas de nuestros proyectos. Ahora bien, no por ello son menos importantes. De hecho, pueden ser claves para obtener un modelo más preciso y ajustado.

Por último, antes de continuar con la siguiente categorización de tipos de aprendizaje, nos gustaría mencionar que, si bien pueden parecer algoritmos más enrevesados y algo más complejos de aplicar que los del aprendizaje supervisado, en realidad todo dependerá de numerosos factores, siendo la comodidad para trabajar con datos etiquetados la principal razón para optar por unos u otros métodos.

Aprendizaje por refuerzo (*reinforcement learning*)

Pese a que es menos conocido que los dos aprendizajes previos por su habitual campo de aplicación en entornos como pueden ser la robótica o los vehículos autónomos, es en la actualidad un área de investigación dentro del *machine learning* con enormes posibilidades. De hecho, se está hablando del RL (abreviatura de *reinforcement learning*) como una de las claves para llegar a alcanzar en un futuro la inteligencia artificial general (*Artificial General Intelligence* o AGI en inglés), es decir, el momento en que la inteligencia artificial iguale y supere a la capacidad de pensamiento y de razonamiento de los humanos. Esto que puede parecer parte de una película de ciencia ficción es, en realidad, algo que muchos expertos auguran alcanzar en los próximos diez años. En particular, será la combinación del RL y del *deep learning*, más conocido como *deep reinforcement learning*, lo que propulsará este proceso evolutivo.

Volviendo sobre lo que nos interesa en este apartado, en concreto la base sobre la que se sustenta el aprendizaje por refuerzo, el RL trata de ayudar a un agente maximizando la recompensa obtenida tras llevar a cabo determinadas acciones. Dicho de otro modo, contribuir a que una entidad pueda tomar las mejores decisiones con la intención de alcanzar un objetivo establecido. Específicamente, estos agentes interactúan en entornos que pueden ser conocidos o no, adquiriendo conocimiento continuamente a partir de la experiencia acumulada. Cuando la respuesta en un entorno es positiva (acierto) se le denomina recompensa; por el contrario, cuando es negativa (error), se le denomina castigo o penalización (a veces se denota también como recompensa negativa). A nivel visual es muy fácil de explicar y se atiene a un diagrama como el de la figura 8.21.

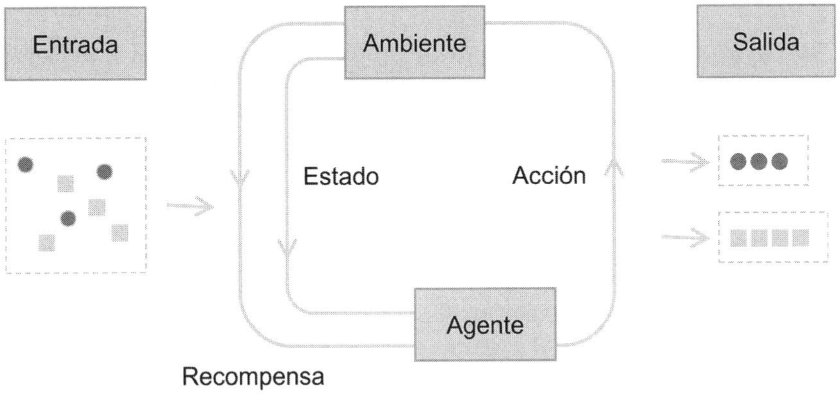

Figura 8.21. Diagrama tipo del aprendizaje por refuerzo.

Como se ve en la imagen, el proceso se resume rápidamente de la siguiente manera. Inicialmente el agente que está ubicado en un estado inicial específico lleva a cabo una acción, a la cual responde el entorno otorgando una recompensa al agente y moviéndolo a continuación a un nuevo estado.

Para poder entender este proceso en su totalidad, es necesario definir pormenorizadamente todos estos conceptos, así como añadir ejemplos reales utilizando para ello una de sus aplicaciones más habituales. En los sistemas de recomendación en un *e-commerce*:

- **Agente:** Entidad que define y toma la decisión. Por ejemplo, el motor de recomendación de productos *cross-selling* (productos complementarios).
- **Acción:** Acto generado por un agente en un entorno. Por ejemplo, el hecho de sugerir productos basados en el historial o preferencias del usuario.
- **Entorno:** Ámbito en el que interactúa el agente. Por ejemplo, un posible escenario podría ser el inventario de la tienda *online* en ese mismo instante.
- **Estado:** Situación del agente dentro del entorno. Por ejemplo, el perfil del usuario: número de compras hechas, gasto realizado previamente, etc.
- **Recompensa:** Valor numérico que genera el estado tras una acción por parte del agente. Por ejemplo, hacer clic en alguno de los productos mostrados en el motor de recomendación. Como se ha mencionado, podrá ser positiva, negativa o nula (*zero*).

- **Política:** Más conocida como *policy*, traza las acciones realizadas por el agente a través de sus estados y acciones. Dicho de otra manera, define el comportamiento del agente para llevar a cabo acciones en un entorno dado.

Respecto a este último punto, dentro de los algoritmos usados en RL debemos diferenciar dos categorías con arreglo a un modelo ya preestablecido o no:

- **Con modelo:** El agente es capaz de predecir la recompensa con la intención de poder maximizarla. Se utilizan en contextos donde las acciones y el entorno son conocidos de antemano:
  - **Árbol de búsqueda de Monte Carlo (MCTS):** Lleva a cabo una búsqueda entre las posibles secuencias de la acción en el entorno.
  - **PILCO:** La inferencia probabilística para el control del aprendizaje utiliza el método no paramétrico de aprendizaje supervisado GP o más conocido como procesos gaussianos con la intención de modelar la dinámica del entorno.
- **Sin modelo:** A distinción del anterior, el agente debe llevar a cabo varias acciones para poder aprender de ellas (experiencia de aprendizaje). Por ello, es el adecuado en ámbitos desconocidos o dinámicos:
  - **REINFORCE:** Conocido también como las políticas de gradiente de Monte Carlo, usa el ascenso del gradiente (el punto donde la función genera los valores más altos) para optimizar una política maximizando la recompensa acumulada esperada.
  - **Q-Learning:** Para poder aprender hace uso de una tabla-Q, la cual es simplemente una matriz que almacena las recompensas esperadas para todos los posibles pares de estado-acción. Este algoritmo actualiza dicha tabla de manera iterativa hasta converger en la política óptima. Desde 2015 existe una variante más avanzada denominada Deep Q-Network (DQN) que sustituye dicha matriz por dos redes neuronales.
  - **SARSA:** Similar al anterior en cuanto a funcionamiento, pero diferente en cuanto a comportamiento al tratarse de una aproximación más conservadora, ya que tiene en cuenta tanto la acción real como la esperada al actualizar la tabla-Q; suele tener mejores tasas de convergencia y una menor varianza.

Además, cada uno de ellos se pueden englobar en otras tres categorías según se basen en el valor (*value-based*), en la política (*policy-based*) o la combinación de ambos. Mientras que los primeros se refieren a aquellos que usan únicamente una función de valor sin implementar una política específica como el Q-Learning o SARSA, los segundos deciden qué acción ha de tomarse a cada instante como el

REINFORCE. A la tercera "categorización", conjugación de las dos primeras, se le denomina *Actor-Critic* y su objetivo principal es aprender de las políticas (actores) y las funciones de valor (críticas) de manera simultánea con la intención de mejorar en la toma de decisiones.

Todo lo anterior tiene su origen en los procesos de decisión de Markov (MDP), los cuales pueden usarse en combinación con algunos de los algoritmos previos o incluso referenciarse como una categorización diferente a las anteriores. Es básicamente un modelo de decisión aplicado a procesos secuenciales y que se suele desarrollar a través de la programación dinámica (*dynamic programming*). Aunque no es exactamente lo mismo, está relacionado de alguna manera con el proceso estadístico conocido como las cadenas de Markov. De hecho, al MDP se le puede considerar como una extensión de este a la que se le añaden recompensas y acciones. Sirva como muestra para ilustrar la importancia de esto, actualmente las cadenas de Markov son una parte fundamental de muchos de los planteamientos que llevan a cabo las empresas para analizar la atribución de sus canales de marketing con la intención de conocer la influencia y el rendimiento económico de cada uno de ellos a lo largo de las diferentes sesiones de los usuarios.

Por otro lado, en referencia al desarrollo programático de RL, librerías como scikit-learn no tienen actualmente ningún soporte. Para ello, es necesario hacer uso de otras como TensorFlow o PyTorch, las cuales ponen a nuestra disposición paquetes especializados como por ejemplo TF-Agents (`www.tensorflow.org/agents`). Este en concreto es capaz de ayudarnos con el diseño, la implementación y las pruebas de algoritmos. Unido a lo anterior, podemos percibir la cada vez mayor influencia de este tipo de aprendizajes en implementaciones con redes neuronales, en las cuales profundizaremos a continuación en el siguiente punto: *deep learning*.

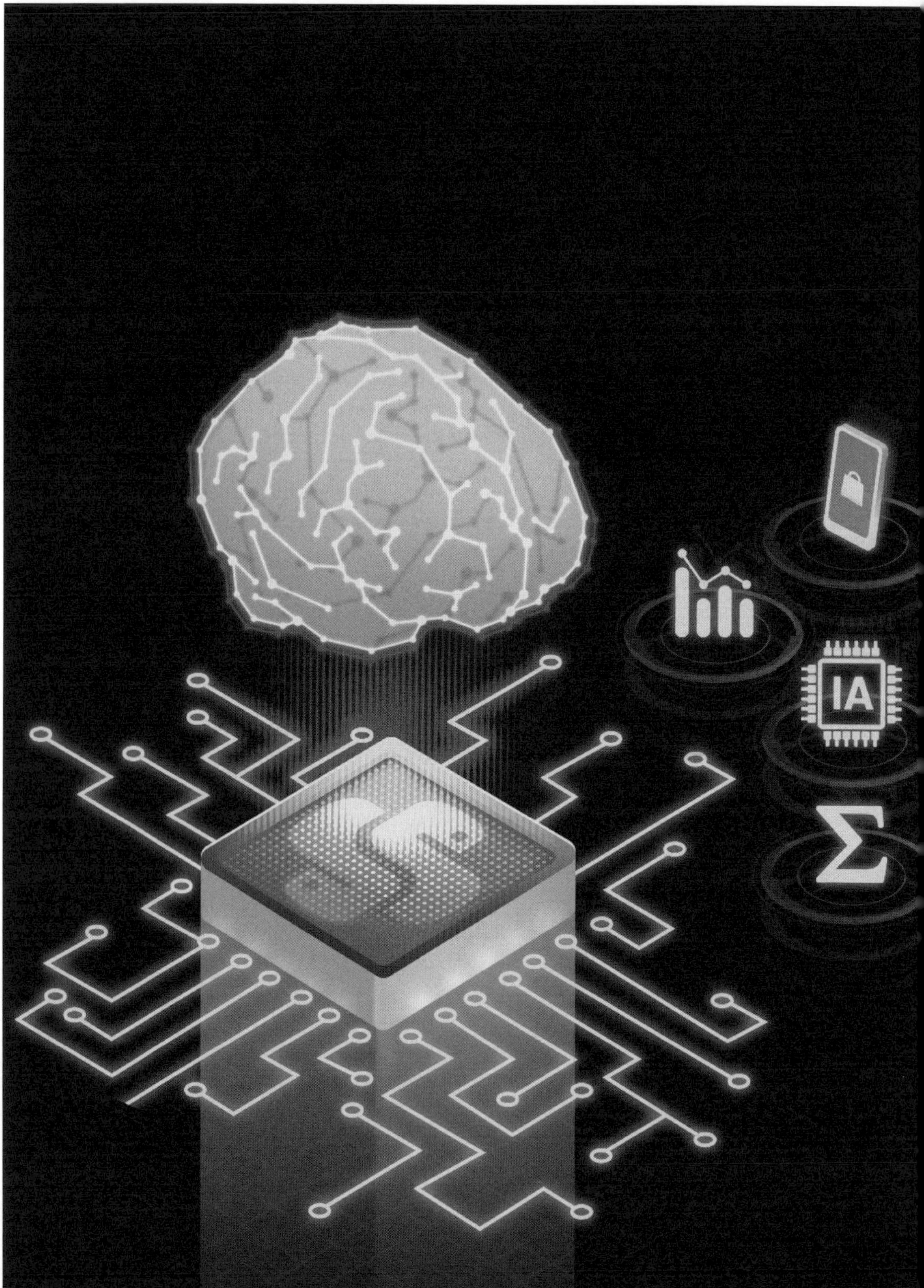
IA

9. *Deep learning* e inteligencia generativa

Deep learning, aprendizaje profundo

Esta subárea del aprendizaje automático está directamente relacionada con algoritmos inspirados en la estructura y el funcionamiento del cerebro. El aprendizaje profundo normalmente es considerado más potente que el aprendizaje automático previamente explicado, como se ve en la figura 9.1. Esto se debe esencialmente a que es capaz de adquirir conocimiento a través del procesamiento de grandes cantidades de variables diferentes. De hecho, se desenvuelve con gran facilidad en entornos donde se deben modelizar datos no estructurados como imágenes, audio o texto. Recordemos que es el ámbito que engloba a los actuales LLM (*Large Language Model*) y, por consiguiente, a los ya diariamente sobreutilizados *chatbots* de IA.

	MACHINE LEARNING	*DEEP LEARNING*
Número de datos	Puede obtener resultados con **pequeñas cantidades** de datos.	Necesita usar **grandes cantidades** de datos.
Uso del hardware	Puede trabajar en *low-end machines* con **baja potencia computacional**.	Suele asociarse a *high-end machines* debido a la necesidad de **gran potencia computacional** (operaciones matriciales). Una GPU podría ayudar a mejorarlo.
Procesamiento de *features*	Requiere un desarrollo de **variables más preciso**.	**Aprende** de *features* de alto nivel y crea nuevas automáticamente.
Enfoque de aprendizaje	**Divide el proceso** de aprendizaje en etapas para luego combinar los resultados en una única salida.	**Avanza a través del proceso** de aprendizaje resolviendo el problema de manera integral.
Tiempo de ejecución	**Tiempo bajo** de entrenamiento. De pocos segundos a varias horas.	**Más tiempo de entrenamiento** ya que involucra a muchas capas.
Resultado (*Output*)	La salida suele ser un **valor numérico**.	La salida puede tener **múltiples formatos**: texto, audio, imagen o vídeo.

Figura 9.1. Diferencias entre ML tradicional y *deep learning*.

Pero, antes de llegar a estos modelos tan avanzados, es necesario explicar e interiorizar alguno de los principales términos y partes que componen las redes neuronales:

- **Neurona artificial:** Es la unidad básica para conformar una red de neuronas (conectadas entre sí). Se inspira en el funcionamiento de una neurona biológica: recibe una señal, la procesa y la envía.
- **Capas:** Conjunto de neuronas donde se lleva a cabo algún tipo de operación y que habitualmente suele contener la misma configuración de parámetros. Aunque hay excepciones, lo normal es que se diferencien en base a tres tipologías: de entrada, de salida y ocultas.
- **Peso:** Es un valor numérico (w) que pondera la relevancia de una conexión entre neuronas, es decir, determina la importancia de la información que se transmiten.
- **Función de activación:** Método que calcula la salida de la neurona en función de sus entradas y los pesos de las entradas individuales.
- ***Bias*:** Mientras un peso detalla la "fuerza" de una conexión, el sesgo aporta un nivel de adaptabilidad a la salida de la neurona que permite que la red puede aprender según se avanza a través de ella. Actúa como una especie de constante (b) adicional que trata de relativizar la activación de una neurona abstrayéndose de umbrales concretos (*thresholds*). Dicho de otra manera, modifica la función de activación alterando dichos límites de activación, por ejemplo, activar las neuronas teniendo en cuenta el rango tan amplio de colores que puede llegar a tomar un píxel de una imagen. Sin un sesgo, la neurona solo se activaría a partir de dicho límite, impidiendo así una mejora en el aprendizaje. Tanto los pesos como los sesgos son una parte primordial para el proceso de propagación que veremos un poco más adelante.
- **Perceptrón:** Está compuesto por una o varias neuronas formando una red neuronal simple que funciona según el principio de aprendizaje supervisado. Se puede describir como la multiplicación de una matriz de entrada por un vector de pesos y cuya suma de productos (función de entrada) se derivan a una función de activación a la que se le otorga un sesgo.

Como se puede ver en la figura 9.2, una red neuronal artificial (*Artificial Neural Network*, ANN), normalmente conocida simplemente como red neuronal, es muy similar a como cabría esperarse. Visualmente es "sencilla" de representar y fácil de interpretar. Sin embargo, el proceso alberga cierta complejidad, principalmente en la parte concerniente a su funcionamiento, es decir, lo relativo a la función de activación. Las funciones más habituales son:

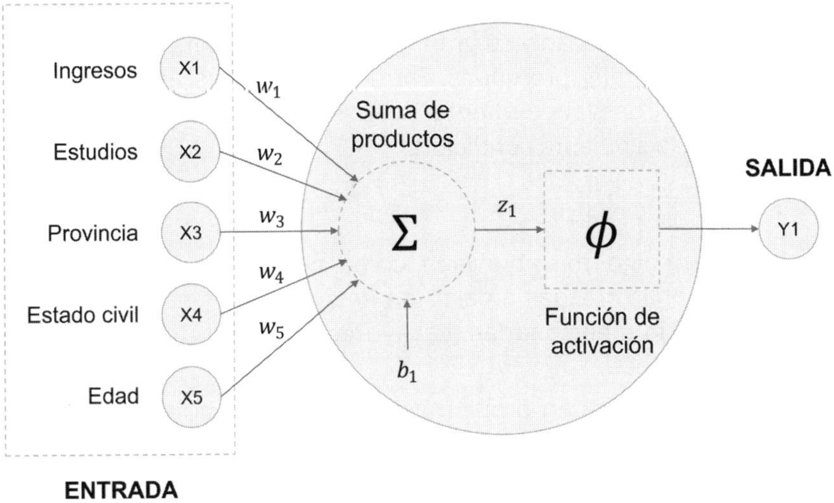

Figura 9.2. Partes que componen una red neuronal artificial.

- **Lineal:** La más simple de todas, ya que se asocia a la función identidad tal que $\phi(z) = z$.
- **Escalón:** A distinción de la anterior, es no lineal y se calcula tal que:

  $$\phi(z) = \begin{cases} 0 & \text{si } z < 0 \\ 1 & \text{si } z \geqslant 0 \end{cases}$$

  cuando se habla de escalón binario o como:

  $$\phi(z) = \begin{cases} 0 & \text{si } z < 0 \\ 0.5 & \text{si } z = 0 \\ 1 & \text{si } z > 0 \end{cases}$$

  cuando se denota en su más amplio sentido realizando la distinción para el valor cero.
- **Sigmoide:** Se basa exactamente en la misma función logística que la de la regresión de idéntico nombre y que ya hemos detallado en el capítulo anterior. Debemos recordar que se utiliza en problemas de clasificación y que sus valores pueden variar entre 0 y 1.
- **Tangente hiperbólica (Tanh):** Similar a la anterior, pero con un rango entre -1 y 1, lo cual puede llegar a ser de gran utilidad en las capas ocultas. Se corresponde con la fórmula:

  $$\phi(z) = \frac{\sinh(z)}{\cosh(z)} = \frac{(e^z - e^{-z})}{(e^z + e^{-z})}$$

- **Unidad lineal rectificada (ReLU):** Es una de las funciones más utilizadas debido a su simplicidad y su gran rendimiento durante el entrenamiento de las redes neuronales profundas. Entre otras ventajas, es capaz de mitigar el problema del desvanecimiento de gradientes que veremos enseguida. Responde a la siguiente condición:

$$\phi(z) = \begin{cases} 0 & \text{si } z < 0 \\ z & \text{si } z \geqslant 0 \end{cases}$$

o, de manera algo más abreviada, como $\phi(z) = \max(0,z)$. Existen además varias versiones creadas a partir de ReLU y que en este caso únicamente será necesario mencionarlas: Leaky ReLU, Sin ReLU, Exponential ReLU o Randomized ReLU.

- ***Softmax*:** Se utiliza en problemas de clasificación multiclase, ya que su cometido es obtener la probabilidad de cada clase dado un vector de entrada. La clase con mayor probabilidad es la clase predicha. Se atiene a la fórmula:

$$\phi(\mathbf{z_i}) = \frac{e^{z_i}}{\sum_{j=1}^{K} e^{z_j}} \text{ or } \phi(\mathbf{z_i}) = \frac{e^{-z_i}}{\sum_{j=1}^{K} e^{-z_j}} \text{ si } i = 1, \ldots, K$$

Gracias a todas estas funciones, en la figura 9.3, podremos afrontar problemas de regresión o clasificación, tanto binaria como múltiple. La combinación de ellas a través de las diferentes capas debería ser suficiente para que podamos acometer la mayor parte de desarrollos.

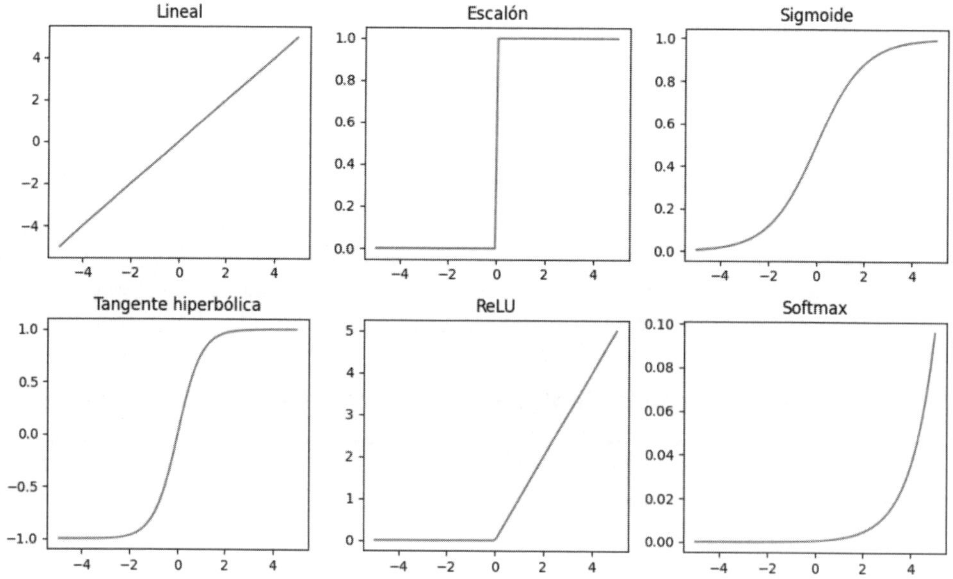

Figura 9.3. Funciones de activación de una red neuronal.

Igualmente importante, durante el proceso de construcción de la red neuronal tendremos que dedicar una parte de nuestro tiempo a la optimización de las capas intermedias u ocultas. Es un planteamiento relativamente manual que se atiene al ajuste de varios hiperparámetros y que, dependiendo del planteamiento final, puede tener un impacto directo en el rendimiento del modelo. Para solucionar esto, como si de un *preflight checklist* de un piloto de vuelo se tratase, se pueden comprobar varias configuraciones: número de capas ocultas, optimización de pesos y sesgos, aplicación de técnicas de regularización (evitar *overfitting*), etc. Por ejemplo, a mayor número de capas, más neuronas y por lo tanto un mayor coste computacional. Esta es una de las razones por la que la estructura de la red neuronal será tan importante.

Relacionado de alguna forma con esto y al igual que ocurre en *machine learning*, el entrenamiento de una red neuronal es una parte fundamental para poder generar un modelo óptimo. Este se divide en dos fases claramente identificadas por la dirección en que se propaga dicho proceso y a las cuales se las conoce mayormente por su traducción al inglés:

- ***Forward propagation*:** En la propagación hacia delante los datos se mueven desde la capa de entrada a la capa de salida aplicando la función de activación correspondiente en cada una de ellas y trasladando este resultado a la siguiente capa hasta llegar a la última, la cual creará la predicción.
- ***Back propagation*:** Hace referencia al proceso de vuelta donde se evalúan y se recalibran los pesos y los sesgos en cada una de las capas con la intención de minimizar el error en la salida generada.

Este procedimiento se repetirá hasta que se llegue a un número preestablecido de iteraciones (*epochs*) o hasta alcanzar el umbral de aceptación del error en la salida. Para ello, deberemos determinar la función de pérdida que, en el caso de una regresión, se suele utilizar el error cuadrático medio *MSE* o su raíz (RMSE) y para una clasificación la pérdida de entropía cruzada *CE* categórica o binaria, todas ellas ya referenciadas previamente. Aunque al inicio del entrenamiento, los valores son asignados de manera aleatoria, a lo largo de las sucesivas iteraciones, estos se irán ajustando a los pesos de las diferentes capas minimizando así el error final. De hecho, la cuantificación del ajuste deberemos definirla a través de un parámetro denominado tasa de aprendizaje (*learning rate*). Por ejemplo, si establecemos un valor alto, el modelo aprenderá rápidamente, aunque no será tan preciso.

Por esta razón y otras muchas, es necesario llevar a cabo una correcta inicialización de los pesos y los sesgos utilizando diferentes técnicas. Pero sobre todo es crucial en redes más complejas, como las redes neuronales profundas (*deep neural networks*), para poder evitar los dos problemas (desvanecimiento y explosión) asociados a los gradientes, como se ve en la figura 9.4, y cuya principal consecuencia es el aumento de tiempo en la convergencia, es decir, cuando continuar con el entrenamiento no mejora significativamente el rendimiento del modelo o no reduce considerablemente la pérdida.

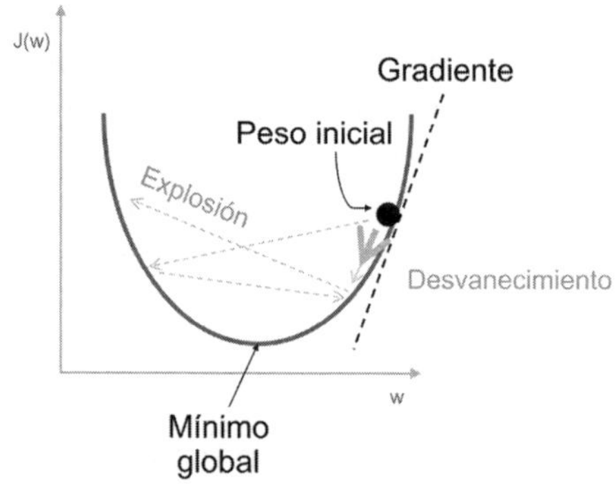

Figura 9.4. Gradientes y problemas asociados.

Los gradientes determinan la tasa de cambio de la función de pérdida en relación a cada parámetro de la red neuronal. Dicho de una forma matemática, son las derivadas parciales de la función de pérdida con respecto a los pesos y los sesgos de la red. En consecuencia, son esenciales para poder llevar a cabo el entrenamiento:

- **Desvanecimiento de gradientes:** Más conocido como *vanishing gradients*, alude a la imposibilidad de aprender por parte de la red neuronal debido a que valores pequeños podrían generar gradientes cercanos a cero durante el *backpropagation*.
- **Explosión de gradientes:** El *exploding gradients* hace referencia al incremento de tamaño de los gradientes durante el *backpropagation*, lo que conlleva a una situación de aprendizaje inestable.

En cualquier caso, estos problemas siempre pueden ser minimizados gracias al uso de unos algoritmos específicos denominados optimizadores, los cuales son usados para modificar parámetros de la red neuronal como los pesos, los sesgos o la tasa de aprendizaje, con el objetivo de reducir la función de pérdida. Estos algoritmos pueden clasificarse como:

- **Descenso de gradiente estocástico:** Durante el entrenamiento con la intención de encontrar la derivada de la función de pérdida, el SGD selecciona un único punto de datos al azar en cada iteración, en lugar de usar todos.
- **Descenso de gradiente con momento:** Permite reducir el ruido en los datos generados por el anterior algoritmo. El término momento (*momentum*) hace referencia a la técnica concreta que ayuda a acelerar la convergencia durante el entrenamiento de la red neuronal.

- **Adagrad:** El algoritmo de gradiente adaptativo intenta ajustar la tasa de aprendizaje para cada parámetro basándose en el histórico de cada iteración.
- **Adam:** La estimación adaptativa de momento es una combinación del SGD con momento y Adagrad.

Entrenar una red neuronal conlleva por lo tanto varios pasos que se pueden resumir a través de la figura 9.5.

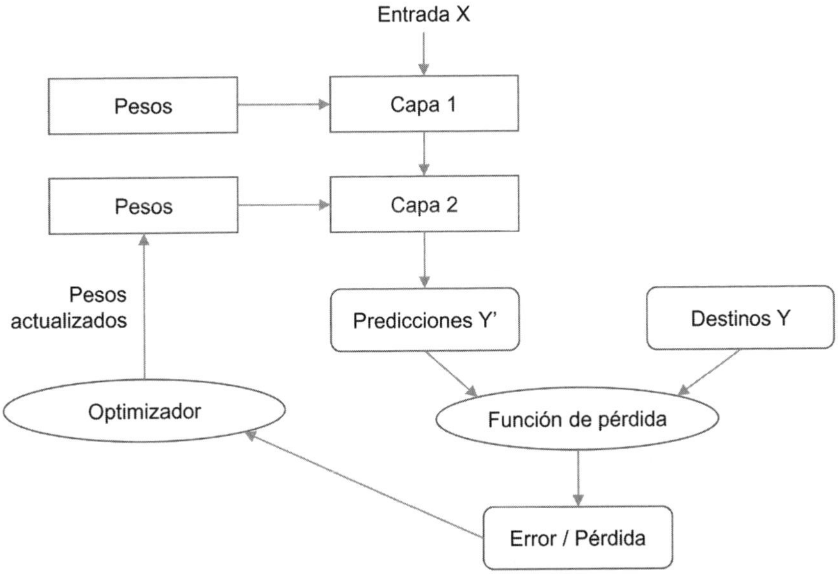

Figura 9.5. Proceso de entrenamiento de una red neuronal.

Veamos todo este conocimiento resumido de alguna forma a través del siguiente código. Para ello, aunque existen decenas de librerías en Python para el tratamiento y desarrollo de redes neuronales, en este caso nos centraremos en TensorFlow y Keras (integrada dentro). Recuerda que, si no tienes instalado TensorFlow, deberás usar el comando `pip` (`www.tensorflow.org/install`). Además, usaremos la base de datos pública MNIST (*Modified National Institute of Standards and Technology*), la cual almacena ingentes cantidades de imágenes de números escritos a mano o generados digitalmente para poder entrenar precisamente otros sistemas de procesamiento de imágenes:

```
import tensorflow as tf
import warnings
warnings.filterwarnings('ignore')

# Datos cargados del dataset público MNIST
mnist = tf.keras.datasets.mnist
```

```
# División de los datos en entrenamiento y test
(x_train, y_train), (x_test, y_test) = mnist.load_data()
x_train, x_test = x_train / 255.0, x_test / 255.0

# Creación de capas
model = tf.keras.models.Sequential([
  tf.keras.layers.Flatten(input_shape=(28, 28)),
  tf.keras.layers.Dense(128, activation='relu'),
  tf.keras.layers.Dropout(0.2),
  tf.keras.layers.Dense(10, activation='softmax')
])

# Elección del optimizador y de la función de pérdida
model.compile(optimizer='adam',
              loss='sparse_categorical_crossentropy',
              metrics=['accuracy'])

model.fit(x_train, y_train, epochs=5)
model.evaluate(x_test,  y_test, verbose=2)
```

Tras entrenar y evaluar este modelo de clasificación se ha obtenido una precisión del ~98 % sobre el total del conjunto de datos. Podemos decir con cierta vehemencia que cumple las expectativas.

Ya solo nos queda profundizar en los tipos de aprendizaje profundo más conocidos: redes neuronales convolucionales, recurrentes, de grafos, etc.

Redes neuronales convolucionales (CNN)

Están especializadas en procesar imágenes, texto y vídeos siendo capaces de aprovechar la información espacial. El término "convolución" hace referencia a la operación matemática que transforma dos funciones en una tercera o, dicho de otra manera, representa la similitud entre dos señales, lo que permite relacionarlas. Por ejemplo, en el caso de una imagen, como los píxeles próximos tienden a ser similares o, lo que es lo mismo, varían mínimamente, una CNN puede llegar a interpretarlo con la ayuda de cálculos como la covarianza.

Este tipo de redes, como se aprecia en la figura 9.6, se basa en un proceso que se puede resumir de manera cronológica en las tres siguientes capas:

1. **Convolución:** En esta capa es donde se detectan características como bordes, formas, etc., aplicando un barrido con filtros (*kernel*) que, a través de la operación de convolución, son capaces de detectar la intensidad de los píxeles en diferentes secciones de la imagen. Cada filtro está compuesto por una matriz (habitualmente 3 × 3) de pesos y un sesgo, y se centra en una característica en particular. El hecho de aplicar todo esto conlleva la pérdida parcial de información, ya que se reduce el tamaño de la imagen y se desaprovechan

las esquinas. Para evitar esto último, se usa la técnica de *padding* y una de sus dos posibles técnicas asociadas, más conocidas por sus nomenclaturas en inglés: *valid* y *same*. La primera no añade ningún relleno, por lo que el filtro solo se mueve dentro del espacio existente de la imagen. La segunda, en cambio, añade píxeles adicionales en el borde. Unido a todo esto, hay que especificar también el desplazamiento de píxeles (*stride*). Es decir, si indicamos un valor de 2, el barrido moverá el filtro convolucional dos unidades tanto en vertical como en horizontal, reduciendo la imagen en la misma medida.

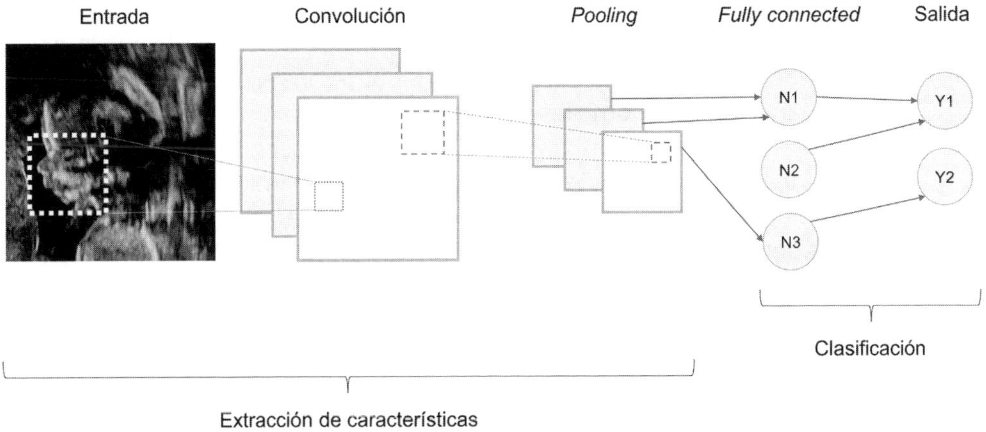

Figura 9.6. Proceso paso a paso de una red neuronal convolucional.

2. ***Pooling*:** Como su propio nombre indica, en esta capa se agrupan las características más representativas de cada sección o región escogida. Para ello, se pueden utilizar dos aproximaciones: *max-pooling* (valor máximo de la sección) o *average-pooling* (valor promedio). Su principal cometido es reducir el volumen de datos. Tanto la etapa de convolución como la de *pooling* irán siempre de la mano una tras la otra y podrán iterarse cuantas veces se estime, teniendo en cuenta factores como la complejidad o la profundidad de la arquitectura, el tamaño del *dataset* o los recursos computacionales.
3. ***Fully connected*:** Tras recibir un vector con valores de entrada, esta capa aplica una combinación lineal y una función de activación que genera a su vez un vector donde cada uno de sus elementos representa la probabilidad de que la imagen de entrada pertenezca a una clase.

Aunque este tipo de redes neuronales, casi con total seguridad, no van a ser parte de nuestro día a día en la empresa, cada vez más en la actualidad se les están encontrando aplicaciones ciertamente útiles: control de calidad de productos, búsqueda visual o recomendación de productos basada en imágenes propias, reconocimiento de firmas, extracción de textos escritos a mano, etc.

Otras redes neuronales y la transferencia de aprendizaje

En los últimos años, se han optimizado muchas arquitecturas de redes neuronales y otras tantas están "recién salidas del horno". Estamos ante un área donde cada día surgen nuevas posibilidades y mejoras, más aún con la evolución constante de la Gen AI. Por eso, en este punto queremos centrarnos únicamente en definir algunas de las redes neuronales más conocidas:

- **Recurrente (RNN):** Se usa para trabajar con datos secuenciales o dependientes entre sí a través del tiempo, es decir, es capaz de utilizar la información almacenada previamente. Esta característica le postula como una solución idónea para sistemas como las series temporales o el procesamiento del lenguaje natural (NLP) donde los valores previos son esenciales para obtener las predicciones buscadas. Esta "memoria de almacenamiento" estará definida por los estados de las celdas (a través del tiempo en su totalidad) o por los estados ocultos (memoria con información previa), dependiendo del tipo de red neuronal:
  - **Simple:** Se refiere a la arquitectura básica explicada, la cual muchas veces está vinculada a problemas de desvanecimiento o explosión de gradientes.
  - **LSTM:** La memoria a largo plazo (*Long Short-Term Memory*) intenta paliar estos problemas añadiendo parámetros que controlen el flujo de los datos a lo largo del tiempo.
  - **GRU:** La unidad recurrente cerrada (*Gated Recurrent Unit*) permite el almacenamiento selectivo de la información. A distinción de la LSTM, la cual utiliza los estados de las celdas, esta usa los estados ocultos.
- **De grafos (GNN):** Funciona con datos estructurados en forma de grafo (conjunto de vértices o nodos unidos por aristas o arcos), lo que las hace apropiadas para situaciones que implican datos con relaciones complejas como redes sociales o NLP.
- **Generativa adversativa (GAN):** También conocida como red generativa antagónica, se basa en el entrenamiento de dos redes neuronales (generadora y discriminadora). Ambas compiten compensando la ganancia y la pérdida entre sí. Su importancia es tal que personas tan influyentes como Yann LeCon, científico jefe de IA de Facebook, ha dicho de ella que es "la idea más interesante de los últimos diez años en aprendizaje automático".
- **Autoencoders:** Utilizada dentro del aprendizaje no supervisado, su funcionamiento consiste esencialmente en la reconstrucción iterativa de sus propios valores de entrada a través de una capa de comprensión donde se codifican

los datos (simplificación del aprendizaje reduciendo la dimensionalidad) para volver a decodificarlos en la etapa de salida. Es un proceso ideal para detección de patrones y anomalías como en la detección de fraudes.

A veces es más que suficiente con saber que algo existe para poder utilizarlo y aplicarlo correctamente donde sea necesario. En este caso, esta era nuestra intención precisamente: mostrar al lector un conglomerado de posibilidades.

Antes de finalizar nuestra andadura a través de las redes neuronales, debemos explicar el concepto de transferencia de aprendizaje. Es una técnica que permite reutilizar el conocimiento de modelos previamente desarrollados, evitando así consumir una gran cantidad de recursos innecesarios. Por ejemplo, imaginemos que nuestra empresa desea categorizar las imágenes de los nuevos productos para que más adelante se pueden integrar fácilmente en nuestro sitio web. Para ello, seguramente podríamos utilizar ya un modelo de clasificación de imágenes creado como se muestra en el siguiente trozo de código:

```
import numpy as np
import tensorflow as tf
import tensorflow_hub as hub
import PIL.Image as Image
import warnings
warnings.filterwarnings('ignore')

# Selección del modelo preentrenado MobileNetV2 de TensorFlow
classifier_model = 'https://www.kaggle.com/models/google/mobilenet-v2/
frameworks/tensorFlow2/variations/tf2-preview-classification/versions/4'

IMAGE_SHAPE = (224, 224)

# Modelo secuencial en que cada capa se define con una única línea de código
classifier = tf.keras.Sequential([
    hub.KerasLayer(classifier_model, input_shape=IMAGE_SHAPE+(3,))
])

# Descarga de una imagen cualquiera para probar el modelo
jr = tf.keras.utils.get_file(origin='https://josebaruiz.com/wp-content/
uploads/2020/12/sobre-mi-joseba-ruiz.jpg',extract=True)
jr = Image.open(jr).resize(IMAGE_SHAPE)
jr = np.array(jr)/255.0

# Se añade la imagen al modelo creando una nueva dimensión con np.newaxis
result = classifier.predict(jr[np.newaxis])

# Se toma el ID de la clase y se decodifica gracias al conjunto de datos de ImageNet
predicted_class = tf.math.argmax(result[0], axis=-1)
labels_path = tf.keras.utils.get_file('ImageNetLabels.txt','https://storage.
```

```
googleapis.com/download.tensorflow.org/data/ImageNetLabels.txt')
imagenet_labels = np.array(open(labels_path).read().splitlines())

# Se muestra la predicción
predicted_class_name = imagenet_labels[predicted_class]
print("Clasificación: " + predicted_class_name.title())

# [Output] Clasificación: Notebook
```

Gen AI, inteligencia artificial generativa

Aunque pueda parecer que todo lo explicado previamente era quizás demasiado técnico y muchas veces innecesario en la actualidad, tal y como comentamos en las formaciones y que es una frase atribuida a Paulo Coelho: "El camino es el que nos enseña la mejor forma de llegar y nos enriquece mientras lo estamos cruzando". Dicho de otra forma y vinculado a lo que nos concierne en este punto, si nos saltamos el aprendizaje y la experiencia durante el proceso, seguramente no lleguemos a los resultados esperados. Pocas personas que trabajen con un ordenador hoy en día no habrán utilizado al menos una o dos veces alguno de los *chatbot* de inteligencia artificial generativa existentes, como ChatGPT. Pero el hecho de utilizarlo sin conocimientos previos de la materia no suele conllevar a un resultado óptimo o idóneo. Incluso muchas veces será incorrecto. A esto nos referimos precisamente con la cita anterior.

El camino hacia la Gen AI comienza con la evolución del *deep learning* y la consiguiente aparición de nuevos tipos de redes neuronales más efectivas en el campo del procesamiento del lenguaje natural (*Natural Language Processing,* NLP) principalmente. Desde los tradicionales modelos probabilísticos hasta los actuales modelos de lenguaje de gran tamaño (LLM) pasando por redes neuronales como las RNN o la arquitectura de transformadores, el objetivo buscado siempre ha sido el de adquirir capacidades de comprensión y razonamiento similares a las de los humanos.

En este caso, para poder profundizar en la inteligencia generativa nos vamos a centrar en los LLM y en la arquitectura de transformadores:

- **LLM:** Los *Large Language Models* o modelos de lenguaje de gran tamaño son aquellos que utilizan el aprendizaje profundo en grandes cantidades de datos con la intención de simular el pensamiento de las personas. En este tipo de modelos se basan aplicaciones como ChatGPT o Bard, entre otras:
  - **SLM:** En la actualidad, ya se está empezando a hablar también de los *Small Language Models*. Estos no son más que variaciones de los anteriores que, como su propio nombre indica, son modelos más pequeños, lo que permite entre otras cuestiones poder ejecutarlos en ordenadores personales o mejorar ampliamente el coste computacional. Modelos de

esta categoría como Tiny Llama Gemini Nano, Mistral-small o Phi-2 utilizan una muy pequeña parte de la memoria RAM con respecto a los LLM. Tanto para poder utilizar LLM como SLM, seguramente a día de hoy el sitio web más conocido sea `huggingface.co`, la cual entre otras opciones tiene una comunidad de colaboración donde se comparten modelos, *datasets*, etc.

- **Transformadores:** Es una arquitectura especial de redes neuronales de codificador-decodificado basadas en capas de atención. Este diseño fue inventado y publicado por Ashish Vaswani en este *paper* "Attention Is All You Need" (`arxiv.org/abs/1706.03762`). Este documento es considerado como el precursor de la moderna inteligencia artificial aplicada al procesamiento del lenguaje natural. De hecho, este tipo de arquitectura es el actual *core* de los LLM. Esta arquitectura tiene muchas ventajas como el procesamiento paralelo de secuencias de entrada (computación distribuida), una mayor escalabilidad, una alta transferencia de aprendizaje en modelos ya preentrenados como GPT, el procesamiento global de la información a lo largo del tiempo o la contextualización de palabras, entre otras. Pero, como no podía ser de otra manera, también tiene algunas limitaciones como: un gran coste computacional al procesar secuencias relativamente largas, la necesidad de añadir un gran número de parámetros o un menor rendimiento cuando el orden de los elementos es relevante o estos no tienen un diseño secuencial (por ejemplo, imágenes).

Para poder entender todo esto mucho mejor, vamos a explicar el caso de ChatGPT. Este *chatbot* de inteligencia artificial generativa fue lanzado al mercado el 30 de noviembre de 2022 por la empresa OpenAI, compañía fundada hace siete años por varios miembros entre los que destacaban los archiconocidos Sam Altman y Elon Musk y de la que Microsoft era semipropietaria. A lo largo de este tiempo, han surgido numerosas versiones de la aplicación y, cada año que pasa, su evolución no deja de sorprendernos. Para que nos hagamos una idea de esta rápida evolución, podemos poner como ejemplo el paso de los 4K *tokens* de ChatGPT 3.5 a los 128K de la versión 4 Turbo (100 *tokens* ~ 75 palabras en inglés).

Durante este tiempo, a la sombra de estas mejoras han ido surgido otras aplicaciones que, si no ha ocurrido ya, en breve es posible que superen a ChatGPT. Prueba de ello es la propuesta de Google, el famoso Bard. Tendremos que estar atentos a los *benchmarks* y análisis comparativos que vayan publicándose. De por sí, el nombre de ChatGPT ya nos ofrece una definición de cuál es su funcionamiento:

- **Chat:** Interfaz que permite una "conversación" bidireccional.
- ***Generative*:** Modelos de *deep learning* que pueden generar distintos tipos de datos como texto, imágenes, vídeo o audio de la "misma manera" que lo haría cualquier persona.

- ***Pre-Trained*:** Modelo ya entrenado y ajustado (*fine-tuning*) para poder llevar a cabo tareas diferentes.
- ***Transformer*:** Se refiere precisamente a la ya mencionada arquitectura de transformadores.

Aunque en la figura 9.7 se resume perfectamente el funcionamiento general de esta aplicación cada vez que escribimos una instrucción, quizás sea oportuno definir brevemente cada una de estas etapas:

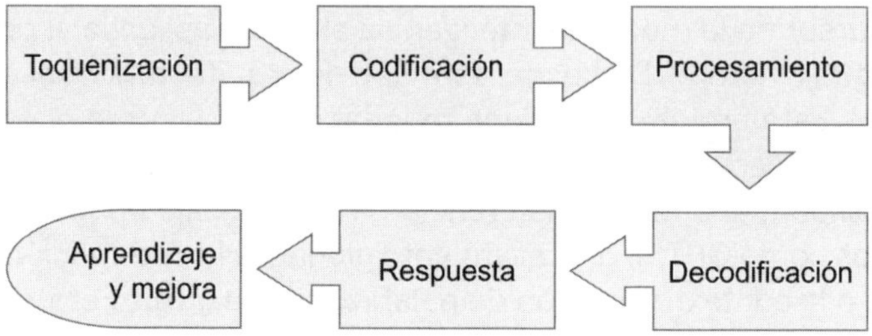

Figura 9.7. Funcionamiento de ChatGPT.

1. **Toquenización:** El texto de entrada se descompone en partes más pequeñas llamadas *tokens*.
2. **Codificación:** Se convierte el texto en números (vector de entrada) con la intención de que pueda ser interpretado por la red neuronal profunda.
3. **Procesamiento:** La red utiliza métodos de atención (arquitectura de transformadores) para analizar la relación entre los *tokens* de entrada y poder crear una respuesta adecuada.
4. **Decodificación:** Esta salida se convierte de nuevo en texto.
5. **Respuesta:** Se genera una respuesta amoldada a la petición del usuario y del contexto en el que se ha generado.
6. **Aprendizaje y mejora:** Se reajusta el modelo para que pueda seguir aprendiendo a lo largo del tiempo.

Antes de finalizar este capítulo y seguramente una de las partes más útiles para poder aplicar esta tecnología es la referida a la creación de *prompts* o, dicho de otra manera, es cada uno de los mensajes de texto que escribimos a lo largo de nuestra conversación con la inteligencia artificial esperando que nos devuelva una respuesta más o menos exacta. Esto dependerá en gran parte de las técnicas que usemos a la hora de estructurar e implementar dichos textos. A este "arte" se le denomina como *prompt engineering* y, con el auge de este tipo de *chatbots*, quienes sean capaces de dominarla tendrán acceso a una de las profesiones con más futuro: *prompt engineers*, que al fin y al cabo no son más que personas con un conocimiento y experiencia previos capaces de traducir lo que antes eran complejos desarrollos técnicos en peticiones específicas. Esto es lo que marcará sin duda el perfil de estos y otros profesionales en los próximos años, la abstracción del código en favor de una escritura detallada y cercana a la conceptualización humana.

De hecho, cada poco tiempo aparecen nuevas publicaciones e incluso *papers* como el que se ve en la figura 9.8, donde se detallan consejos y técnicas para mejorar nuestros *prompts*.

ple	Prompt Principle for Instructions
	No need to be polite with LLM so there is no need to add phrases like "please", "if you don't mind", "thank you", "I would like to", etc., and get straight to the point.
	Integrate the intended audience in the prompt, e.g., the audience is an expert in the field.
	Break down complex tasks into a sequence of simpler prompts in an interactive conversation.
	Employ affirmative directives such as '*do,*' while steering clear of negative language like '*don't*'.
	When you need clarity or a deeper understanding of a topic, idea, or any piece of information, utilize the following prompts: o Explain [insert specific topic] in simple terms. o Explain to me like I'm 11 years old. o Explain to me as if I'm a beginner in [field]. o Write the [essay/text/paragraph] using simple English like you're explaining something to a 5-year-old.
	Add "I'm going to tip $xxx for a better solution!"
	Implement example-driven prompting (Use few-shot prompting).
	When formatting your prompt, start with '###Instruction###', followed by either '###Example###' or '###Question###' if relevant. Subsequently, present your content. Use one or more line breaks to separate instructions, examples, questions, context, and input data.
	Incorporate the following phrases: "Your task is" and "You MUST".
	Incorporate the following phrases: "You will be penalized".
	use the phrase "Answer a question given in a natural, human-like manner" in your prompts.
	Use leading words like writing "think step by step".
	Add to your prompt the following phrase "Ensure that your answer is unbiased and does not rely on stereotypes".
	Allow the model to elicit precise details and requirements from you by asking you questions until he has enough information to provide the needed output (for example, "From now on, I would like you to ask me questions to...").
	To inquire about a specific topic or idea or any information and you want to test your understanding, you can use the following phrase: "Teach me the [Any theorem/topic/rule name] and include a test at the end, but don't give me the answers and then tell me if I got the answer right when I respond".
	Assign a role to the large language models.
	Use Delimiters.
	Repeat a specific word or phrase multiple times within a prompt.
	Combine Chain-of-thought (CoT) with few-Shot prompts.
	Use output primers, which involve concluding your prompt with the beginning of the desired output. Utilize output primers by ending your prompt with the start of the anticipated response.
	To write an essay /text /paragraph /article or any type of text that should be detailed: "Write a detailed [essay/text /paragraph] for me on [topic] in detail by adding all the information necessary".
	To correct/change specific text without changing its style: "Try to revise every paragraph sent by users. You should only improve the user's grammar and vocabulary and make sure it sounds natural. You should not change the writing style, such as making a formal paragraph casual".
	When you have a complex coding prompt that may be in different files: "From now and on whenever you generate code that spans more than one file, generate a [programming language] script that can be run to automatically create the specified files or make changes to existing files to insert the generated code. [your question]".
	When you want to initiate or continue a text using specific words, phrases, or sentences, utilize the following prompt: o I'm providing you with the beginning [song lyrics/story/paragraph/essay...]: [Insert lyrics/words/sentence]'. Finish it based on the words provided. Keep the flow consistent.
	Clearly state the requirements that the model must follow in order to produce content, in the form of the keywords, regulations, hint, or instructions
	To write any text, such as an essay or paragraph, that is intended to be similar to a provided sample, include the following instructions: o Please use the same language based on the provided paragraph[/title/text /essay/answer].

Category	Principles	#Principle
Prompt Structure and Clarity	Integrate the intended audience in the prompt.	2
	Employ affirmative directives such as 'do' while steering clear of negative language like 'don't'.	4
	Use Leading words like writing "think step by step."	12
	Use output primers, which involve concluding your prompt with the beginning of the desired output. by ending your prompt with the start of the anticipated response.	20
	Use Delimiters.	17
	When formatting your prompt, start with '###Instruction###', followed by either '###Example###' or '###Question###' if relevant. Subsequently, present your content. Use one or more line breaks to separate instructions, examples, questions, context, and input data.	8
Specificity and Information	Implement example-driven prompting (Use few-shot prompting).	7
	When you need clarity or a deeper understanding of a topic, idea, or any piece of information, utilize the following prompts: o Explain [insert specific topic] in simple terms. o Explain to me like I'm 11 years old o Explain to me as if I'm a beginner in [field] o "Write the [essay/text/paragraph] using simple English like you're explaining something to a 5-year-old"	5
	Add to your prompt the following phrase "Ensure that your answer is unbiased and does not rely on stereotypes."	13
	To write any text intended to be similar to a provided sample, include specific instructions: o "Please use the same language based on the provided paragraph.[/title/text /essay/answer]"	26
	When you want to initiate or continue a text using specific words, phrases, or sentences, utilize the provided prompt structure: o I'm providing you with the beginning [song lyrics/story/paragraph/essay...]: [Insert lyrics/words/sentence]. Finish it based on the words provided. Keep the flow consistent.	24
	Clearly state the model's requirements that the model must follow in order to produce content, in form of the keywords, regulations, hint, or instructions.	25
	To inquire about a specific topic or idea and test your understanding g, you can use the following phrase [16]: o "Teach me the [Any theorem/topic/rule name] and include a test at the end, but don't give me the answers and then tell me if I got the answer right when I respond"	15
	To write an essay/text/paragraph/article or any type of text that should be detailed: o "Write a detailed [essay/text/paragraph] for me on [topic] in detail by adding all the information necessary."	21
User Interaction and Engagement	Allow the model to elicit precise details and requirements from you by asking you questions until he has enough information to provide the needed output o "From now on, I would like you to ask me questions to...".	14
	To write an essay /text /paragraph /article or any type of text that should be detailed: "Write a detailed [essay/text/-paragraph] for me on [topic] in detail by adding all the information necessary".	21
Content and Language Style	To correct/change specific text without changing its style: "Try to revise every paragraph sent by users. You should only improve the user's grammar and vocabulary and make sure it sounds natural. You should not change the writing style, such as making a formal paragraph casual."	22
	Incorporate the following phrases: "Your task is" and "You MUST."	9
	Incorporate the following phrases: "You will be penalized."	10
	Assign a role to the language model.	16
	Use the phrase "Answer a question given in natural language form" in your prompts.	11
	No need to be polite with LLM so there is no need to add phrases like "please", "if you don't mind", "thank you", "I would like to", etc., and get straight to the point.	1
	Repeat a specific word or phrase multiple times within a prompt.	18
	Add "I'm going to tip $xxx for a better solution!"	6
Complex Tasks and Coding Prompts	Break down complex tasks into a sequence of simpler prompts in an interactive conversation.	3
	When you have a complex coding prompt that may be in different files : o "From now and on whenever you generate code that spans more than one file, generate a [programming language] script that can be run to automatically create the specified files or make changes to existing files to insert the generated code. [your question]."	23
	Combine Chain-of-thought (Cot) with few-shot prompts.	19

Figura 9.8. *Paper* con *prompts* y principios esenciales ChatGPT.

En este caso concreto, se estima que llevando a cabo todos y cada uno de los siguientes consejos se podría llegar a mejorar hasta un +50 % las respuestas del LLM y en torno a un +40 % más de la productividad realizando un trabajo similar. Tal y como ocurre con cualquier código programático de Python como los que aparecen en este libro, la importancia de optimizar nuestros desarrollos es esencial también a la hora de construir estas instrucciones.

Algunas ideas que destacan de este documento son: usar un lenguaje positivo siempre que sea factible, asignar un rol específico al modelo ("Actúa como ..."), indicar que se eviten sesgos, utilizar instrucciones secuenciales que se basen en otras previas, emplear órdenes para realizar tareas, dividir la conversación en mensajes con resultados concretos tratando de simplificar el proceso paso a paso, mencionar incentivos hipotéticos para ponderar la relevancia en determinados momentos o proponer al modelo realizar preguntar para aclarar posibles dudas, entre otras.

Además de estas recomendaciones, la propia empresa OpenAI pone a nuestra disposición más ejemplos (`platform.openai.com/examples`) categorizados según el objetivo que se quiera alcanzar: corrección gramatical, explicación de códigos programáticos, creador de hojas de cálculo, etc.

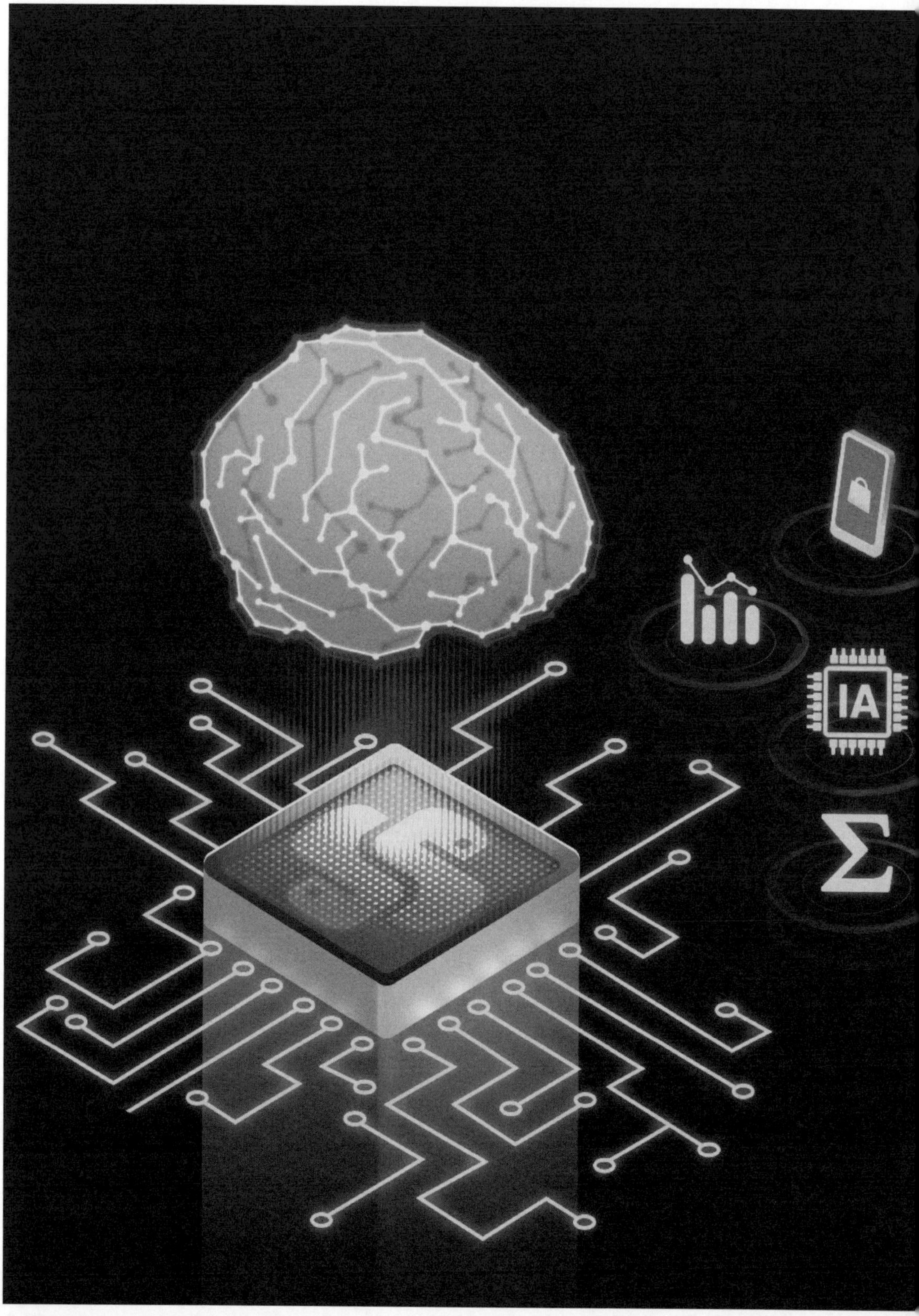
IA

10. KPIs de negocio y casos prácticos

Indicadores clave de rendimiento

Más conocidos por su nomenclatura en inglés, los *Key Performance Indicators* son medidas con información primordial sobre el estado y la evolución de un negocio. A distinción de una métrica, la cual recoge los valores de una característica vinculada a una dimensión, un KPI hace referencia a un objetivo específico. Esto se debe a que de alguna forma está asociado intrínsecamente al plan estratégico de la empresa. Es por esta razón que estos indicadores deben estar perfectamente definidos. Para ello, para detallar dichos objetivos, habitualmente se suele utilizar el método SMART:

- **Específico (*Specific*):** El objetivo ha de ser preciso.
- **Medibles (*Measurable*):** Esta es la parte que concierne a la analítica de datos. Cualquier objetivo que se precie debería estar vinculado a determinadas variables, permitiéndose su evaluación y su rendimiento.
- **Alcanzable (*Achievable*):** El objetivo puede ser ambicioso, pero siempre dentro del marco actual: recursos, competencia, tecnología, etc.
- **Relevante (*Relevant*):** A distinción de cualquier métrica, solo se tiene en cuenta al objetivo que alcance cierto grado de importancia, es decir, aquel que puede llegar a generar un impacto apreciable en el negocio.
- **Temporal (*Timely*):** Todo lo anterior no tendría sentido si no se engloba dentro de un periodo de tiempo concreto.

Como tal no existe ninguna ciencia a la hora de crear KPIs; sin embargo, teniendo en cuenta este método, se puede pasar de una definición tan abstracta como "mejorar las ventas este año" a algo tan concreto como "incrementar un 3 % las ventas durante el último trimestre del año generando un 12 % más de tráfico orgánico y un 6 % más de tráfico de pago teniendo en cuenta una mejora en la ratio de conversión (CVR) del 0,5 %". Muchas veces, aunque parezca algo obvio, bien porque las prisas priman o el día a día de una empresa nos engulle, no se dedica el tiempo suficiente a este tipo de cuestiones, lo cual deriva, a la hora de realizar los análisis, en problemas constantes. Es esencial tener un plan de marketing actualizado y conciso.

Puesto que este libro está centrado esencialmente en el marketing digital, los KPIs que a continuación se muestran son solo algunos de los habitualmente utilizados en muchas de las empresas *online*. Lógicamente, no están todos los que son, aunque sí se ha intentado mostrar aquellos que por una u otra razón son menos conocidos o más complejos de definir. Al fin y al cabo, sería imposible añadir todos, generaríamos una lista de infinitas posibilidades:

- **Adquisición:** Categoría donde se incluyen los indicadores relacionados con la consecución de nuevos usuarios. Se pueden distinguir a su vez entre quienes compran por primera vez y quienes únicamente visitan el sitio web o la *app* sin necesidad de realizar ninguna transacción. Es decir, todos aquellos usuarios que no han generado más de una compra.
    - **Coste por *lead*:** Gasto para adquirir un nuevo cliente potencial (*prospect*) a través de la generación de *leads*, es decir, el momento en que un usuario entrega información sobre él. Por ejemplo, a través de un formulario de contacto. Su fórmula es $CPL = \text{Coste de campañas}/\text{Número de } leads.$
    - **CTR:** La tasa de clics (*Click Through Rate*) representa el número de clics realizados en un anuncio o en un enlace con respecto al número de impresiones generadas, siendo por lo tanto tal que $CTR = \text{Número de clics}/\text{Número de impresiones}.$
    - **CAC:** El coste por adquisición de cliente es la inversión realizada para captar un nuevo cliente, es decir, el gasto asociado mayormente a campañas para obtener nuevos clientes. Se atiene al cálculo tal que $CAC = \text{Coste de campañas}/\text{Número de nuevos clientes},$ siendo el gasto el vinculado solamente a campañas donde participen este tipo de usuarios.
- **Retención:** Engloba a los indicadores asociados a los compradores reiterativos. Aunque en esta definición están claros los límites entre ambas categorías, qué pasaría en el siguiente supuesto: ¿podría considerarse como recurrente a un usuario registrado que ha vuelto en diferentes ocasiones aunque no haya hecho ninguna compra? Pues todo dependerá de la conceptualización y la estrategia que se haya marcado la empresa. Por ejemplo, no tendrá el mismo significado el término "adquisición" para un *e-commerce* que para un periódico digital, donde seguramente los objetivos de retención tengan que ver únicamente con la duración de la sesión y la frecuencia de acceso sin necesidad de realizar compra alguna.

- **LTV:** Los ingresos que genera un cliente a lo largo del tiempo. Es uno de los indicadores más útiles en cualquier empresa, ya que se puede utilizar en muchos sentidos. Por ejemplo, es habitual relacionarlo como LTV/CAC para intentar ponderar el valor de un cliente o usarlo como variable a predecir con la intención de obtener las cohortes de los clientes más importantes para la empresa a lo largo del tiempo. Puede calcularse de numerosas formas y todas ellas diferentes, por ejemplo, $LTV = \text{Ticket medio} * \text{Vida útil media} * \text{Frecuencia de compra promedio}$.
- **CRC:** El coste de retención de cliente, de manera similar al CAC, se formula tal que $CRC = \text{Coste de campañas/Número de clientes recurrentes}$, teniendo en cuenta un periodo concreto de tiempo y únicamente el gasto generado en campañas en las que se han podido ver involucrados estos usuarios.
- **DAU, WAU y MAU:** Los usuarios activos por día (*D*), semana (*W*) o mes (*M*) son esenciales para entender la retención de un negocio durante un periodo de tiempo. Por ejemplo, DAU (*Daily Active Users*) hace referencia al número de usuarios únicos que han interaccionado con el sitio web o la *app* durante un único día. En este sentido, y extrapolándolo al resto de tipos de este indicador, la fórmula que normalmente suele utilizarse para medir la evolución de la retención es la ratio DAU/MAU. Es esencial para conocer el crecimiento de una empresa.
- **Momento Aha! y hábito:** Mientras que el *Aha! moment* se refiere al instante en el que un usuario se da cuenta del valor de un producto o servicio en un sitio web o *app*, el *Habit moment* determina la situación en que un usuario incorpora dicho producto o servicio a su cotidianidad. Ambos momentos son esenciales para establecer estrategias de retención óptimas. Como tal no existe una formulación vinculada a ellos, por lo que su aproximación dependerá de cálculos y métodos algo más complejos.
- **NPS:** El índice de promotores neto (*Net Promoter Score*) ayuda a medir la lealtad de los clientes basándose en sus recomendaciones. Se formula como $NPS = \text{Porcentaje de promotores - Porcentaje de detractores}$. Previo a su cálculo, suele ser habitual generar varios rangos en los que incluir a diferentes tipos de usuarios según sus puntuaciones: entusiastas, satisfechos, insatisfechos y detractores.

Además de estos indicadores, existen otros que se pueden englobar indistintamente en una u otra categoría. En esencia, sirve para ambos cometidos según qué se pretenda analizar con cada uno de ellos.

- **Adquisición y retención:**
  - **ROAS:** El retorno de la inversión publicitaria (*Return On Ad Spend*) determina la efectividad de una campaña, es decir, cuantifica si es rentable o no. Se calcula tal que $ROAS = \text{Ingresos de campañas}/\text{Coste de campañas}$.
  - **MER:** El índice de eficiencia de marketing, o también conocido como índice de eficiencia de medios, detalla el gasto que genera este departamento con respecto a los resultados que se obtienen. Su fórmula corresponde a $MER = \text{Ingresos totales}/\text{Coste de campañas}$.
  - **CVR:** La tasa de conversión es el porcentaje de usuarios que realizan una acción determinada. Se calcula tal que $CVR = \text{Número de conversiones}/\text{Número de visitas}$. Dependiendo de lo que se quiera obtener, el denominador podrá hacer referencia a distintas cuestiones: clics, visitas, usuarios, etc. Al fin y al cabo, se trata de medir cuántas conversiones se han generado con respecto a quiénes y a cómo han accedido a un emplazamiento concreto del sitio.
  - **Tasa de abandono:** A diferencia de la tasa de conversión ($1 - \text{CVR}$), el *churn rate* (por sus siglas en inglés) detalla la renuncia a una acción. Es decir, no se alcanza la conversión especificada.
  - **CPC:** El coste por clic (*Cost Per Click*) mide el gasto generado para llevar a cabo un solo clic en un anuncio. Se utiliza habitualmente en la publicidad de pago por clic (*Pay Per Click*, PPC). Se calcula como $CPC = \text{Gasto de campañas}/\text{Número de clics}$. Se calcula de manera similar al CPL simplemente teniendo en cuenta otro denominador. En este sentido, existen otras tantas medidas comúnmente usadas en marketing como CPM (coste por mil impresiones), CPA (coste por adquisición), CPV (coste por visualización), CPI (coste por instalación), etc.
  - **GRP:** Los puntos de valoración bruta (*Gross Rating Point*) es un indicador del número de impactos conseguidos (exposiciones), lo que es muy útil para conocer dónde se encuentra una audiencia concreta. Aunque se utiliza en cualquier tipo de campaña, es en los anuncios de TV donde toma mayor relevancia, ya que permite adivinar en qué franjas horarias y en qué canales se está generando la publicidad. Se calcula tal que $GRP = \text{Cobertura}/\text{Frecuencia media}$, siendo la cobertura el número de persona incluidas en el público objetivo y expresándose esta dentro de la fórmula como un porcentaje.

Fuera de todo esto, lo que sí es evidente es la importancia que tiene el dedicar una parte importante de nuestro tiempo a seleccionarlos y a detallarlos de manera consensuada y específica según las necesidades del negocio.

Marco de analítica de datos

Antes de comenzar con los desarrollos prácticos, es importante tener un marco propio (*framework*) de trabajo que permita ordenar los conceptos y establecer unas reglas fácilmente aplicables. Existen infinidad de modelos en este sentido, pero siempre es recomendable tener uno propio que se amolde a las circunstancias de cada negocio. En este sentido y con una visión amplificada, el que se presenta a continuación puede ser fácilmente integrado en la mayoría de estructuras y equipos de analítica de datos.

Basándose en la metodología CRISP-DM previamente explicada, pero amoldado a las necesidades de análisis de las empresas en la actualidad, donde la recogida de datos indiscriminada está infrautilizada, se presenta el siguiente marco de actuación:

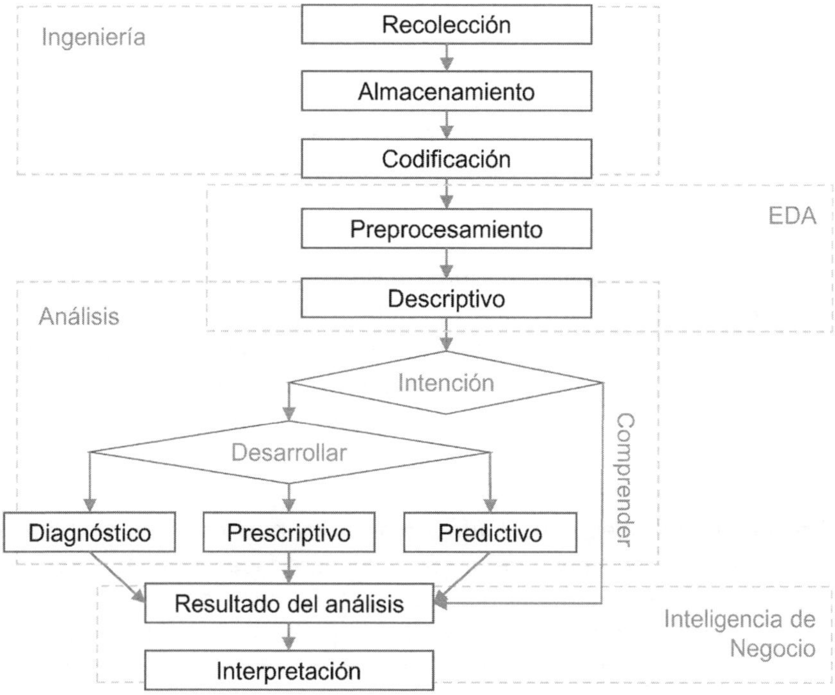

Figura 10.1. *Framework* de desarrollo de modelos de analítica.

1. **Ingeniería de datos:** Es la base sobre la que se sustenta cualquier implementación y se refiere a todo aquello que involucra a la creación y el mantenimiento de sistemas para el almacenamiento y procesamiento de grandes cantidades de datos tanto estructurados como no estructurados.

Seguramente quienes analizan datos en empresas digitales conozcan en mayor o menor medida qué tareas se llevan a cabo en esta fase; sin embargo, es quizás la parte menos conocida para el resto de empleados. Es una disciplina que apenas tiene visibilidad dentro de una empresa. No por ello es menos importante. De hecho, es la parte esencial para poder llevar a cabo con éxito cualquier modelo o análisis que se precie. Muchas personas del ámbito del marketing digital que utilizan herramientas como GA4 se quejan de su poca versatilidad. Es por ello que almacenar los datos correctamente en servicios como BigQuery es clave para el correcto desempeño de los análisis *a posteriori*.

2. **EDA:** El análisis exploratorio de datos es la fase del proceso donde se analiza el conjunto de datos con el fin de entender los patrones subyacentes, detectar valores atípicos o encontrar relaciones entre las variables. También se engloban dentro métodos como el análisis univariante, bivariante o multivariante. A veces incluso se encuadran en este apartado técnicas como la reducción de la dimensionalidad o la ingeniería de características (*feature engineering*), las cuales de por sí tienen un perfil claramente diferenciado. Esto es así puesto que son desarrollos que por su naturaleza se pueden entrelazar y solapar. Por esta razón, no es tan importante qué contiene cada etapa, sino saber exactamente cómo debería ser la cronología que ha de seguir el análisis.
3. **Desarrollo del análisis:** Sin lugar a dudas, la parte más importante de la implementación. Dentro de este contexto, el camino dependerá de qué se quiera llevar a cabo. Por ejemplo, no será lo mismo desarrollar un modelo predictivo que realizar un análisis de comportamiento. Como no será lo mismo utilizar algoritmos de *machine learning* o *deep learning* que simplemente visualizar los datos o llevar a cabo cuestiones más básicas con las que poder extraer la información necesaria.
4. **Inteligencia de negocio:** Unido a lo anterior, pero en el mismo plano donde se toman las decisiones de negocio, en esta fase se deben interpretar los resultados previamente implementados. Es necesario en este sentido un conocimiento alto del negocio y no solo aptitudes analíticas puras como la visualización de datos o el cálculo aplicado. Esta es una de las razones por las que muchas empresas optan por internalizar sus equipos de analítica.

Aunque parezca una forma condensada de entender un flujo tan complejo en la realidad, con su más y con sus menos, es el proceso habitual que se lleva a cabo tanto en el desarrollo de modelos complejos donde el objetivo es predecir o clasificar elementos, como en el análisis de datos común donde el principal cometido es entender los datos y promover mejoras en el negocio. Este marco unifica de alguna forma las metodologías de aprendizaje automático o aprendizaje profundo con los estudios y análisis que cualquier empresa genera en el día a día. Al fin y al cabo, se trata de buscar patrones entre los datos con la intención de ayudar a un negocio. Así de "sencillo". Por ejemplo, la siguiente cronología representa un desarrollo tipo que se podría aplicar a la construcción de diferentes tipos de modelos de aprendizaje automático:

1. Librerías y carga de datos.
2. Análisis exploratorio de datos (univariante y bivariante).
3. *Feature engineering*.
4. *Label Encoding*.
5. Estandarización.
6. Reducción de la dimensionalidad.
7. Elección de modelos.
8. Modelización: *Train & Test*.
9. Evaluación de modelos y selección.
10. Afinación de parámetros.
11. Despliegue y ejecución.

En cualquier caso y para despejar todo tipo de dudas, veremos a continuación en los casos prácticos desarrollados en *notebooks* Python cómo son los procesos en el día a día de cualquier analista o científico de datos. Aunque estos sean perfiles muy diferentes y con cometidos claramente diferenciados, la realidad y el panorama actual tecnológico no deja lugar a dudas: la programación analítica no puede ser obviada. La necesidad de aplicar técnicas y métodos científicos es cada vez mayor en las empresas. Herramientas como GA4 tenderán a especializarse en ofrecer soluciones rápidas y sencillas que en ningún caso podrán alcanzar las necesidades de los negocios *online*, los cuales podrán almacenar y analizar más datos cada vez. Es necesario que demos ese paso hacia la tecnificación, bien sea con la ayuda de la inteligencia artificial bien utilizada (lo cual requiere experiencia en el propio campo) o a través de desarrollos como los que se muestran a continuación.

Pero, antes de comenzar con los casos prácticos, veamos la figura 10.2, donde se muestran diferentes tipos de análisis y desarrollos tipo del día a día de empresas *online* clasificados según una matriz de priorización impacto-esfuerzo, como resumen de parte de todo lo que se puede llegar a hacer con lo aprendido hasta este momento.

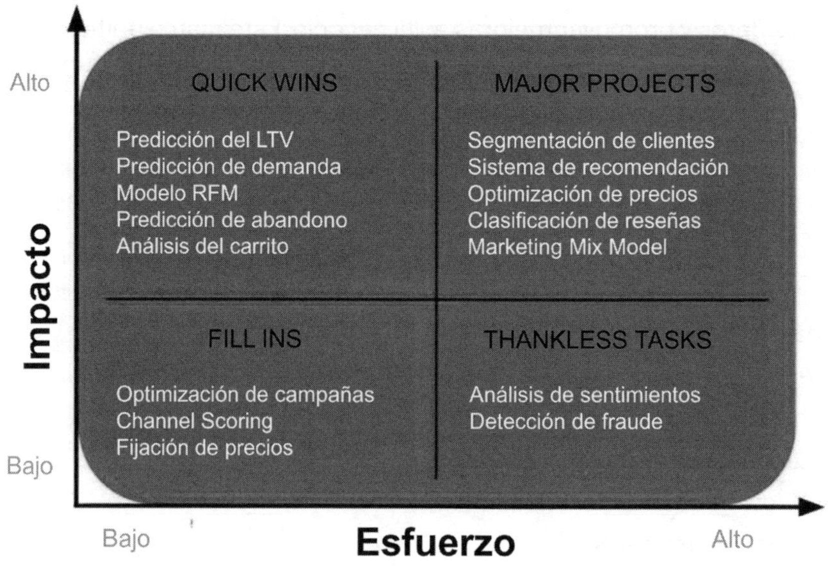

Figura 10.2. Matriz impacto-esfuerzo con desarrollos y análisis tipo.

Casos prácticos

A través de tres implementaciones desarrolladas en Python y basadas en casos reales se van a mostrar las casuísticas más habituales a las que nos hemos de enfrentar en nuestro día a día. Estamos hablando de intentar predecir y clasificar elementos de nuestro negocio como pueden ser los KPIs comentados previamente. En este sentido, para llevar a cabo este tipo de desarrollos, lo primero que hemos de tener instalado y configurado es un IDE (entorno de desarrollo integrado), el cual es un entorno de desarrollo integrado que permite programar en diferentes lenguajes, así como utilizar decenas de herramientas que nos hagan más fácil este cometido. Algunos de los IDE más conocidos quizás son PyCharm o Visual Studio Code. Además, también existe la posibilidad de utilizar servicios *online* como JupyterLab o Google Colab (navegador). Una vez que optemos por uno u otro, solo la experiencia nos dirá cuál se amolda mejor a nuestras características, deberemos instalar la versión de Python más actual, teniendo en cuenta que sea compatible con todo lo que vamos a programar más adelante. Es esencial prever esto, puesto que, si no, tendremos numerosas incompatibilidades. Python se puede instalar a través de su sitio web oficial `www.python.org/downloads/` o directamente ya incluido en entornos que incluyen absolutamente todo como puede ser Conda (`conda.io`), el cual incluye de manera gratuita aplicaciones, librerías, administración de paquetes y demás elementos para poder llevar a cabo desarrollos programáticos cercanos a la ciencia de datos.

Una vez que tenemos la herramienta para programar lista y el entorno de programación configurado (Python), solo queda empezar a desarrollar los *notebooks* sobre los que desarrollar nuestros tres proyectos. Pero ¿qué es un *notebook*? No es más que un tipo de archivo donde a través de dos tipos de celdas (código y *markdown*) se puede generar y explicar paso a paso nuestro proyecto. Crear un proyecto no solo es obtener unos resultados o crear un modelo, también se debe explicar cómo se ha llegado a ellos. Por lo tanto, el código que generemos se añadirá dentro de las celdas tipo código y las explicaciones oportunas o los títulos de cada una de las fases a llevar a cabo se añadirán en las celdas *markdown*. Comencemos pues. En este caso, se ha utilizado el IDE Visual Studio Code. Para abrir nuestro primer *notebook* solo tenemos que ir a Archivo>Nuevo archivo>Jupyter Notebook.

Predicciones

El primer caso real que vamos a detallar es una de las aplicaciones más utilizadas en cualquier tipo de empresa. Estamos hablando de generar predicciones de los KPIs más relevantes con la intención de poder prever comportamientos que ayuden a mejorar nuestro negocio. Pero, antes de profundizar en este desarrollo, es conveniente explicar la diferencia entre predecir y pronosticar. Quizás en nuestro entorno diario pueden considerarse como sinónimos; sin embargo, en este tipo de implementaciones suelen referirse a cuestiones distintas:

- **Predicción:** Es la estimación de resultados futuros basándose en información limitada o incompleta.
- **Pronóstico:** Es la generación de predicciones teniendo en cuenta tendencias y estacionalidades pasadas. Se le conoce en inglés como *forecasting*.

En este caso concreto, nos vamos a centrar en el primer punto, intentando predecir las ventas que generarán las diferentes categorías de producto existentes en el conjunto de datos `ga4_obfuscated_sample_ecommerce` en BigQuery. Este *dataset* almacena datos de la tienda Google Merchandise Store, `shop.googlemerchandisestore.com`, la cual se usa por parte de Google como ejemplo de implementación de comercio electrónico en GA4. Es una tienda *online* que genera datos sobre productos de Google y que es accesible "gratuitamente", siempre y cuando no superemos los límites mensuales establecidos de 10 GB de almacenamiento o 1 TB de consultas. Además, debemos tener en cuenta que este conjunto de datos contiene datos ofuscados, por lo que su uso solo estará aconsejado para realizar pruebas, ejemplos prácticos o desarrollos básicos. De ahí su denominación *obfuscated*. Para agregarlo a nuestro proyecto de BigQuery, simplemente deberemos acudir al panel Explorador, hacer clic en Agregar más y buscar por el término "*public datasets*". Hacemos clic en Conjunto de datos públicos y sobre cualquiera de las opciones mostradas hacemos clic en Ver conjunto de datos. Dentro del directorio bigquery-public-data debería encontrarse el conjunto de datos de GA4.

Durante la siguiente implementación de código, se hará referencia a teoría y explicaciones descritas previamente a lo largo del libro y que, como es lógico, no tendría sentido redundar en ello. Cualquier otro contexto hasta ahora desconocido será detallado en profundidad. También se debe tener en cuenta que, aunque todos los casos prácticos que se van a presentar a partir de ahora tienen habitualmente algunas partes de código en común, solo se mostrarán estos desarrollos una única vez, haciendo del proceso de aprendizaje una evolución incremental a lo largo de este capítulo. Sabiendo esto, podemos empezar con la primera de nuestras implementaciones, la cual intentará predecir el beneficio (*revenue*) generado en base a ciertas características (ver a continuación) relacionadas con diferentes productos vendidos:

```
import pandas as pd
import numpy as np
from google.oauth2 import service_account
from google.cloud import bigquery

import warnings
warnings.filterwarnings('ignore')

credentials=service_account.Credentials.from_service_account_file(
    'C:/[Ruta al fichero]/[fichero JSON de la cuenta de servicio]'
)

client = bigquery.Client(credentials=credentials)
```

Para poder hacer uso de los datos del *dataset*, es necesario crear una cuenta de servicio de Google yendo a Google Cloud en el apartado IAM y administración>Cuentas de servicio>Crear cuenta de servicio. Tras crearla, solo nos quedará acceder de nuevo a la cuenta creada en la pestaña Claves y agregaremos una nueva clave. Esta acción descargará un fichero `json` que deberemos guardar en una ruta segura de nuestro ordenador para que luego podamos utilizarlo como se ve en el código anterior. Cabe recordar también la necesidad de instalar todas las librerías (`pip`) correctamente permitiendo que sean compatibles con la versión de Python utilizada. En nuestro caso hemos utilizado la versión 3.12.1:

```
from google.cloud.bigquery import ScalarQueryParameter

start_date='20210104'
end_date='20210131'

query="""
```

```
  SELECT
    item_name, item_id, item_brand, item_category, item_price,
    SUM(purchases) AS purchases,
    COUNT(DISTINCT user_pseudo_id) AS total_users
  FROM (
    SELECT
      items.item_name AS item_name, items.item_id AS item_id, items.item_brand
AS item_brand, items.item_category AS item_category, items.price AS item_price,
        SUM(
          CASE WHEN event_name = 'purchase' THEN 1 ELSE 0 END
        ) AS purchases, user_pseudo_id
    FROM
      `bigquery-public-data.ga4_obfuscated_sample_ecommerce.events_*`,
      UNNEST (items) AS items
    WHERE
      NOT (item_category = '' OR item_category = '(not set)')
      AND event_name = 'purchase'
      AND _TABLE_SUFFIX BETWEEN @START_DATE AND @END_DATE
    GROUP BY 1, 2, 3, 4, 5, 7
  )
  GROUP BY 1, 2, 3, 4, 5
"""

query_params = [
  ScalarQueryParameter('START_DATE', 'STRING', start_date),
  ScalarQueryParameter('END_DATE', 'STRING', end_date)
]

job_config = bigquery.QueryJobConfig()
job_config.query_parameters = query_params
query = client.query(query, job_config=job_config)

results=query.result()

df=results.to_dataframe()
```

Esta parte es esencial, ya que de esta consulta (*query*) de BigQuery dependerá el resto del análisis. En este caso, además, se han generado previamente dos variables personalizables para añadir un rango de tiempo dinámico a la consulta (`start_date` y `end_date`) y facilitar así las actualizaciones de los datos cada vez que se requiera un nuevo análisis o si llegara a ser necesario automatizarlo. Por último, se han almacenado los datos extraídos en una variable de tipo `DataFrame` con la intención de poder manipular diferentes tipos de datos como si de una hoja de cálculo se tratase:

```
In [3] dfc = df.copy()
dfc.head(3)

Out[3]
  item_name item_iditem_brand  item_category item_price  purchases total_users
0 Google Toddler Tee White  9196642Google Apparel24.0 1  1
1 Unisex Google Pocket Tee Grey  9195879Google Apparel16.0 1  1
2 Womens Google Striped LS  9195912Google Apparel16.0 4  4
```

Al menos al principio, cuando todavía no se tiene la seguridad de cómo será la implementación en su totalidad, es conveniente hacer una copia del `DataFrame` para no perder nunca la referencia de los datos descargados inicialmente y no consumir recursos innecesariamente. También, a modo de comprobación visual, se muestran las tres primeras filas del conjunto de datos:

```
dfc['revenue'] = dfc.apply(lambda x: x.purchases * x.item_price, axis=1)

dfc_revenue_cat = dfc.groupby(['item_category'], as_index = False)['revenue'].sum()
plt.figure(figsize = [8, 6])
plt.xticks(rotation = 90)
r = sns.barplot(x=dfc_revenue_cat.item_category, y=dfc_revenue_cat.revenue)
r.set_xlabel('item_category')
r.set_ylabel('revenue')
plt.show()
```

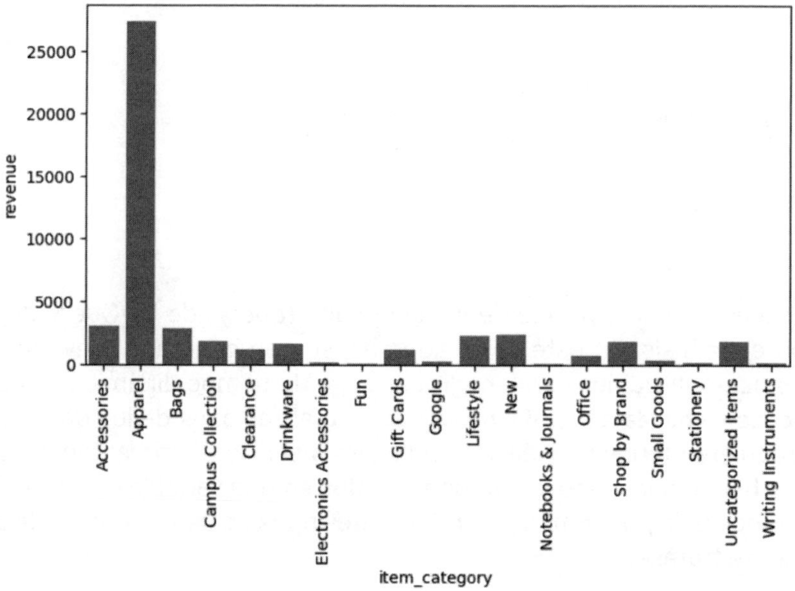

Figura 10.3. Ingresos por cada categoría de productos.

Como el objetivo del análisis es predecir los ingresos generados por cada categoría y puesto que en este ejemplo no hemos descargado esta información, es necesario generar una nueva columna donde se calcule esta métrica. Para ello, una forma rápida y eficiente es utilizar la expresión `lambda`, la cual permite declarar funciones sencillas y anónimas sin complejidad alguna:

```
In [5]:
dfc.duplicated().sum() # Valores duplicados
dfc.isnull().sum() # Valores nulos
dfc.info() # Información cuantificable de los datos
dfc.describe(include='all').T # Descripción estadística de los datos

Out[5]: # Resultado del método describe()
count         unique top   freq      mean   std  min  25%  50%  75%  max
item_name     684    329   Google Black Cloud Zip Hoodie   11  NaN  NaN NaN NaN
NaN   NaN     NaN
item_id       684    512  9184981 4    NaN  NaN  NaN  NaN  NaN  NaN  NaN
item_brand    684      6   Google 569  NaN  NaN  NaN  NaN  NaN  NaN  NaN
item_category 684     19   Apparel274  NaN  NaN  NaN  NaN  NaN  NaN  NaN
item_price    684.0  NaN   NaN NaN  23.241228  21.092045  1.0  8.0  16.0  32.0
120.0
purchases     684.0  <NA>  <NA> <NA>  3.545322  4.036364  1.0  1.0  2.0  4.0
25.0
total_users   684.0  <NA>  <NA> <NA>  3.451754  3.823601  1.0  1.0  2.0  4.0
24.0

In [5]:
cat = list(dfc.select_dtypes('object').columns) # Lista de las variables
categóricas

for col in cat:
    print(dfc[col].value_counts(normalize=True), '\n')
Out[5]:
item_name
Google Black Cloud Zip Hoodie         0.016082
Google Unisex Eco Tee Black           0.014620
Google Crewneck Sweatshirt Green      0.013158
...
```

Antes de comenzar cualquier desarrollo es fundamental entender las características principales de los datos recogidos. Para ello, y lógicamente dependiendo de la profundidad del análisis, se utilizan diferentes métodos estadísticos y visualizaciones de datos. Dependerá de la experiencia del analista profundizar más o menos en este estudio. A esta fase se le denomina como análisis exploratorio de datos (EDA en inglés):

```
import matplotlib.pyplot as plt
import seaborn as sns

num = dfc.select_dtypes(include=['int', 'float']).columns.tolist() # Lista de
las variables numéricas

plt.figure(figsize=(16,4))
for i, variable in enumerate(num):
    plt.subplot(1, 4, i + 1)
    sns.boxplot(data=dfc,x=dfc[variable])
    plt.tight_layout()
    plt.xticks(rotation=90)
plt.show()

plt.figure(figsize=(16,4))
for i, variable in enumerate(num):
    plt.subplot(1, 4, i + 1)
    dfc[variable]=np.float64(dfc[variable])
    sns.histplot(dfc[variable], kde=True) # Histograma con estimación de
densidad de Kernel
    plt.tight_layout()
    plt.xticks(rotation=90)
plt.show()
```

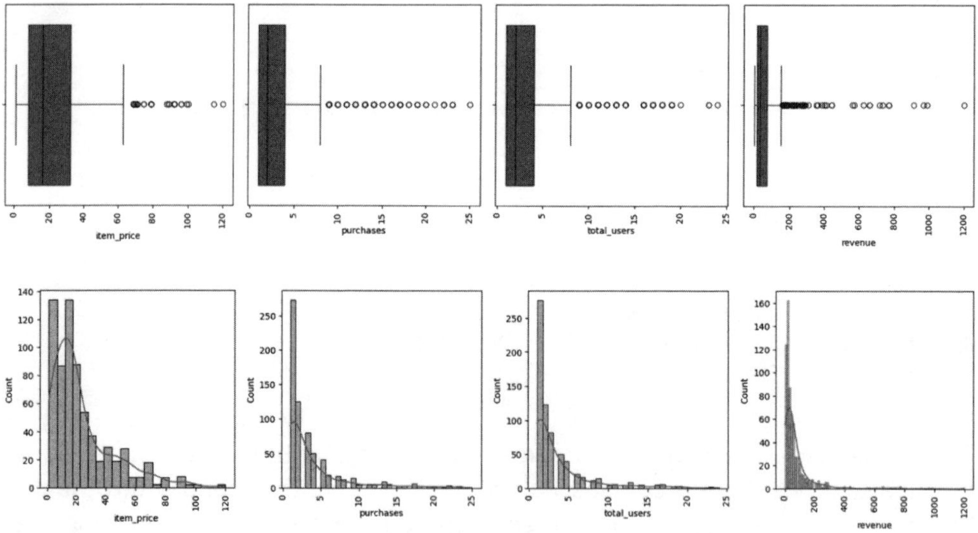

Figura 10.4. Análisis univariante de variables numéricas.

```
del cat[0:2] # Seleccionar únicamente las variables de interés

plt.figure(figsize=(14,5))
for i, variable in enumerate(cat):
    plt.subplot(1, 2, i + 1)
    total = len(dfc[variable])
    ax=sns.countplot(data=dfc,x=dfc[variable])
    plt.tight_layout()
    plt.xticks(rotation=90)
    for c in ax.patches:
        label = round((c.get_height() / total),2)
        x = c.get_x() + c.get_width() / 2
        y = c.get_height()
        ax.annotate(label,(x, y),ha = 'center')
plt.show()
```

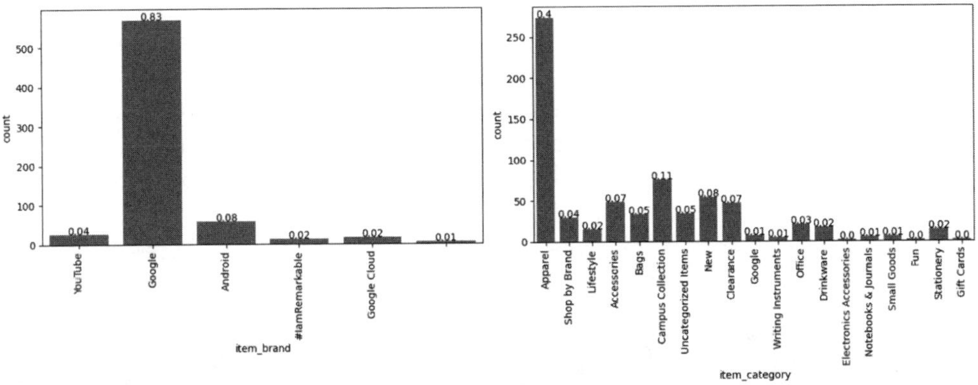

Figura 10.5. Análisis univariante de variables categóricas.

En esta parte del código, se hace referencia al denominado con análisis univariable, el cual se centra en estudiar el comportamiento de las variables de manera individualizada. Una por una. A grandes rasgos se puede observar cómo la distribución es asimétrica hacia la derecha (asimetría positiva o *right skewed*) en todas las variables, denotando esto que la media siempre será mayor que la mediana y que esta, a su vez, lo será de la moda. En este caso práctico, como se ha podido ver antes, no hay valores nulos, pero, si los hubiera habido (como ya se ha explicado en capítulos previos), tendríamos que haber tenido esto en cuenta:

```
plt.figure(figsize = (10, 5))
sns.heatmap(dfc[num].corr(),annot=True,cmap='Spectral',vmin=-1,vmax=1)
plt.show()
```

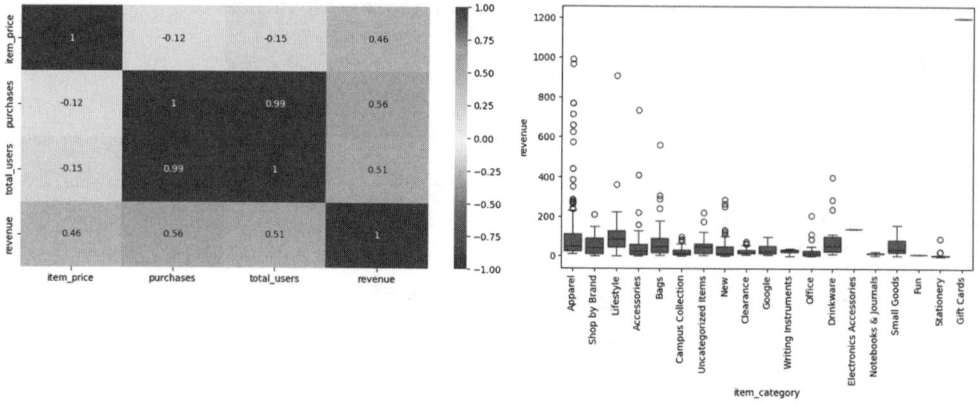

Figura 10.6. Análisis multivariante.

Tras el análisis individualizado de cada una de las variables se debe realizar el análisis bivariante o, lo que es lo mismo, entender la relación que existe entre las variables, poniendo especial énfasis en la variable a predecir (`target`): `revenue`. Aunque existen muchas opciones, como se puede observar en el código, se podrían resumir todas ellas en mostrar una matriz de correlación. Se recomienda también mostrar las diferentes distribuciones con respecto a dicha variable, por ejemplo: `sns.scatterplot(x=dfc.revenue, y=dfc.total_users)` o `sns.boxplot(dfc, x=dfc.item_category, y=dfc.revenue)`, entre otras posibilidades.

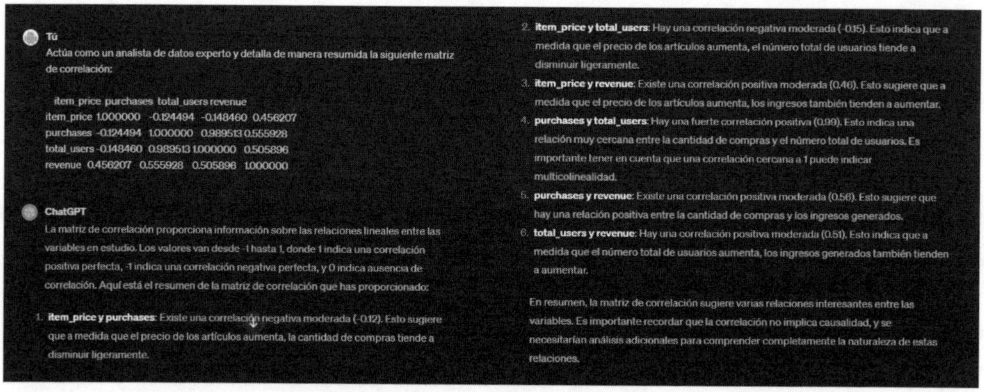

Figura 10.7. Análisis de la matriz de correlación usando ChatGPT.

Algo de gran utilidad en esta parte del análisis y que puede ayudarnos a ahorrar mucho tiempo, sobre todo en matrices de correlación con un alto número de variables, es el uso de herramientas de inteligencia artificial como ChatGPT. Como se puede ver en la imagen, es capaz de mostrar algunos *insights* relevantes sin apenas esfuerzo. Tras este pequeño paréntesis podemos continuar con el desarrollo de nuestro caso práctico:

```
In [9]:
# Featuring engineering para crear dos nuevas variables
dfc['transactionsPerPurchaser'] = dfc.apply(lambda x: x.purchases / x.total_
users, axis = 1)
dfc['categorized'] = np.where(dfc['item_category'] =='Uncategorized
Items',dfc['item_category'],'Categorized Items')

dfc[['purchases','total_users','transactionsPerPurchaser','categorized']].
tail(1)

Out[9]:
     purchases total_users transactionsPerPurchaser  categorized
683  1.0       1.0         1.0                       Categorized Items
```

Esta fase, conocida de forma genérica como preprocesamiento de datos, abarca diferentes técnicas y métodos que no siempre tienen por qué ser los mismos como pueden ser la detección de valores atípicos (*outliers*) o la verificación de multicolinealidad, entre otras. Además, dependiendo de qué fuente de conocimiento nos nutramos, partes como la ingeniería de características (*featuring engineering*) o la preparación de los datos para el modelado (*train* y *test*) muchas veces se referencian incluso dentro de la propia fase del preprocesamiento de datos. De hecho, se le considera como la parte más heterogénea. Por esta razón, la experiencia del analista será primordial para el buen funcionamiento del modelo de predicción:

```
In [10]:
# Comprobar el número de posibles outliers
for i, variable in enumerate(num):
    iqr = dfc[variable].quantile(0.75) - dfc[variable].quantile(0.25)
    upper = dfc[variable].quantile(0.75) + (1.5 * iqr)
    lower = dfc[variable].quantile(0.25)- (1.5 * iqr)
    outliers = dfc[(dfc[variable] < lower) | (dfc[variable] > upper)]
    print(num[i],len(outliers))

Out[10]:
item_price 41
purchases 66
total_users 64
revenue 72
```

En el código previo (celda 10), el cual también forma parte del preprocesamiento de datos, se confirma el número de posibles valores *outliers*, los cuales ya se podían intuir en el diagrama de cajas (*boxplot*) visto anteriormente. Sin embargo, en este contexto definido por la procedencia de los datos y por la tipología de las variables, se descarta cualquier tipo de acción. En consecuencia, se decide integrar a todos los valores como parte de la implementación:

```
dfc = dfc.drop(['item_id', 'item_name', 'item_brand', 'total_users'], axis = 1)

dfc= pd.get_dummies(
    dfc,
    columns = dfc.select_dtypes(include = ['object']).columns.tolist(),
    drop_first = True,
)
```

Otra parte fundamental del preprocesamiento de datos es la eliminación de las variables innecesarias para el modelo y la transformación de las variables categóricas (cualitativas) en variables *dummies*, es decir, generar una columna diferente por cada una de ellas vinculándolas a un valor booleano (presencia o ausencia de la característica):

```
In [12]:
# División del dataset en variables característica y variable a predecir
X = dfc.drop(['revenue'], axis=1)
y = dfc['revenue']

# División del dataset en 70% entrenamiento y 30% pruebas
from sklearn.model_selection import train_test_splitX_train, X_test, y_train,
y_test=train_test_split(X, y, test_size=0.30, random_state=1)

In [13]:
from sklearn.preprocessing import StandardScaler

scaler = StandardScaler()
X_train_scaled = scaler.fit_transform(X_train)
X_train_scaled_df = pd.DataFrame(X_train_scaled, columns=X_train.columns)

from statsmodels.stats.outliers_influence import variance_inflation_factor

vif = pd.DataFrame()
vif['features'] = X_train_scaled_df.columns
vif['vif'] = [variance_inflation_factor(X_train_scaled_df.values, i) for i in
range(X_train_scaled_df.shape[1])]
vif=vif.dropna() # Eliminación de filas con valores nulos (NA)
vif

Out[13]:
   features                       vif
0  item_price                     1.457624
1  purchases                      1.255583
2  transactionsPerPurchaser       44.811870
```

```
                                    ...
10 item_category_Gift Cards         44.460757
                                    ...
19 item_category_Uncategorized Items  inf
20 item_category_Writing Instruments  1.144967
21 categorized_Uncategorized Items    inf
```

Al igual que los anteriores, este trozo de código también se suele vincular al preprocesamiento de datos. En él se detalla la implementación del conocido como factor de inflación de la varianza (VIF en inglés), el cual permite entender la intensidad de la multicolinealidad en un análisis de regresión. Se suele vincular un $VIF<5$ a variables independientes no correlacionadas. Igualmente, cuando se muestra el valor *inf* será indicativo de que las variables que lo contengan estarán altamente correlacionadas. En ambos casos, se deberán tratar dichas características o simplemente eliminarlas de los conjuntos de entrenamiento y pruebas usando `drop()`. En nuestro ejemplo, deberemos añadir a dicho método las variables descartadas: `transactionsPerPurchaser` y `categorized_Uncategorized Items`. En el caso de `item_category_Gift Cards` hemos optado por mantenerla, ya que se trata de una variable `dummy` y previsiblemente siempre debería tener un valor *VIF* alto:

```
from sklearn.linear_model import LinearRegression

mlinreg = LinearRegression() # Inicialización de la clase para una regresión lineal
mlinreg.fit(X_train, y_train) # Entrenamiento de los datos

y_pred = mlinreg.predict(X_test) # Predicción: array([ 271.87,  91.95, …])
```

Esta parte del código es esencial para cualquier desarrollo de este tipo. Es el instante en el que se asocia el algoritmo deseado (clase `LinearRegression`). Puede variar mínimamente dependiendo de lo que se quiera llevar a cabo, como en este caso usando el método `predict()`, el cual devuelve un *array* con los valores predichos. Es decir, genera los "resultados" deseados para este ejercicio práctico.

```
In [15]:
from sklearn.metrics import r2_score
from sklearn.metrics import mean_squared_error as mse

print('R2:',r2_score(y_test, y_pred))
print('MSE:',mse(y_test, y_pred)**0.5)

Out[15]:
0.6107177611361791
77.51043951878518
```

Gracias al error cuadrático medio (*MSE*) y al coeficiente de determinación R-cuadrado, entre otras métricas ya explicadas en capítulos previos, se puede determinar el grado de validez del modelo construido. En este tipo de ámbitos, aunque un $R^2 = 0{,}61$ se puede considerar como un valor aceptable, un $MSE = 77{,}51$ no es quizás un buen resultado. Para esclarecer esta duda, tendremos que probar otros algoritmos. En este caso, no aplica ya que queremos centrarnos en explicar un caso concreto en su totalidad:

```
In [16]:
residuals = y_test - y_pred
np.mean(residuals)

Out[16]: # Los residuos se aproximan a 0 por lo que se satisface la asunción.
8.477140578266606

In [17]:
import statsmodels.stats.api as sms
from statsmodels.compat import lzip

test = sms.het_goldfeldquandt(y_train, X_train_scaled_df) # Test Goldfeld-Quandt
lzip(['p-value'], test)

Out[17]: # Como p > 0,05 no podemos rechazar la H0 (residuos homocedásticos)
[('p-value', 1.0602072756138181)]

In [18]:
sns.residplot(x=y_pred, y=residuals)
plt.xlabel('Valores predichos')
plt.ylabel('Residuos')
plt.show()

In [19]:
sns.histplot(residuals, kde = True)
plt.xlabel('Residuos')
plt.show()
```

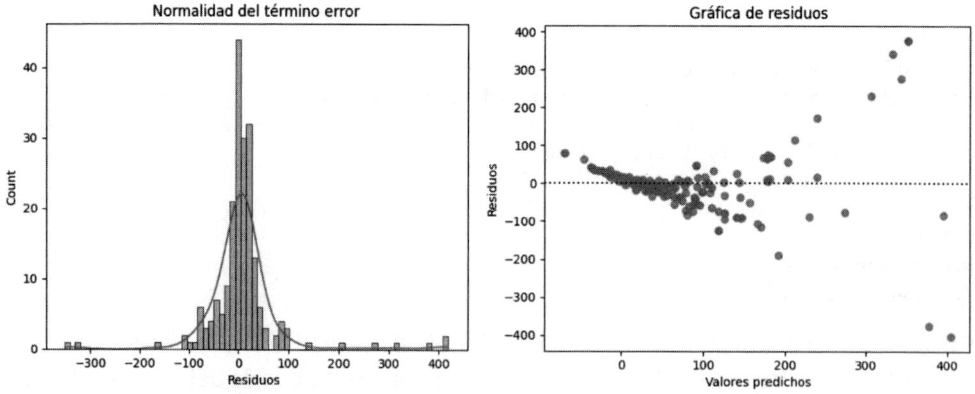

Figura 10.8. Gráficos tipo para visualizar los residuos.

Una vez generado y validado el modelo de predicción, siempre es adecuado comprobar algunas otras cuestiones concernientes a cada tipo de algoritmo desarrollado. En el caso de la regresión lineal, se pueden concretar varias asunciones que deberían cumplirse, tales como el mínimo valor medio de los residuos, la dispersión sin patrones en la gráfica de residuos (relación entre los valores esperados y los residuos), la normalidad del término error (los residuos deberían seguir una distribución normal) o la existencia de heterocedasticidad:

```
In [20]:
from sklearn.model_selection import KFold
from sklearn.model_selection import cross_val_score

mlinreg = LinearRegression()

kf = KFold(shuffle=True, n_splits=3)
cval = cross_val_score(mlinreg, X_train, y_train, cv=kf)

print('R2: Precisión', cval.mean(),', Desviación estándar', cval.std() * 2)
print('R2 scores:', cval)

Out[20]: # El rendimiento del modelo parece haber mejorado
R2: Precisión 0.5424634848359257 , Desviación estándar 0.16761529858764218
R2 scores: [0.53869924 0.4417544  0.64693681]
```

Por último, solo queda aplicar la validación cruzada (*cross-validation*) para poder evaluar el rendimiento de nuestro modelo. Esta es una técnica que nos permite cerciorar que los resultados son independientes de la partición hecha entre datos de entrenamiento y de prueba. Básicamente consiste en calcular la media aritmética de cada uno de los valores obtenidos en diferentes particiones, las cuales se cuantifican con el atributo cv. En cada una de estas particiones se escoge un conjunto de datos de prueba diferente.

Series temporales

Este tipo de análisis se refiere esencialmente a la utilización de datos ordenados cronológicamente con el fin de obtener patrones que aporten valor al estudio. Normalmente se usan para predecir comportamientos en base al histórico de los datos; sin embargo, también tiene otros múltiples usos como puede ser la búsqueda de anomalías, controles de calidad o monitoreo de comportamientos, entre otros. El desarrollo de series temporales abarca ya de por sí toda una disciplina muy compleja que la mayoría de veces se tiende a simplificar en torno a unos pocos conceptos. La realidad es algo más compleja, ya que existen infinidad de opciones que es aconsejable interiorizar antes de comenzar cualquier propuesta:

- **Frecuencia:** Periodicidad con que se repite un patrón.
- **Estacionalidad:** Cada una de las variaciones repetidas durante la serie temporal. En otras palabras, los ciclos observables.
- **Tendencia:** La dirección principal que toma la serie temporal.
- **Estacionariedad:** A distinción de las dos anteriores, las propiedades de la serie temporal no varían a lo largo del tiempo. Es decir, no dependen de qué momento se esté observando. Las métricas como la media, la varianza o la covarianza, entre otras, son constantes.
- **Ruido:** Variaciones aleatorias que no siguen la evolución temporal lógica. O, dicho de otra manera, valores que no están relacionados con otros anteriores. El caso más conocido es el denominado como ruido blanco y que a nivel estadístico se define como una serie con media igual a cero y una varianza constante y no correlacionada.

Para entender estos términos, cualquier serie temporal debe ser descompuesta. De hecho, la descomposición se refiere precisamente al procedimiento llevado a cabo para subdividir una serie temporal en varias a su vez con el objetivo de que cada una de estas pueda explicar algunos de estos componentes previamente listados como la estacionalidad o la tendencia. Básicamente se conocen dos modelos para poder llevarla a cabo:

- **Aditivo:** Cuando la estacionalidad es más o menos constante (Tendencia + Estacionalidad + Error).
- **Multiplicativo:** Cuando existen variaciones apreciables (Tendencia * Estacionalidad * Error).

Sabiendo todo esto, solo queda entender qué tipo de modelos de series temporales existen. Aunque existen muchas tipologías, en este caso y para no perjudicar el aprendizaje del lector, se van a detallar "únicamente" dos grandes grupos dependiendo de si existe un comportamiento previo identificable (ARMA y variantes) o no, es decir, si se observa cierta volatilidad (ARCH y variantes):

- **Autorregresión y media móvil:** En este grupo podemos incluir modelos como el propio ARMA, ARIMA o SARIMA, cuyas nomenclaturas hacen referencia a:
  - **AR (*Autoregressive*):** Relación entre una observación y un número de valores previos.
  - **MA (*Moving Average*):** Relación entre una observación y un término de error residual subyacente en valores previos.
  - **I (*Integrated*):** Modela la diferencia entre observaciones con la intención de convertir la serie temporal en estacionaria.
  - **S (*Seasonal*):** Se añaden componentes estacionales.

- **Heterocedasticidad condicional:** Conformado por el modelo ARCH, el cual tiene en cuenta la varianza condicional en los datos, y su extensión GARCH, la cual incluye elementos adicionales para modelizar la volatilidad de la serie temporal. Ambos son modelos habitualmente utilizados en entornos financieros, por ejemplo, para tratar de predecir el comportamiento de la Bolsa.

Podemos empezar entonces con nuestra implementación paso a paso de una serie temporal, en este caso con la intención de predecir el número de transacciones de manera semanal.

```
import warnings
warnings.filterwarnings('ignore')

from google.analytics.data_v1beta.types import DateRange
from google.analytics.data_v1beta.types import Dimension
from google.analytics.data_v1beta.types import Metric
from google.analytics.data_v1beta.types import Filter
from google.analytics.data_v1beta.types import FilterExpression
from google.analytics.data_v1beta.types import FilterExpressionList
from google.analytics.data_v1beta.types import RunReportRequest

from google.oauth2 import service_account
from google.analytics.data_v1beta import BetaAnalyticsDataClient

credentials=service_account.Credentials.from_service_account_file(
    'C:/[Ruta al fichero]/[fichero JSON de la cuenta de servicio]'
)

client = BetaAnalyticsDataClient(credentials=credentials)
```

Inicialmente, para poder acceder a la API de GA4 directamente desde nuestro código es necesario habilitarla en Google Cloud. Para ello, hay que acudir a APIs y servicios>+ Habilitar APIs y servicios y buscar por el término **Google Analytics**. Accedemos al resultado Google Analytics Data API y hacemos clic en el botón Habilitar. Además, también será necesario añadir a GA4 como usuario con rol Lector el correo vinculado a la cuenta de servicio que estamos utilizando. Por último, solo quedaría instalar a través del terminal de nuestro *notebook* la librería de Python necesaria para hacer las peticiones a GA4: `google-analytics-data`. Con estos tres sencillos pasos y añadiendo los diferentes `imports` mostrados en el código previo ya deberíamos tener todo perfectamente configurado para poder empezar a programar.

```
In [2]:
PROPERTY_ID = '[Identificador de la propiedad de GA4]'
START_DATE = '2023-01-01' # fecha inicio del rango temporal de datos a extraer
END_DATE = '2023-01-25' # fecha final del rango
```

```
request = RunReportRequest(
    property='properties/' + PROPERTY_ID,
    dimensions=[
        Dimension(name='date')
        ],
    metrics=[
        Metric(name='transactions')
        ],
    date_ranges=[DateRange(start_date=START_DATE, end_date=END_DATE)],
    dimension_filter=FilterExpression(
            and_group=FilterExpressionList(expressions=[
                    FilterExpression(filter=Filter(field_name='country',
                        string_filter=Filter.StringFilter(
                        value='^Spain$',
                        match_type=Filter.StringFilter.MatchType(5) # 5 = RegExp
                    )))
                ]
            )
        )
)

response = client.run_report(request)

In [3]:
import itertools
import pandas as pd

def query_data(api_response):
    dimension_headers = [header.name for header in api_response.dimension_headers]
    metric_headers = [header.name for header in api_response.metric_headers]
    dimensions = []
    metrics = []
    for i in range(len(dimension_headers)):
        dimensions.append([row.dimension_values[i].value for row in api_
response.rows])
    dimensions
    for i in range(len(metric_headers)):
        metrics.append([row.metric_values[i].value for row in api_response.rows])
    headers = dimension_headers, metric_headers
    headers = list(itertools.chain.from_iterable(headers))
    data = dimensions, metrics
    data = list(itertools.chain.from_iterable(data))
    df = pd.DataFrame(data)
    df = df.transpose()
    df.columns = headers
    return df

df=query_data(response)
```

Este código es la base para realizar cualquier petición (*request*) a GA4. En la primera de estas celdas se genera la llamada a la API con los campos necesarios: dimensiones, métricas, etc. Todos estos vienen detallados en la ayuda oficial de GA4, concretamente en este apartado `developers.google.com/analytics/devguides/reporting/data/v1/rest/v1beta/FilterExpression` (filtros) o anexos a este. Además, para asegurarnos de escribir bien la nomenclatura de cada uno de los parámetros (por ejemplo: `transactions`) es recomendable usar servicios como Demos & Tools (`ga-dev-tools.google/ga4/query-explorer/`), donde podemos conocer el significado de cada uno de ellos:

```
from datetime import datetime, timedelta
df['date'] = pd.to_datetime(df['date'], format='%Y%m%d')

df['yearWeek'] = df['date'].dt.strftime('%Y-%U')
df['yearWeek'] = pd.to_datetime(df['yearWeek'] + '-1', format='%Y-%U-%w')
df['transactions']=df['transactions'].astype(int)
```

Como el objetivo del análisis es predecir el número de transacciones semanalmente, es importante convertir la fecha en un formato semanal que pueda ser fácilmente tratable más adelante. El tratamiento de fechas suele ser una de las partes más problemáticas en el tratamiento de características. Por otro lado, para que no haya posibles incompatibilidades, se ha forzado el tipo de dato de las transacciones a número entero:

```
dfyw = df.groupby('yearWeek', as_index = False)['transactions'].sum()

dfyw = dfyw.set_index(dfyw.yearWeek)
dfyw.drop('yearWeek', axis = 1, inplace = True)
```

Para mejorar el rendimiento y simplificar un poco más el `DataFrame` se ha convertido la columna `yearWeek` en el índice y se han agrupado (suma) los valores de las transacciones por cada una de las semanas. De esta forma será más sencillo aún si cabe generar la visualización de la serie temporal:

```
In [6]:
import matplotlib.pyplot as plt
import seaborn as sns

plt.figure(figsize= (24,6))
plt.plot(dfyw)
plt.xlabel('Fecha')
plt.ylabel('Transacciones')
plt.xticks(rotation=90)
```

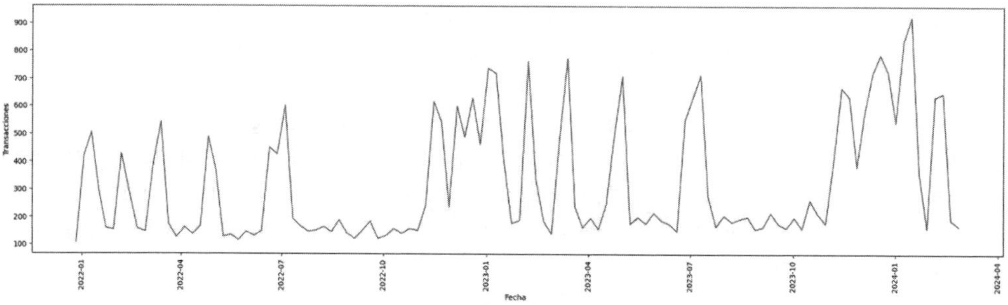

Figura 10.9. Serie temporal con los datos existentes.

```
In [7]:
plt.figure(figsize=(12,6))
sns.pointplot(
    x=pd.DatetimeIndex(df['date']).month,
    y='transactions',hue=pd.DatetimeIndex(df['date']).year,
    palette='Set2',
    data=df)
```

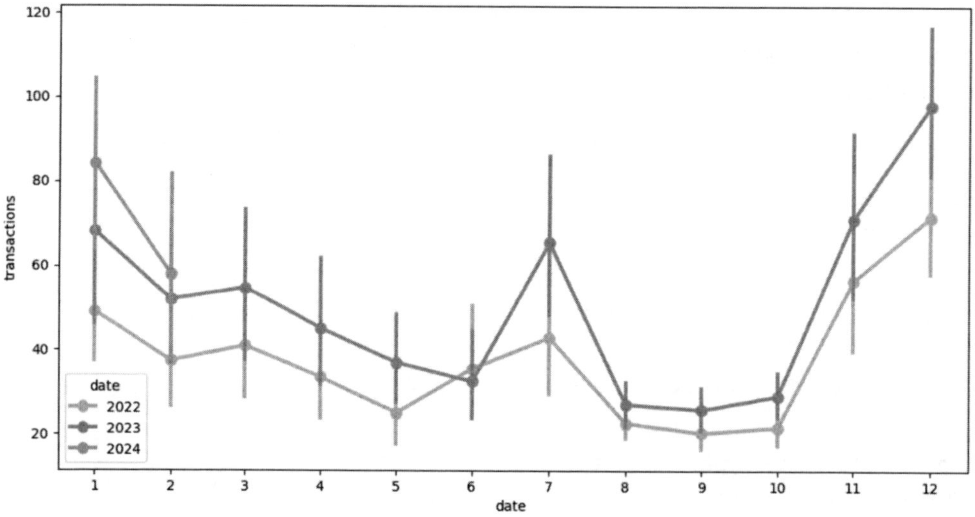

Figura 10.10. Estacionalidad y tendencia de las transacciones.

Observando la estacionalidad de cada año se puede apreciar que, a excepción del mes de junio, el resto de periodos se han comportado más o menos de manera similar. En cualquier caso, es fácilmente explicable viéndose el incremento de tráfico en julio y seguramente vinculado al lanzamiento de las campañas previas al comienzo de las rebajas de verano. Se puede aventurar por tanto que la tendencia de las ventas, siempre y cuando otros factores no tengan una gran afección (competencia, inversión publicitaria, etc.), de marzo y abril de 2024 será parecido:

```
import statsmodels.api as sm

decomposition = sm.tsa.seasonal_decompose(dfyw, model='additive')
fig = decomposition.plot()
fig.set_size_inches((16, 7))
```

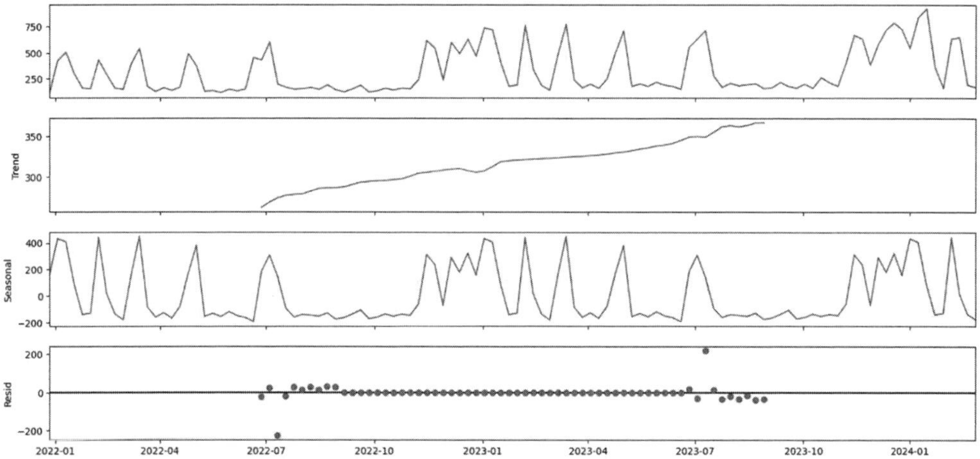

Figura 10.11. Descomposición de la serie temporal.

Como se ha podido ver en la figura 10.10 la estacionalidad es constante, por lo que se puede aplicar un modelo aditivo para descomponer la serie temporal (figura 10.11) y tratar de descubrir nuevos patrones:

```
In [9]:
from statsmodels.tsa.stattools import adfuller

print('T-Test:', adfuller(dfyw)[0])
print('P-Value:', adfuller(dfyw)[1])
print('Valores críticos:', adfuller(dfyw)[4])

Out[9]:T-Test: -2.836514
P-Value: 0.048244
Valores críticos: {'1%': -3.491245, '5%': -2.888195, '10%': -2.580987}
```

Lo siguiente que debemos llevar a cabo de manera habitual para continuar con el desarrollo de nuestro modelo es intentar convertir la serie temporal en estacionaria de modo que la predicción sea efectiva y confiable. Pero, antes de llevar a cabo dicha transformación, existen diferentes tipos de test, como la prueba de Dickey Fuller aumentada (ADF), que permiten saber si una serie temporal es estacionaria o no. El resultado obtenido en este caso se puede interpretar de la siguiente manera:

- Un *p - value* por debajo de 0,05 sugiere el rechazo de la hipótesis nula (raíz única, no estacionariedad), es decir, que se trata de una serie temporal estacionaria.
- El *t - test* negativo es mayor que el valor crítico al 1 % y al 5 % (rechazo de H_0), pero menor que al 10 % (no rechazo de H_0).

Esto otorga evidencias claras de que la serie temporal cumple con un modelo estacionario y que por lo tanto no sería necesario realizar ningún tipo de transformación a continuación. En este instante, puesto que se trata de una serie temporal estacionaria y el objetivo es llevar a cabo una predicción, se ha optado por aplicar un modelo ARIMA. Pero, antes de implementarlo, deberemos conocer cuáles son los parámetros que mejor explican la predicción de nuestra serie temporal:

```
In [10]:
from statsmodels.graphics.tsaplots import plot_acf, plot_pacf

plot_acf(dfyw)
plt.title('Función de Autocorrelación (ACF)')
plt.show()

plot_pacf(dfyw)
plt.title('Función de Autocorrelación parcial (PACF)')
plt.show()
```

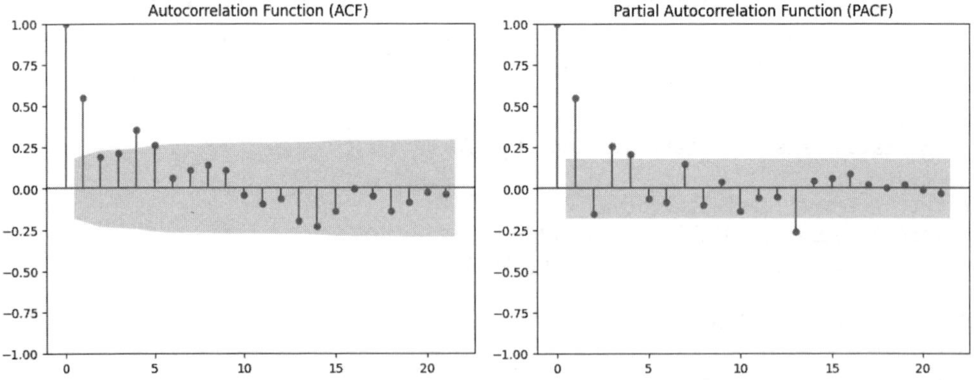

Figura 10.12. Visualización de las funciones de autocorrelación.

Estos gráficos denominados como correlogramas son esenciales para poder ajustar el modelo como veremos en la siguiente celda de código (11). Pero, antes, es necesario entender cuáles son su significado y cómo se interpretan:

- **ACF:** Esta función se denota con la letra 'q' y hace referencia a la correlación existente entre la serie temporal y los valores rezagados (*lags*). Concretamente indica el orden de la autoregresión.
- **PACF:** Vinculada con la letra 'p' muestra la correlación entre una serie de tiempo y sus valores rezagados después de tenerse en cuenta las correlaciones en rezagos más cortos. Se refiere específicamente al orden de la media móvil (*moving average*). Esto puede resultar útil para extraer los desfases más importantes a incluir en el modelo, así como para identificar la presencia de patrones estacionales:

```
In [10]: # Otra forma de escoger los valores óptimos del modelo ARIMA.
from pmdarima.arima import auto_arima

auto_arima(y=train, seasonal = True, trace = True, m=7)

Out[10]:
ARIMA(2,0,2)(1,0,1)[7] intercept : AIC=1198.213, Time=0.63 sec
ARIMA(0,0,0)(0,0,0)[7] intercept : AIC=1215.768, Time=0.02 sec
ARIMA(1,0,0)(1,0,0)[7] intercept : AIC=1198.236, Time=0.10 sec
ARIMA(0,0,3)(1,0,1)[7] intercept : AIC=1195.559, Time=0.20 sec
```

Gracias a este otro método (librería pmdarima), menos visual pero más detallado, podemos comparar diferentes configuraciones para el modelo ARIMA que a continuación implementaremos.

Esta función se basa en el criterio de información de Akaike (AIC), el cual no es más que una medida de calidad del modelo:

```
train = dfyw.loc[dfyw.index[0] : dfyw.index[int(len(dfyw)*0.8)]]
test = dfyw.loc[dfyw.index[int(len(dfyw)*0.8)]:]
```

Con esta información ya estamos preparados para empezar a desarrollar nuestro modelo. Para ello separamos el conjunto de datos de la serie temporal en dos partes: *train* (80 %) y *test* (20 %).

```
In [11]:
from statsmodels.tsa.arima.model import ARIMA

marima = ARIMA(dfyw, order=(0, 0, 3), seasonal_order=(1, 0, 1, 7))
marimaf = marima.fit()
```

Se ha creado el modelo con los parámetros obtenidos previamente: `order` (`p`, `d`, `q`) y `seasonal_order` (`P`, `D`, `Q`, `s`), siendo `p` la referencia a `AR`, `d` la aplicación o no de `I` y `q` la parte de `MA`. El resto de parámetros pertenecen a la componente estacional de un modelo SARIMA. Por lo tanto, podemos entender el resultado como una combinación de ambos modelos:

```
In [12]:
pred = marimaf.predict(start = 1, end = len(test))
pred.index = test.index

plt.figure(figsize= (20,6))
ax = plt.axes()
train.plot(ax = ax)
test.plot(ax = ax)
pred.plot(ax = ax)
ax.legend(['Entrenamiento (Train)', 'Pruebas (Testing)', 'Predicción'])
plt.show()
```

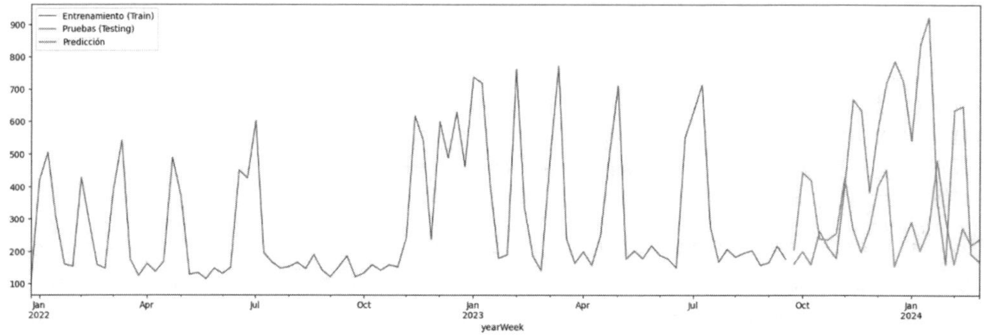

Figura 10.13. Predicción de pruebas del modelo generado.

Llegado a este punto, siempre y cuando nuestro criterio y experiencia valide lo obtenido, tenemos a nuestra disposición el método `summary()`. Este nos permite mostrar de manera resumida información relevante sobre el modelo:

```
In [12]:
forecast = marimaf.predict(start = dfyw.index[int(len(dfyw))-1], end = '2024-
08-01')

plt.figure(figsize = (16, 4))
plt.plot(dfyw, color = 'c', label = 'Original Series')
plt.plot(forecast, label = 'Forecasted Series', color = 'b')
plt.title('Actual vs Predicted')
plt.legend()
plt.show()
```

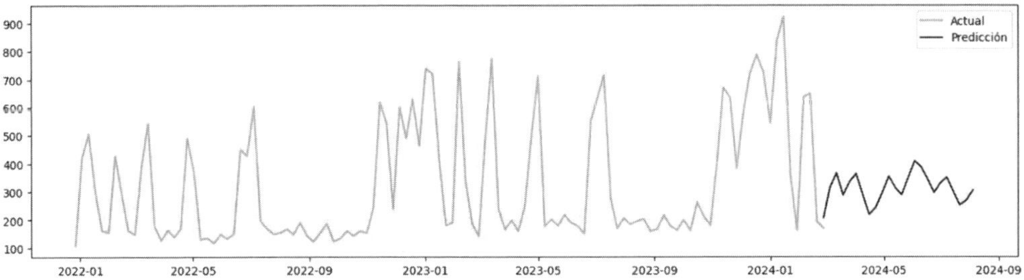

Figura 10.14. Predicción final con valores futuros.

Ya tenemos nuestro modelo creado y validado. Ahora simplemente deberemos probar a predecir otras métricas de nuestro negocio. El sistema será el mismo, solo habrá que prestar especial atención a entender nuestro histórico de datos y cómo amoldarlo a nuestro objetivo, tal y como hemos visto a lo largo de este caso real.

Clasificaciones

Como ya se ha explicado en el capítulo anterior, mientras que el término "clasificación" suele referirse al aprendizaje supervisado, el de "clusterización" se vincula al aprendizaje no supervisado. En cualquier caso, ambos acercamientos tratan de agrupar y ordenar los datos en torno a características similares. Dependiendo de lo que se quiera analizar o desarrollar se optará por una u otra terminología. En este caso concreto, vamos a realizar una clusterización de visitantes de un comercio electrónico con la intención de diferenciar a los usuarios de diferentes maneras: compradores, interesados, visitantes, etc.

Para ello y puesto que en los dos anteriores casos prácticos (predicción y *forecasting*) ya se ha mostrado cómo realizar peticiones a la API de GA4 y de BigQuery, vamos esta vez a utilizar un fichero `csv` con datos de los usuarios. De esta forma, podemos aprender también cómo extraer datos desde este tipo de fuentes. Además, en este caso, nos vamos a centrar en la parte del proceso puramente asociada a la construcción del modelo de clusterización dejando a un lado los análisis univariante o bivariante, la detección de *outliers*, el estudio de la distribución de los datos, etc. Es decir, este caso práctico se va a enfocar presuponiendo que los datos estén perfectamente recogidos. Si no fuera así, habría que llevar a cabo el estudio realizado previamente en el anterior desarrollo.

En este caso práctico, el objetivo es segmentar a los usuarios de un *e-commerce* en base a determinadas características recogidas. Para ello, se han extraído tres eventos (variable `evento-nombre`) representativos del comportamiento de compra: visita a producto, añadir al carrito y compra realizada:

```
In [1]:
import pandas as pd
df = pd.read_csv(    'C:/[Ruta al fichero]/ecommerce-visits-purchases.csv',
sep=';')
df.head(2)

Out[1]:
evento-tiempo evento-nombre producto-id producto-categoria producto-precio
usuario-id   sesion-id usuario-edad   usuario-pais   usuario-nuevo sesion-
duracion anuncio-impresionesanuncio-clics
0 01/02/2024 0:00  visita 653210 joyeria259.72 NaN  4549-8c8c-6b5171877376
25-34  france True 250  15 2
1 01/02/2024 0:34  visita 17300005  juguetes  245.44 NaN  4dc2-ae69-0b65263db091
18-24  portugal  True 73 11 3
```

Para añadir los datos a un `DataFrame` en Python es muy sencillo, solo hay que utilizar la función `read_csv()` para extraerlos o `write_csv()` para añadirlos a un fichero csv en nuestro ordenador:

```
dfn = df.copy()
dfn['usuario-id'] = dfn['usuario-id'].fillna(0)
```

Solo se aprecia ausencia de datos en la variable `usuario-id`. Esto se debe esencialmente a que el identificador de un usuario registrado solo se ha almacenado durante su sesión de *login*. En cualquier otro caso, por ejemplo, cuando se haga una visita sin registrarse y luego se termine comprando registrado, la única forma de relacionar ambos comportamientos será a través de la variable `sesión-id`:

```
In [3]:
from sklearn.preprocessing import LabelEncoder
labenc = LabelEncoder()

dfn = dfn.drop(['evento-tiempo'], axis=1)

cat = list(dfn.select_dtypes('object').columns) # Lista de las variables categóricas
for column in cat:
    dfn[column] = labenc.fit_transform(dfn[column])

dfn['usuario-id'] = labenc.fit_transform(dfn['usuario-id'])
dfn.head(2)

Out[3]:
evento-nombre producto-id producto-categoria producto-precio  usuario-id
sesion-id usuario-edad  usuario-pais  usuario-nuevo sesion-duracion  anuncio-
impresiones anuncio-clics
0  2  653210    7  259.72  116  95   1      0      True   250    15     2
1  2  17300005 8  245.44  116  270  0      1      True   73     11     3
```

Se han seleccionado únicamente las variables categóricas para poder labelizarlas, es decir, transformarlas a valor entre cero y el número de clases de cada una de ellas. Cabe apreciar que, en el caso de la variable `usuario-id`, se ha tenido que transformar de manera diferenciada fuera del `For` que engloba a todas las variables categóricas. Esto se debe a que esta columna se ha interpretado inicialmente y de manera automática como un número entero.

Por otro lado, la variable `evento-tiempo` se ha eliminado por considerarse innecesaria para llevar a cabo la clusterización. Gracias a esta técnica de labelización se pueden utilizar las variables numéricas y categóricas de manera similar, lo que permite al modelo interpretar todos los valores de manera unificada. Además de la clase `LabelEncoder`, existen en scikit-learn otras dos: `OrdinalEncoder` y `OneHotEncoder`. Mientras que la primera codifique las características categóricas utilizando un esquema ordinal, la segunda lo hace como una matriz numérica única (transposición).

El uso de cada una de ellas dependerá de nuestras necesidades concretas:

```
In [4]:
from sklearn.preprocessing import StandardScaler

stdsca = StandardScaler()
dfnsca = stdsca.fit_transform(dfn)

dfnsca = pd.DataFrame(dfnsca, columns = dfn.columns)
dfnsca.head(2)

Out[4]:
evento-nombre producto-id producto-categoria producto-precio usuario-id
sesion-id usuario-edad usuario-pais usuario-nuevo sesion-duracion anuncio-
impresiones anuncio-clics
0 0.334623 -0.688948 0.630911 0.770528 -0.588682 -0.763058 -0.70101 -1.194955
1.180736 0.659679 1.643538 -0.019759
1 0.334623 1.883408 0.993475 0.621921 -0.588682 1.175330 -1.25444 0.092863
1.180736 -1.418209 0.582026 1.190495
```

El siguiente paso habitual y recomendable es intentar normalizar o estandarizar los datos para que todas las variables estén en una misma escala. En este sentido existen esencialmente dos técnicas: normalización y estandarización. La estandarización ($z = [x - u]/s$) permite transformar los datos para que tengan una media de 0 y una desviación estándar de 1. Sin embargo, la normalización intenta ajustar los datos a una escala predefinida donde hay un mínimo y un máximo previamente consensuado. En este sentido, dentro de scikit-learn tenemos varias posibilidades: `MinMaxScaler`, `RobustScaler` o `Normalizer`:

```
In [5]:
from sklearn.decomposition import PCA

n = dfn.shape[1]
pca = PCA(n_components = n, random_state = 1)
dfnpca = pd.DataFrame(pca.fit_transform(dfnsca))
exp_var = (pca.explained_variance_ratio_)

import matplotlib.pyplot as plt

plt.figure(figsize = (10, 6))
plt.plot(range(1, pca.n_components + 1), pca.explained_variance_ratio_.
cumsum(), marker = 'o')
plt.axhline(y=0.75, color='r', linestyle='--')
plt.xlabel('Número de componentes')
plt.ylabel('Varianza explicada acumulada')
plt.show()
```

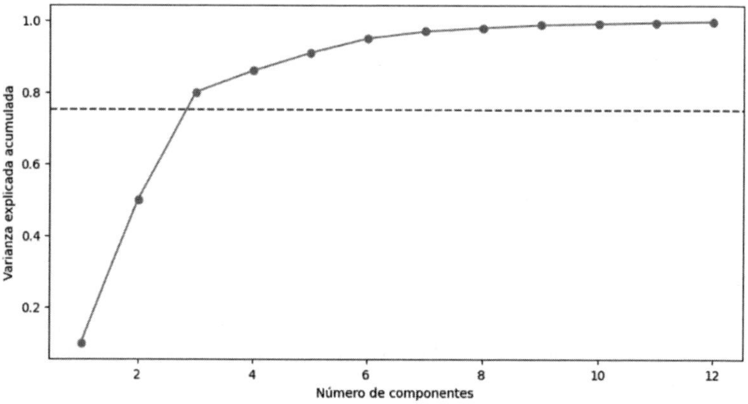

Figura 10.15. Gráfico de varianza explicada acumulada.

Quizás en este desarrollo, debido al bajo número de variables, no sería necesario aplicar un algoritmo de reducción de la dimensionalidad como PCA; sin embargo, para poder mostrar un ejemplo de cómo sería, se ha forzado su inserción. Su aplicación nos permite extraer información tan valiosa como la que se puede observar en el gráfico: "Con solo 3 componentes se pueden explicar más del 75 % de las variables". Es decir, utilizando solo tres componentes (cada uno de ellos agrupa el comportamiento de otras tantas variables) se deberían poder clusterizar, sin perder demasiada precisión, todos los datos:

```
In [6]:
from sklearn.cluster import KMeans

dfnkm = dfnpca.copy()
```

```
clusters = range(1, 10)
distortions = []

for k in clusters:
    mkmeans = KMeans(n_clusters = k, random_state = 1, n_init = "auto")
    mkmeans.fit(dfnpca)
    prediction = mkmeans.predict(dfnkm)
    distortions.append(mkmeans.inertia_)

plt.plot(clusters, distortions, marker = 'o')
plt.xlabel("Número de clústeres")
plt.ylabel("Distorsión")
plt.show()
```

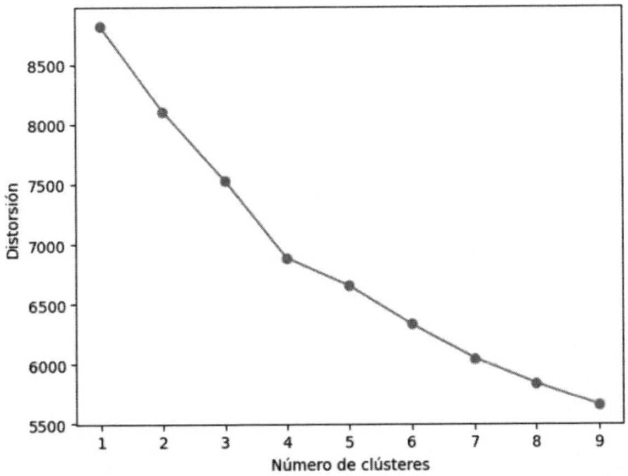

Figura 10.16. Método del codo para elección del número de clústeres.

Para evitar desviar la atención mostrando los diferentes tipos de clusterización existentes, vamos a mostrar el desarrollo únicamente sobre el algoritmo seguramente más conocido de todos: K-means. Por ello, para obtener el número óptimo de agrupaciones (K) y a distinción de cómo se determinaría en otros algoritmos, hemos optado por el ya explicado método del codo. Es evidente en este caso que nuestros datos podrán agruparse en torno a 4 clústeres:

```
In [7]:
from sklearn.cluster import KMeans

num_clusters = 4
mkmeans = KMeans(n_clusters=num_clusters, random_state=42)
dfn['cluster'] = mkmeans.fit_predict(dfnsca)

dfn.groupby('cluster').mean(numeric_only = True)
```

```
Out[7]:
clusterevento-nombre producto-id producto-categoria producto-precio usuario-id
sesion-id usuario-edad  usuario-pais  usuario-nuevo sesion-duracion anuncio-
impresiones anuncio-clics
0 1.994792 4.472842 5.213542 197.817500 10.916667 183.088542  2.645833
1.385417 0.921875 163.354167 8.958333 1.661458
1 0.933333 1.526164 5.058333 190.675583 78.183333 140.391667  2.241667
0.858333 0.425000 215.875000 7.483333 2.233333
2 2.000000 6.310454 5.652850 186.221606 8.388601 143.538860  1.316062
0.766839 0.217617 151.212435 9.922280 2.637306
3 1.982609 6.509744 5.073913 172.480130 9.143478 177.200000  2.760870
0.717391 0.160870 243.456522 8.434783 1.678261
```

Ya tenemos el resultado final. Aunque previamente hemos generado tres componentes principales y con ellos podríamos fácilmente visualizar estas agrupaciones en un gráfico en 3-dimensiones, la realidad es que al tratarse de un conjunto de datos tan grande la mejor forma para interpretar las características de cada clúster es generar una tabla resumen, por ejemplo, obteniendo la media de cada variable.

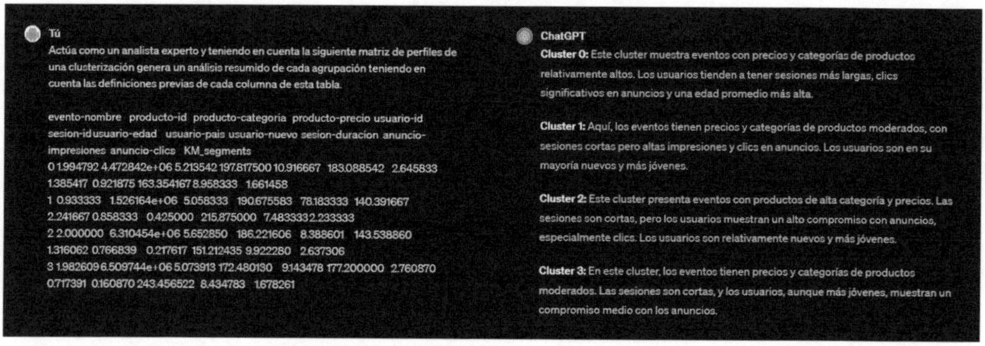

Figura 10.17. Perfilado de los clústeres.

Por último, al igual que hemos hecho en uno de los casos prácticos anteriores para entender los resultados de una matriz de correlación, nos hemos ayudado de la IA generativa para obtener la información de cada una de las agrupaciones. Siempre es bueno hacer este ejercicio, aunque tengamos claro a simple vista las características de cada clúster.

IA
Σ

11. El futuro de la analítica de datos

En este capítulo final, queríamos conocer la opinión de profesionales a los que admiramos y que, además, representan la unión entre el mundo del dato y el mundo del negocio digital o contribuyen de forma extraordinaria a uno de esos mundos.

A continuación, estos profesionales responden a las siguientes preguntas:

- ¿Cómo ves el futuro de la analítica de datos con Python?
- ¿Qué valor le ves a aprender un lenguaje de programación con el auge de la IA?

Quisiéramos agradecer a todos y cada uno por hacer un hueco en sus abultadas agendas para participar en este libro. A continuación, las respuestas divididas de cada uno por párrafos (por orden alfabético).

Cachón, María José (@mjcachon)

Consultora SEO y directora de la agencia Laika team (laikateam.com)

La analítica de datos se define como el proceso de comprender y convertir los datos de una organización en conocimiento para tomar decisiones informadas, independientemente del tamaño o sector de la empresa. Este enfoque permite automatizar procesos, mejorar la eficiencia, reducir costes y maximizar beneficios a través de aplicaciones como detección de fraudes, gestión de datos, personalización de marketing y estudios de mercado. La analítica de datos es esencial para entender el valor de una empresa y ofrecerlo a sus clientes, con aplicaciones internas como la automatización de análisis SEO y la creación de herramientas basadas en datos. Para los clientes, agrupar datos permite análisis descriptivos, predictivos y prescriptivos, ofreciendo una propuesta de valor diferenciada.

Aprender un lenguaje de programación es valioso incluso en la era de crecimiento de la IA, ya que proporciona una comprensión de la tecnología detrás de la inteligencia artificial y mejora la comunicación con equipos técnicos.

Conocimientos en programación permiten automatizar tareas, realizar análisis profundos y crear herramientas específicas, aumentando la autonomía y la eficiencia.

La habilidad en programación también facilita la validación de soluciones generadas por asistentes de IA, como ChatGPT, Bard o Copilot, mejorando la calidad y la eficiencia de las soluciones implementadas.

Ferri, Ramón (@picanumeros)

Profesor en el departamento de Estadística e IO

Considero que Python tiene un futuro prometedor dentro de la analítica digital. A diferencia de otros lenguajes usados en el mundo de la estadística, Python es un lenguaje más generalista que permite una versatilidad para ser utilizado en todo tipo de campos para todo tipo de tareas. Los profesionales de disciplinas como la analítica o la ciencia de datos forman parte de una enorme variedad de *backgrounds*, siendo Python el hilo conductor de todos ellos cuando hablamos de programación, por lo que resulta fácil pensar en un futuro en el que Python se imponga dentro de estas disciplinas debido a su implementación y a su versatilidad.

El reciente auge de la IA parece haber tenido una mayor repercusión en la programación, no solo porque los *large language models* tienen un mayor acierto en las consultas sobre programación, sino porque también se han desarrollado modelos que escriben todo el código para una aplicación determinada de principio a fin. Sin embargo, creo que sigue siendo muy relevante aprender un lenguaje de programación en este escenario, o incluso en uno en el que la IA llegue aún más lejos. Los motivos son muy variados, pero destacaría dos: en primer lugar, la programación nos dota de una abstracción y un conocimiento de la algoritmia que nos dará una ventaja muy importante a la hora de enfrentarnos a problemas propios de la ciencia de datos y conocer cómo funcionan las técnicas más relevantes dentro de este campo. Y, en segundo lugar, la IA todavía necesitará una supervisión por nuestra parte, no solo a nivel de programación, sino a nivel de los diferentes retos éticos, sociales y de negocio que plantea, y para poder llevarla a cabo satisfactoriamente necesitaremos un conocimiento profundo sobre cómo funciona la IA, el cual alcanzaremos mucho más rápida y satisfactoriamente si conocemos los fundamentos de programación.

Gorostiza, Iñaki (@hello_google)

Head of data analytics en LIN3S (www.lin3s.com)

Mirando hacia adelante, tanto como mis ojos dan hoy de sí, e intentando contemplar el futuro de la analítica digital con Python o, casi mejor dicho, el futuro de Python dentro de la analítica digital, creo que su relevancia y vigencia continuarán, dada su facilidad de uso y la amplia gama de recursos disponibles. Sin embargo, pienso que no es el lenguaje en sí lo que define el éxito en la analítica, sino la forma en que las personas lo empleamos para descubrir *insights* y tomar decisiones. Soy de la opinión de que la creatividad, el pensamiento crítico y la habilidad para formular preguntas son facultades esencialmente humanas que ningún lenguaje de programación podrá sustituir. Así que, aunque Python pueda evolucionar y adaptarse a nuevas tendencias y tecnologías, el verdadero motor del progreso en la analítica digital seguirá residiendo en nuestra naturaleza humana, inconformista y racional.

Estamos viendo ya que la inteligencia artificial está abriendo las puertas de la programación a perfiles no técnicos, elevando los lenguajes de programación a niveles nunca antes imaginados. Los modelos actuales de procesamiento del lenguaje natural ya son capaces de generar código en Python y otros lenguajes mediante simples instrucciones textuales. En el futuro, espero que estos códigos no solo sean más eficientes, sino que también se integren directamente con los principales SDK, APIs e IDE. Sin embargo, a pesar de esta revolución tecnológica, creo que aprender un lenguaje de programación sigue teniendo un valor incalculable a nivel profesional. Entender los fundamentos de la programación no solo nos permite participar activamente en este proceso mágico, sino también desarrollar un juicio crítico y un criterio propio para evaluar lo que sucede en nuestras pantallas. Sin ese conocimiento, corremos el riesgo de convertirnos en meros espectadores, incapaces de comprender o influir en el mundo digital que nos rodea. Aprender programación en la era de la IA no es solo aprender a codificar; es aprender a pensar, a resolver problemas y a entender el lenguaje detrás de la tecnología que nos impulsa hacia adelante. Es una habilidad que nos empodera, nos da control y nos permite ser creadores activos en lugar de consumidores pasivos. La programación se convierte en una herramienta crítica para participar de manera activa en el futuro, la virtud para trabajar junto a la inteligencia artificial, no solo bajo su sombra.

Huerta, Iñaki (@ikhuerta)

CEO de IKAUE (www.ikaue.com)

El análisis de datos es la búsqueda de claves y patrones firmes entre documentos y registros, más o menos organizados, con la única finalidad de accionar e impulsar un negocio. Es una disciplina híbrida por definición, que queda justo en medio de los objetivos de negocio y la ingeniería o el desarrollo. Y esto mentalmente no es fácil. No es para lo que se nos educa en las escuelas. El mundo empresarial parecía destinado a dividirse en negocio y técnicos, y los analistas son ambas cosas a la vez. El instinto y *know how* más humanos y marquetinianos dirigen el éxito de nuestras acciones. Sin ellos, los datos son solo datos, más o menos masticados, pero sin valor real. Pero, además, nuestras recetas se ven potenciadas por habilidades tales como la programación, las bases de datos o como mínimo las hojas de cálculo. Sin habilidades técnicas en el manejo y manipulación de datos, seríamos meros usuarios de herramientas y tampoco aportaríamos demasiado valor.

Por suerte, en la actualidad, la IA dibuja un escenario en el que los procesos complejos y la experiencia técnica pueden simplificarse. A día de hoy, una máquina ya puede obtener *insights*, programar en Python o nodeJS y hacerte llegar mucho más rápido a conclusiones muy especializadas. Y esto es solo el principio de a dónde se llegará en no mucho tiempo. Sin embargo, la parte humana siempre estará ahí. Mientras las integraciones y el *machine learning* se simplifican escandalosamente cada día que pasa, quien coge el timón y dirige el rumbo debe saber a dónde quiere ir. Eso no ha cambiado ni cambiará nunca. Más allá de eso, los analistas corremos un riesgo enorme: la pereza. No hay peor capitán que el que se encierra en su camarote y deja de gobernar el barco. No pienses que porque una máquina cree código no debes saber programar. Aprende cosas como SQL, aprende flujos e integraciones de datos. Solo sabiendo lo que las IA deberían hacer puedes guiarlas para que hagan lo que quieres. Aprende a izar las velas, interpretar los mapas y hasta a limpiar la cubierta y, en el futuro, todas esas lentas tareas mecánicas ya las harán "otros".

Llaneras, Kiko (@kikollan)

Autor de *Piensa claro* y periodista de datos *El País*

Fértil. Las personas que nos dedicamos al análisis vamos a programar. Usaremos copilotos IA, pero eso no es una excusa para no aprender, sino lo contrario: programar es también una forma de pensar, de medir y de razonar, que seguirá siendo útilísima.

Hay una razón esencial para aprender a programar: la digitalización de todo a nuestro alrededor. Cada vez más facetas de nuestra vida (trabajo, ocio, cualquier cosa en el móvil) están mediadas por software que alguien o algo programó. ¿Quién no querría entender, aunque sea un poco, el funcionamiento de todo eso?

Ramírez, Francisco (@cybercaronte)

Investigador en ciberseguridad e IA en Telefónica. Colaborador del programa *Cuarto Milenio*

La analítica de datos, en mi perspectiva, más que un simple procesamiento de información, es una avanzada intersección entre estadística, inteligencia artificial y Big Data que transforma enormes volúmenes de datos en conocimientos estratégicos y aplicables. Mirando hacia el futuro, creo que la analítica en las empresas no solo impulsará la toma de decisiones basada en hechos, sino que también evolucionará hacia una predicción mejorada, anticipando tendencias y, por lo tanto, las necesidades del mercado. La integración de técnicas sofisticadas como el *machine learning* y la inteligencia artificial convertirá la analítica en una herramienta no solo reactiva, sino también predictiva y prescriptiva, brindando a las empresas una capacidad casi "clarividente" para navegar en mercados cada vez más complejos y cambiantes.

Veo su valor no solo en la capacidad de programar, sino en la habilidad para conceptualizar. La programación es la base fundamental de la IA.

Comprenderla es entender cómo y por qué la IA genera salidas y cómo llega a estas conclusiones. Esto es crucial, especialmente en un futuro donde la IA será aún más omnipresente. El dominio de la programación (hoy día Python es el lenguaje referente) equipa a los profesionales no solo con la capacidad de moldear y personalizar soluciones de IA, sino también con una comprensión crítica de sus limitaciones y posibles sesgos. Este entendimiento será esencial para aplicar la IA de manera no solo efectiva en el mundo empresarial, sino que también será un enfoque más ético al comprender cómo funciona internamente. Y este enfoque ético también se transformará en un mejor cumplimiento de las normativas asociadas a la IA. La importancia de aplicar ciberseguridad a modelos y arquitecturas de IA en la empresa es vital para la supervivencia de la propia empresa y de sus mercados. A medida que la IA se convierte en un componente más integrado en los procesos empresariales, la seguridad de estos sistemas se vuelve crítica. Un sistema de IA vulnerable no solo es un riesgo para la seguridad de los datos, sino que también puede ser manipulado para tomar decisiones erróneas o perjudiciales. Por lo tanto, integrar robustas medidas de ciberseguridad (para auditar tanto modelos como arquitecturas) es esencial para proteger tanto la integridad como la eficacia de las soluciones de IA en el ámbito empresarial.

Rayón, Alex (@alrayon)

CEO Brain & Code (brainandcode.tech).

Dice una famosa aliteración: "En el silencio solo se escuchaba un susurro de abejas que sonaba". El objetivo de estas figuras literarias no es otro que conseguir un efecto lírico sonoro, proporcionando un pulso auditivo que da un efecto lírico o emotivo. Hagamos la transformación de esta aliteración a la era de los datos introduciendo un epíteto: "En el silencio solo se escuchaba un cómputo de bits que trabajaba". Los bits no suenan. Pero sí trabajan. ¡Y tanto que lo hacen! Confío en haber conseguido un efecto lírico que haga al lector pensar en la potencia de cálculo actual y la que está por venir. Roza ya el absurdo insistir en que vivimos en la era de los datos. Si en otros tiempos fueron el bronce, el hierro u otros metales los que transformaron nuestras sociedades, en la actualidad son los datos. Es "inteligencia artificial" la palabra del momento. Sin embargo, más que nunca, creo que deberíamos hablar de la materia prima que leen esos algoritmos, que no son otra cosa que los datos. Su velocidad de creación es cada día mayor, lo que nos lleva a introducir la lógica exponencial. Y los datos traen oportunidades para conocer nuevas realidades. Así, es evidente imaginar que aprender a manejarlos será una habilidad clave en cualquier puesto de trabajo. Más que imaginarlo como un puesto de trabajo, lo debemos entender como una habilidad a incorporar a nuestro día a día.

En otros tiempos, aprender inglés daba una ventaja competitiva. Fueron los años de la globalización, de la interconexión del mundo tras la caída del muro de Berlín. Nuestras organizaciones y sistemas educativos abrieron las fronteras para extender nuestras oportunidades. La caída del muro de Berlín actual es la aparición de grandes volúmenes de datos. Aprender a dialogar con las máquinas, lo que popularmente se llama programar, será el inglés de los próximos años. Y es que aquellas personas que sean capaces de saber enfocar un análisis, seleccionar las mejores variables de análisis o interpretar los resultados de un algoritmo, serán los que construirán las compañías del futuro. ¿Por qué? Porque, a diferencia del silencio del susurro de las abejas, el silencio de los bits existe. Están ahí quietos, callados y pacientes a que los tomemos y podamos sacar provecho de los mismos.

Tayar, Ricardo (@rtayar)

Fundador y CEO de Flat 101 (www.flat101.es)

El análisis de datos es un proceso mediante el cual se busca comprender una situación partiendo de los datos cuantitativos y cualitativos de los que se dispone, con el objetivo de obtener información que explique lo sucedido y nos permita definir acciones claras para obtener una mejora, algo que los propios datos y análisis demostrarán tras su ejecución. A veces aquello que se analiza y sobre lo que se trabaja es de una simplicidad enorme, pero cuyo control es muy necesario, como los volúmenes de ventas o los ratios de devoluciones de producto o abandono de un proceso. En otras ocasiones el análisis es necesario para localizar las causas raíz de problemas muy complejos, como puede ser entender el nivel de insatisfacción de un cliente o la incapacidad de crecer en un mercado o segmento concreto. Ninguna empresa es viable sin análisis de datos, tenga el tamaño que tenga. Sin datos y sin análisis, ningún negocio podrá nunca entender su contexto actual, su nivel de rendimiento, y actuar para mejorarlo, y, por tanto, estará condenado a desaparecer. No se trata de análisis complejos. Estos son necesarios en entornos complejos, pero una empresa sencilla, de poco volumen, necesita analizar sus datos igualmente (y suele hacerlo), simplemente para saber si es rentable, dónde está su rentabilidad, como ganar eficiencia, etc.; sin emplear los datos ni realizar una labor de análisis, un negocio no es viable.

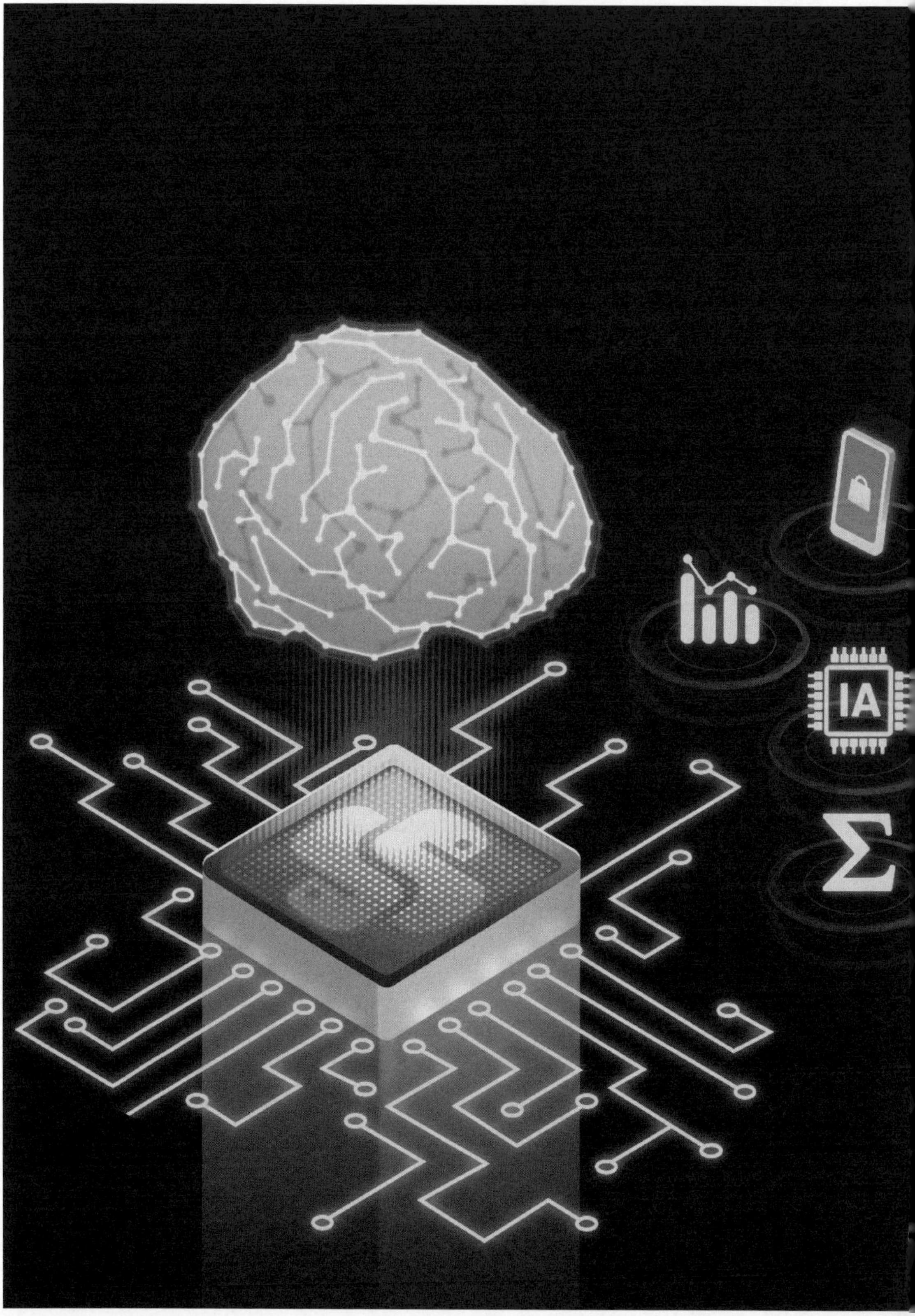
IA

Referencias bibliográficas

Abelson, J. *Learning Microsoft Power BI: Transforming Data into Insights*. O'Reilly Media, 2022.

Bhatta, S. *Applied Machine Learning Solutions with Python*. Apress, 2019.

Borhani, R.; Borhani, S. y Katsaggelos, A. K. *Fundamentals of Machine Learning and Deep Learning in Medicine*. CRC Press, 2020.

Boschetti, A. y Massaron, L. *Python Data Science Essentials*. Packt Publishing, 2015.

Bruce, P.; Bruce, A. y Gedeck, P. *Practical Statistics for Data Scientists*. O'Reilly Media, 2017.

Chakraborty, S.; I., S. K. H. y Samanta, D. *Data Classification and Incremental Clustering in Data Mining and Machine Learning*. CRC Press, 2020.

Garmendia, I. y Berrueta, A. *Google Analytics 4: Mide y vencerás*. Anaya Multimedia, 2022.

Gerón, A. *Aprende machine learning con Scikit-Learn, Keras y TensorFlow*. Anaya Multimedia, 2023.

Goswani, T. y Sinha, G. R. *Statistical Modeling in Machine Learning*. Springer, 2020.

Gravetter, F. J. y Wallnau, L. B. *Statistics for the Behavioral Sciences*. Cengage Learning, 2016.

Grus, J. *Data Science from Scratch: First Principles with Python*. O'Reilly Media, 2021.

Guha, R. *Machine Learning with Python*. Packt Publishing, 2017.

Hwang, Y. H. *Data Science for Marketing*. CRC Press, 2019.

James, G.; Witten, D.; Hastie, T.; Tibshirani, R. y Taylero, J. *An Introduction to Statistical Learning*. Springer, 2013.

Kanungo, D. K. *Probabilistic Machine Learning for Finance and Investing*. Chapman and Hall/CRC, 2020.

Kilby, J. y Jones, K. *Data Wrangling with Python: Tips and Tools to Make Your Life Easier*. O'Reilly Media, 2016.

Lind, D. A.; Marchal, W. G. y Wathen, S. A. *Applied Statistics in Business and Economics*. McGraw-Hill Education, 2017.

Liu, Y. (H.). *Python Machine Learning by Example*. Packt Publishing, 2017.

Mahalingam, S. K. y Ahsan, U. *Hands-On Exploratory Data Analysis with Python*. Packt Publishing, 2020.

Martín, C., Pérez, C. y Sánchez, J. M. *Curso de SQL*. Anaya Multimedia, 2022.

Martínez, F. *Estrategias de marketing digital*. Anaya Multimedia, 2018.

McKinney, W. *Python for Data Analysis*. O'Reilly Media, 2022.

Molinaro, A. y Grumet, R. *SQL Cookbook, 2nd Edition*. O'Reilly Media, 2020.

Patnaik, S.; Yang, X.-S. y Sethi, I. K. *Advances in Machine Learning and Computational Intelligence*. Springer, 2020.

Ramalho, L. *Fluent Python: Clear, Concise, and Effective Programming*. O'Reilly Media, 2022.

Rico, P. y Pérez, V. *Analítica visual. Cómo explorar, analizar y comunicar datos*. Anaya Multimedia, 2021.

Spiegelhalter, D. *The Art of Statistics: How to Learn from Data*. Penguin Books, 2019.

Tullis, C. *SQL for Data Analysis: Advanced Techniques for Transforming Data into Insights*. O'Reilly Media, 2021.

Walker, M. *Data Cleaning and Exploration with Machine Learning*. Packt Publishing, 2019.

Zhang, Z. *Environmental Data Analysis*. Oxford University Press, 2018.